Das abstrakte Schuldversprechen in der Kreditsicherung

Europäische Hochschulschriften
Publications Universitaires Européennes
European University Studies

Reihe II
Rechtswissenschaft

Série II Series II
Droit
Law

Bd./Vol. 4564

PETER LANG
Frankfurt am Main · Berlin · Bern · Bruxelles · New York · Oxford · Wien

Christina Böttcher

Das abstrakte Schuldversprechen in der Kreditsicherung

PETER LANG
Internationaler Verlag der Wissenschaften

Bibliografische Information der Deutschen Nationalbibliothek
Die Deutsche Nationalbibliothek verzeichnet diese Publikation in der Deutschen Nationalbibliografie; detaillierte bibliografische Daten sind im Internet über <http://www.d-nb.de> abrufbar.

Zugl.: Münster (Westfalen), Univ., Diss., 2007

D 6
ISSN 0531-7312
ISBN 978-3-631-56829-3

www.peterlang.de

Meinem Großvater

Heinrich Janssen

VORWORT

Die vorliegende Arbeit wurde im Wintersemester 2006/2007 von der Rechtswissenschaftliche Fakultät der Westfälischen Wilhelms- Universität Münster als Dissertation angenommen.

Mein Dank gilt vor allem meinem Doktorvater, Herrn Prof. Dr. Thomas Klicka, der mir bei der Wahl des Themas freie Hand ließ und die Entwicklung der Arbeit stets mit aufmunterndem Interesse begleitete. Dank gebührt ebenso Prof. Dr. Dr. h.c. Wilfried Schlüter für die zügige Erstellung des Zweitgutachtens.

Bedanken möchte ich mich im besonderen Maße bei meinen Eltern, die mich während meiner Ausbildung in jeder Hinsicht unterstützt haben.

Für die mühevolle Last des Korrekturlesens danke ich meinem Vater, Hans-Jürgen Böttcher, und Holger Johannes Harpering. Auch durch den motivierenden Rückhalt meiner Freunde wird mir die Promotionszeit immer in guter Erinnerung bleiben. Hierfür sei gedankt.
Besonders hervorheben möchte ich den Beitrag von Dr. Guido Harpering. Nicht nur die kritischen Diskussionen mit ihm, sondern auch seine aufbauende Worte haben wesentlich zum Zustandekommen der Arbeit beigetragen.

Der umfassendste Dank gilt meinem Großvater, der meinen Werdegang stets mit unendlichem Vertrauen und Zuversicht begleitete. Ihm ist diese Arbeit gewidmet.

Hamburg, im Februar 2007

Christina Böttcher

INHALTSVERZEICHNIS

ABKÜRZUNGSVERZEICHNIS

a.A.	anderer Ansicht
Abs.	Absatz
AcP	Archiv für die civilistische Praxis
a.F.	alte Fassung
AG	Aktiengesellschaft
AGBG	Gesetz zur Regelung des Rechts der Allgemeinen Geschäftsbedingungen (AGB-Gesetz)
allg.	allgemein
Anm.(d. Verf.)	Anmerkung (der Verfasserin)
Aufl.	Auflage
AT	Allgemeiner Teil
BAG	Bundesarbeitsgericht
BGB	Bürgerliches Gesetzbuch
BGH	Bundesgerichtshof
BGHZ	Entscheidungen des Bundesgerichtshofes in Zivilsachen
BKR	Zeitschrift für Bank- und Kapitalmarkrecht
BNotO	Bundesnotarordnung
BT	Besonderer Teil
BT-Drucks	Bundestagsdrucksache
BuB	Bankrecht und Bankpraxis
BWNotZ	Zeitschrift für das Notariat in Baden-Württemberg
bzw.	beziehungsweise
ders.	derselbe
DNotZ	Deutsche Notarzeitschrift
DRiZ	Deutsche Richterzeitung
EWIR	Entscheidungen zum Wirtschaftsrecht
EURIBOR	Euro Interbank Offered Rate
f., ff.	folgende, fortfolgende
Fn.	Fußnote
FS	Festschrift
GmbH	Gesellschaft mit beschränkter Haftung
GmbHG	Gesetz betreffend die Gesellschaften mit beschränkter Haftung

GmbHR	GmbH Rundschau
Hrsg., hrsg.	Herausgeber, herausgegeben
HGB	Handelsgesetzbuch
HypBankG	Hypothekenbankgesetz
InsO	Insolvenzordnung
i.S.d.	im Sinne des/der
JA	Juristische Arbeitsblätter
JR	Juristische Rundschau
JZ	Juristenzeitung
KG	Kammergericht
KWG	Gesetz über das Kreditwesen
LG	Landgericht
LIBOR	London Interbank Offered Rate
m.E.	meines Erachtens
MittBayNot	Mitteilungen des Bayerischen Notarvereins
MittRhNotK	Mitteilungen der Rheinischen Notarkammer
m.w.N.	mit weiteren Nachweisen
MüKo	Münchener Kommentar
NJW	Neue Juristische Wochenschrift
NJW-RR	NJW – Rechtsprechungs-Report
MaBV	Makler- und Bauträgerverordnung
Mot	Motive zum Entwurf eines Bürgerlichen Gesetzbuches
n.F.	neue Fassung
OLG	Oberlandesgericht
Prot	Protokolle der Reichstagsberatungen zum Bürgerlichen Gesetzbuch
RG	Reichsgericht
RG Warn	Warneyer, Rechtsprechung des Reichsgerichts auf dem Gebiet des Zivilrechts
RGZ	Entscheidungen des Reichsgerichts in Zivilsachen
Rn.	Randnummer
RNotZ	Rheinische Notarzeitschrift
SchiffsRG	Gesetz über Rechte an eingetragenen Schiffen und Schiffsbauwerken
s.o.	siehe oben

U/B/H .... Ulmer/Brandner/Hensen – Kommentar zum AGBG
usw.. und so weiter
v.a. .... vor allem
vgl.. vergleiche
vs... versus
W/H/L .... Wolf, Horn, Lindacher – AGB-Gesetz, Kommentar
WM .... Wertpapiermitteilungen
WuB .... Entscheidungssammlung Wirtschafts- und Bankrecht
ZBB .... Zeitschrift für Bankrecht und Bankwirtschaft
ZfIR .... Zeitschrift für Immobilienrecht
ZIP .... Zeitschrift für Wirtschaft und Insolvenzpraxis
ZPO .... Zivilprozessordnung
ZZP .... Zeitschrift für Zivilprozess

§ 1 EINFÜHRUNG

... Aber ein Beweismittel für die Schuld wollen
heißt die Schuld wollen,
und die Schuld wollen,
heißt die Schuld versprechen.
Wir reden oftmals von „beweisen",
wo wir von „formell verpflichten" reden sollten.

Otto Bähr

Auf Grund der Vertragsfreiheit ist der rechtsgeschäftliche Wille in der Lage, durch bloßes Anerkenntnis oder Versprechen ein Schuldverhältnis selbstständig zu begründen.[1]
Mit dieser fundamentalen Aussage begründete *Otto Bähr* 1855 in seiner Schrift „Die Anerkennung als Verpflichtungsgrund", nicht zuletzt auf Anregung von *Savigny* [2], die Lehre von den abstrakten Schuldverhältnissen. Zwar kannte der Rechtsverkehr auch damals schon den abstrakten Wechsel oder die Abrechnung ohne Angabe der ihr zugrunde liegenden Schuldverhältnisse. Aber auch *Jhering* wusste während den Verhandlungen des IX. Juristentages 1871 noch zu berichten: *„Zu der Zeit, wo ich studirte, galt es gleichsam als Ketzerei, wenn Jemand sagte, man kann aus einem bloßen Versprechen klagen (...) Man sah dieses als juristische Mißgeburt (...) an. Dem Juristen war es so natürlich, zu einem Rechtsgeschäft gehöre die causa, wie die Tatsache, dass der Mensch weiblichen oder männlichen Geschlechts ist. Ich muss sagen, mich als Student hat schon damals dieser Rechtssatz sehr verletzt."*[3]

Die Auffassung *Bährs* setzte sich in der Folgezeit durch. Der Rechtsverkehr griff *Bährs* abstraktes Schuldverhältnis dankbar auf, auch wenn dieser in dem Nachtrag zur Dritten Auflage (1894) für sich nur in Anspruch nahm, die Natur eines Rechtsgeschäftes erkundet zu haben, welches schon immer in der Ausstellung eines jeden Schuldscheines lebendig gewesen sei.[4]

---

1 Otto Bähr, Die Anerkennung als Verpflichtungsgrund, S. 124: *„Ist aber überhaupt die freie Bewegung des Willens das Grundprincip des heutigen Obligationenrechts, so muss dieser Wille auch die Fähigkeit haben, jene Verbindung aufzugeben und das einfache Versprechen isoliert zu einem vollendetem Vertrage zu erheben."* .

2 Brief an Bähr v. 20.02.1853 bei Stoll, Friedrich Carl von Savigny. Bd. 3, Anhang Nr. 27, 28, S. 260 f.; Bähr, Die Anerkennung als Verpflichtungsgrund, S. VI.

3 Verh. des IX. Juristentages, Bd. III, S. 88.

4 Bähr, Die Anerkennung als Verpflichtungsgrund, S. 243.

Der abstrakte Schuldvertrag fand dann schließlich in den §§ 780, 781 BGB Eingang in das Bürgerliche Gesetzbuch.

Dennoch wurde auch in jüngerer Zeit die Möglichkeit, eine schuldrechtliche Verpflichtung von ihrem Schuldgrund mittels Abstraktion zu lösen, als bloße Fiktion kritisiert[5] und gar die vollständige Aufgabe abstrakter Schuldverhältnisse gefordert.[6] Das abstrakte Schuldversprechen ist aus unserem heutigen Rechtsleben jedoch nicht mehr wegzudenken. So ist das abstrakte Schuldversprechen nach herrschender Meinung dogmatisches Grundmodell wertpapierrechtlicher Verpflichtung, denen ein Begebungsvertrag vorangeht.[7] Das Saldoanerkenntnis im Rahmen von Kontokorrentverhältnissen im Sinne des § 355 HGB stellt ebenfalls ein abstraktes Schuldanerkenntnis dar.[8] Auch die Feststellung und Mitteilung der Bilanz einer Personengesellschaft soll nach herrschender Meinung ein abstraktes Schuldanerkenntnis darstellen.[9] Große praktische Bedeutung hat es auch im Rahmen der vertraglichen wettbewerbsrechtlichen Unterlassungsverpflichtung mit Vertragsstrafebewehrung als „Novation in der Form eines abstrakten Schuldversprechens“.[10]

I. Die Bedeutung des abstrakten Schuldversprechens für die Kreditsicherung

Das abstrakte Schuldversprechen stellt für den Gläubiger grundsätzlich einen leicht zu verwertenden Anspruch dar. Er muss die schuldbegründenden Umstände, die zur Abgabe des Versprechens führten, regelmäßig nicht dartun. Es ist allein Sache des Schuldners darzulegen, dass dem Schuldversprechen kein oder nur ein einredebehafteter Anspruch zugrunde liegt.
Damit liegt es auf der Hand, dass gerade die Kreditsicherung bereits kurze Zeit nach der Publikation der Schrift *Bährs*[11] das abstrakte Schuldversprechen für sich fruchtbar machte.
Hier taucht das abstrakte Schuldversprechen bis heute überwiegend in Verbindung mit anderen dinglichen Sicherungsrechten wie der Hypothek, der Grundschuld, aber auch dem Pfandrecht auf.[12] Gemeinsam haben diese Sicherungs-

---

5 Kiefner, Der abstrakte obligatorische Vertrag, S. 89.
6 Kübler, Feststellung und Garantie, S. 101, 210.
7 Staudinger/Marburger, § 780, Rn. 36.
8 BGHZ 49, 24, 27; 50, 277, 279; 72, 9, 11; 80, 172, 176; 84, 371, 376.
9 BGH BB 1960, 188; OLG Düsseldorf NJW-RR 1994, 1455, 1458; a.A. Staudinger/Marburger, § 781, Rn. 30.
10 BGHZ 130, 288, 292.
11 Otto Bähr, Die Anerkennung als Verpflichtungsgrund.
12 Das abstrakte Schuldversprechen kann jedoch auch isoliert ein persönliches Sicherungsmittel darstellen, vgl. OLG Koblenz WM 2004, 179.

möglichkeiten, dass zur Sicherung einer kausalen Grundforderung, wie z.B. des Darlehensrückzahlungsanspruches, ein abstraktes Schuldversprechen bestellt wird, welches mit der Grundforderung über eine Sicherungsabrede verbunden ist. Das abstrakte Schuldversprechen wird dann wiederum durch die Hypothek oder das Pfandrecht besichert bzw. neben der Grundschuld bestellt.
Der Vorteil einer solchen Konstruktion liegt darin, dass der wirtschaftlich im Ergebnis zu besichernde Darlehensrückzahlungsanspruch mit dem grundsätzlich akzessorischen Sicherungsrecht mittels des abstrakten Schuldversprechens nur über eine schuldrechtliche Sicherungsabrede verbunden ist. Für die Kreditsicherung durch die nichtakzessorische Grundschuld kann durch das abstrakte Schuldversprechen eine mit der Möglichkeit der Vollstreckungsunterwerfung ausgestattete persönliche Haftung des Sicherungsgebers begründet werden.

In der zweiten Hälfte des 19. Jahrhunderts war noch die akzessorische Hypothek das Grundpfandrecht der Wahl.[13] Die meisten Landesgesetze sahen eine Grundschuld entweder gar nicht vor[14] oder sie war zu dieser Zeit schlicht noch unüblich.[15]
Das abstrakte Schuldversprechen wurde daher recht früh eingesetzt, um die Hypothek „abstrakt" zu stellen. Bereits 1870 skizzierte *von Bar* die Möglichkeit der Bestellung einer Hypothek für ein bloßes Summenversprechen.[16]
In den Motiven zum Bürgerlichen Gesetzbuch wurde die für ein abstraktes Schuldversprechen bestellte Hypothek dann bereits als gängige Praxis beschrieben.[17] Im Jahre 1901 stellte *Krockerols* erstmals ein Musterformular einer solchen „abstrakten" Hypothek für die Kreditsicherungspraxis zur Diskussion, in welchem der Darlehensschuldner erklärte:

„Ich verpflichte mich schon jetzt, dem genannten Bankhause auf jederzeitiges Verlangen die Summe von M ... ohne Aufrechnung an die Kasse desselben bar in deutschen Reichsgoldmünzen [...] zu zahlen und unterwerfe mich bezüglich dieser Schuld der sofortigen Zwangsvollstreckung aus dieser Urkunde in der Art, daß die Zwangsvollstreckung gegen den jeweiligen Eigenthümer der nachbezeichneten Grundstücke zulässig sein soll; [...] Für die letztere Schuldver-

---

13 Mit Ausnahme von Mecklenburg, Hamburg und Lübeck sowie Preußen, wo bereits die der germanischen Tradition folgende Grundschuld vorherrschend war. (in Preußen jedoch gleichbedeutend neben der akzessorischen Hypothek), vgl. Mugdan, Bd. III, S. 337 f.

14 bayr. HypothekenG; württ. PfandG; hess. PfandG.

15 Mugdan, Bd. III, S. 340 f.

16 von Bar, AcP 53 (1870), 362, 383, Er begründete dies allerdings noch mit der von *Otto Bähr* bereits zum abstrakten Schuldvertrag weiterentwickelten römischen *stipulatio* als einseitige Formalobligation.

17 Mugdan, Bd. III, S. 340.

bindlichkeit [...] bestelle ich dem genannten Bankhause Sicherungshypothek an dem nachbezeichneten Grundstücke ... .“[18]

Die Bedeutung der Hypothek nahm in der Folgezeit jedoch kontinuierlich ab. Heute werden Hypotheken praktisch nicht mehr bestellt. Die Grundschuld hat sich durch ihre Forderungsunabhängigkeit als praxistauglicher erwiesen. Bedeutung hat die „abstrakte“ Hypothek jedoch noch in ihrer Erscheinungsform als Schiffshypothek, § 8 SchiffRG.[19] Wenngleich es sich hier der Sache nach um ein Pfandrecht an beweglichen Sachen handelt, wurde sie im Wesentlichen der Hypothek an Grundstücken nachempfunden. Eine der Grundschuld vergleichbare Schiffsbelastung stellt das Gesetz nicht zur Verfügung.[20]

Mit dem Bedeutungsgewinn der Grundschuld hätte zunächst vermutet werden können, dass das abstrakte Schuldversprechen für den Realkredit keinen zusätzlichen Nutzen bereit hielte, denn die Flexibilität, die das abstrakte Schuldversprechen bei der akzessorischen Hypothek gewährleisten konnte, ist der Grundschuld aufgrund ihrer Forderungsunabhängigkeit ohnehin zu eigen. Dennoch wurde bereits 1905 auf Vorschlag von *Merckens* das abstrakte Schuldversprechen auch für die Immobiliarsicherung durch Grundschulden nutzbar gemacht.[21] Da die Grundschuld allein eine dingliche Haftung begründet, die Kreditsicherungspraxis jedoch zusätzlich auch die persönliche Haftung des Sicherungsgebers und eine diesbezügliche Vollstreckungsunterwerfung wünschte,[22] ergab sich auch bezogen auf die Grundschuld ein praktischer Anwendungsbereich.
Heute sehen die Mehrzahl der Grundschuldbestellungsformulare die gleichzeitige Übernahme der persönlichen Haftung durch abstraktes Schuldversprechen und eine doppelte Zwangsvollstreckungsunterwerfung vor, also sowohl im Hinblick auf die Grundschuld als auch auf das abstrakte Schuldversprechen.

---

18 Krockerols, DNotV 1901, 305 f..

19 In diesem überaus finanzstarken Bereich ist die Bedeutung der „abstrakten“ Hypothek hingegen überragend. Schiffshypotheken ohne abstraktes Schuldversprechen werden nur noch in Ausnahmefällen bestellt.

20 Grund hierfür dürfte die Tatsache sein, dass das Geschäft der Schiffsfinanzierung weitgehend international ist, aber die Mehrzahl ausländischer Rechtsordnungen eine der Grundschuld vergleichbare Belastung nicht kennen. Es überwiegen immer noch die akzessorischen Sicherheiten. Zudem war die Belastung an Schiffen bis 1940 im BGB geregelt und dort ausschließlich dem akzessorischen Pfandrecht an beweglichen Sachen unterstellt.

21 Merckens, DNotV 1905, 541, 563.

22 Zwar handelt es sich hier nicht um eine Eigenart der Grundschuld, denn auch die Hypothek begründet allein eine dingliche Haftung. Bei der Hypothek war die durch das abstrakte Schuldversprechen begründete persönliche Haftung des Sicherungsgebers jedoch nicht Hauptzweck, da hier die Möglichkeit der kostengünstigen und flexiblen Forderungsauswechselung bzw. die Sicherung einer Kreditlinie durch das abstrakte Schuldversprechen im Vordergrund standen.

Das abstrakt gestellte Pfandrecht an beweglichen Sachen oder an Forderungen und Rechten hat bislang noch keinen nennenswerten Eingang in die Praxis der Kreditsicherung gefunden. In jüngerer Zeit wird jedoch die Möglichkeit eines solchen „abstrakten" Pfandrechtes im Rahmen der konsortialen Sicherheitenverwaltung und der Syndizierung von Krediten diskutiert *(sog. parallel debt)*.

II. Terminologie

1. Abstraktes Schuldversprechen und abstraktes Schuldanerkenntnis

Obwohl das Gesetz das Schuldversprechen (§ 780 BGB) und das Schuldanerkenntnis (§ 781 BGB) in verschieden Vorschriften geregelt hat, ist es heute allgemeine Ansicht, dass sich beide allein in der Formulierung, nicht jedoch sachlich unterscheiden.[23] Noch § 683 des ersten Entwurfs des BGB hatte beide Formen in einer Vorschrift zusammengefasst. Für die Verfasser stand unter dem Eindruck der Lehre *Bährs* das Anerkenntnis im Vordergrund. Die zweite Kommission übernahm die vorgeschlagene Regelung jedoch in zwei Vorschriften, um Missverständnissen über die Tragweite der Norm vorzubeugen, wobei sich beide nur in der Wahl des Ausdrucks unterscheiden sollten.[24] Nicht nur das Anerkenntnis etwas zu schulden, sondern auch die selbstständige Verpflichtung etwas zu zahlen, soll ein abstraktes Schuldverhältnis begründen können. Demgemäß gilt: Schuldversprechen und Schuldanerkenntnis sind nur äußerlich verschiedene Formen des abstrakten Schuldvertrages. In der Sache ist jedoch kein Unterschied auszumachen.
Dem entspricht die Terminologie der Rechtsprechung, die die Begriffe Schuldanerkenntnis und Schuldversprechen zum Teil synonym verwendet.[25] Diese Untersuchung wird den Begriff des abstrakten Schuldversprechens zugrunde legen, da sich dieser in Fragen der Kreditsicherung überwiegend durchgesetzt hat.[26]

2. Abstraktion vs. Nichtakzessorietät

Vielfach findet sich in der Literatur die Formulierung, die Hypothek werde durch das abstrakte Schuldversprechen „abstrakt" gestellt oder gar die schlag-

---

23 Staudinger/Marburger, § 780, Rn. 4; Palandt/Sprau, § 780, Rn. 1; Gernhuber, § 18 I 3, S. 433; a.A. allein Ehmann, S. 55 ff., der auch inhaltlich differenziert: Dem Anerkenntnis sei gegenüber dem Schuldversprechen eine Rückbezüglichkeit auf ein bestehendes Schuldverhältnis zu eigen.

24 Mot II, S. 690, Prot II, S. 499ff.

25 BGH ZIP 1990, 1390, 1391.

26 BGH WM 1958, 1194; BGH WM 1976, 254; BGH WM 1986, 1355, 1356; BGHZ 98, 256, 259; BGH WM 1992, 132; BGH ZIP 1999, 1591.

wortartige Verkürzung dieser Verbindung zur *„abstrahierten Hypothek“*[27] oder *„abstrakten Hypothek“*.[28] Wenngleich offensichtlich ist, dass mit dieser Bezeichnung zum Ausdruck gebracht werde soll, dass das abstrakte Schuldversprechen eine Unabhängigkeit der Hypothek oder des Pfandrechtes von der kausalen Grundforderung herstellen soll, ist die Bezeichnung „abstrakte“ oder „abstrahierte“ Hypothek missverständlich und in diesem Zusammenhang zumindest erläuterungsbedürftig. Die Hypothek stellt, wie das Pfandrecht auch, ohnehin ein abstraktes Recht dar. Hypothek und Pfandrecht werden durch das abstrakte Schuldversprechen also nicht 'abstrakter' als sie es ohnehin schon sind.
Die Ungenauigkeit liegt darin begründet, dass in aller Regel „Abstraktion“ und „Akzessorietät“ als Begriffspaare einander gegenübergestellt werden, während sich eigentlich die Begriffspaare „Akzessorietät“ und „Nichtakzessorietät“ sowie „Abstraktheit“ und „Kausalität“ durch Alternativität auszeichnen.[29]

Die deutsche Zivilrechtsdogmatik geht vom Trennungsprinzip aus. Welches die Unterscheidung zwischen dem Verpflichtungsgeschäft und dem Verfügungsgeschäft beschreibt. Das Verpflichtungsgeschäft erzeugt Ansprüche und schafft Behaltensgründe. Durch das Verfügungsgeschäft werden diese Ansprüche erfüllt und die rechtliche Zuordnung geändert bzw. Rechte begründet.[30] Die Abstraktion wiederum beschreibt das Verhältnis von Verpflichtungs- und Verfügungsgeschäft in dem Sinne, dass das Verfügungsgeschäft unabhängig von der Wirksamkeit des Verpflichtungsgeschäfts ist, was dazu führt, dass beispielsweise die Nichtigkeit eines Kaufvertrages die anschließende Übereignung unberührt lässt. Die Rückabwicklung von Verfügungsgeschäften ohne Behaltensgrund mangels eines wirksamen Verpflichtungsgeschäfts erfolgt dann über das Bereicherungsrecht.[31]
Die Akzessorietät meint demgegenüber die Verbindung zweier Rechte, wobei das eine als Hauptrecht das Schicksal des anderen bestimmt, ohne das umgekehrt dasselbe gelten würde. Die Akzessorietät ist also eine rechtstechnische Verknüpfung zweier verschiedener Rechte.[32]
Die Abstraktion hat damit nichts mit der Verbindung von Forderung und Sicherungsrecht zu tun, so wie die Akzessorietät nicht das Verhältnis von Verpflichtungs- und Erfüllungsgeschäft beschreibt. Sowohl die nichtakzessorische Grundschuld als auch die akzessorische Hypothek sowie das akzessorische Pfandrecht sind abstrakte dingliche Rechte, da zwischen der Verpflichtung zur Bestellung

27 Stöcker, Eurohypothek, S. 43 f.
28 Baur/Stürner, § 40, Rn. 46, S. 482.
29 Soergel/Stöcker, ZBB-Report 2002, 412, 415.
30 Stadler, Gestaltungsfreiheit und Verkehrsschutz durch Abstraktion, S. 7.
31 Stadler, Gestaltungsfreiheit und Verkehrsschutz durch Abstraktion, S. 8.
32 Stadler, Gestaltungsfreiheit und Verkehrsschutz durch Abstraktion, S. 18, Medicus, JuS 1971, 497 ff.

einer Hypothek, eines Pfandrechts oder einer Grundschuld und der Bestellung derselben zu unterscheiden ist.

Soweit sich die folgende Untersuchung auf die Unterlegung akzessorischer dinglicher Sicherungsrechte mit einem abstrakten Schuldversprechen bezieht, möchte ich gleichwohl nicht auf den Begriff des *„abstrahierten Pfandrechts"* oder der *„abstrahierten Hypothek"* verzichten, denn für das allgemeinsprachliche Verständnis bezeichnet das Verb „abstrahieren" die Loslösung vom Gegenständlichen und Konkreten und ist damit nicht allein im Sinne des rechtstechnischen Abstraktionsprinzips zu verstehen. Durch das abstrakte Schuldversprechen ist der akzessorische Automatismus zwischen gesicherter Forderung und Hypothek bzw. Pfandrecht unterbrochen und somit das akzessorische Sicherungsrecht von der konkreten Forderung losgelöst. Es handelt sich mithin um eine Abstraktion im weiteren Sinne des Wortes. Daher soll die bisher eingängig verwandte Terminologie im Folgenden beibehalten werden.[33]

III. Gang der Darstellung

Gegenstand der weiteren Untersuchungen ist zunächst der abstrakte Schuldvertrag als einseitig verpflichtender Vertrag im Allgemeinen,[34] denn nur aus seiner Natur heraus erschließt sich die Bedeutung des abstrakten Schuldversprechens für die Kreditsicherung. Von besonderem Interesse ist sodann die durchgängig übliche Vereinbarung des abstrakten Schuldversprechens in Allgemeinen Geschäftsbedingungen (§ 3), aber auch im Verbraucherdarlehensvertrag (§ 4). Für Allgemeine Geschäftsbedingungen stellt sich insbesondere die Frage, inwieweit das abstrakte Schuldversprechen als Kreditsicherheit einer Inhaltskontrolle nach den §§ 307 ff. BGB unterliegt.[35]
Die Verbindung zwischen dem abstrakten Schuldversprechen und der von diesem gesicherten Grundforderung wird durch die Sicherungszweckerklärung hergestellt. Mit den Anforderungen, die an eine solche Sicherungszweckerklärung insbesondere in Allgemeinen Geschäftsbedingungen zu stellen sind, haben sich Rechtsprechung und Literatur bislang überwiegend nur im Zusammenhang mit der Bürgschaft und der Grundschuld auseinandergesetzt. Es gilt daher im 5. Kapitel (§ 5) zu untersuchen, inwieweit die dort entwickelten Grundsätze auf das abstrakte Schuldversprechen zu übertragen sind, um letztlich diejenigen Anforderungen zu formulieren, die an die Sicherungszweckerklärung für ein abstraktes Schuldversprechen zu stellen sind.

---

33 vgl. hierzu auch: Bülow, Recht der Kreditsicherheiten, Rn. 1106.
34 siehe § 2.
35 siehe § 3 III.

Der Schuldner eines abstrakten Schuldversprechens hat sich regelmäßig mit seinem ganzen Vermögen der sofortigen Zwangsvollstreckung zu unterwerfen. Neben der Sicherung durch den schuldrechtlichen Anspruch aus dem abstrakten Schuldversprechen tritt also eine prozessuale Sicherung zur Durchsetzung dieser Forderung. Auch hier stellt sich die Frage der Wirksamkeit einer solchen Sicherung in Allgemeinen Geschäftsbedingungen. Dies soll Gegenstand des 6. Kapitels (§ 6) sein.

Zentrales Anliegen dieser Arbeit ist jedoch die Untersuchung der Kombination des abstrakten Schuldversprechens mit der nichtakzessorischen Grundschuld (§ 7) sowie den dinglichen akzessorischen Sicherungsmitteln Hypothek und Pfandrecht (§ 8).
Im Zusammenhang mit der Grundschuld gilt es zunächst zu untersuchen, ob die mit der Grundschuldbestellung übernommene persönliche Haftung überhaupt als abstraktes Schuldversprechen auszulegen ist.[36] Sodann stellt sich die Frage nach dem Vollstreckungsumfang von abstraktem Schuldversprechen und Grundschuld, also inwieweit eine Vollstreckung aus Grundschuld und abstrakten Schuldversprechen nur alternativ oder aber auch kumulativ möglich ist.[37]

Für das abstrakte Schuldversprechen in der Kreditsicherung in Verbindung mit den akzessorischen dinglichen Sicherungsrechten Hypothek und Pfandrecht sind zunächst die tatsächlichen Vorteile einer solchen Sicherung herauszustellen. Im besonderen Maße stellt sich hier jedoch die Frage, inwieweit die *„abstrahierte Hypothek“* und das *„abstrahierte Pfandrecht“* überhaupt zulässig sind. Dies gilt es vor dem Hintergrund des sachenrechtlichen Typenzwangs und eines möglichen Institutionenmissbrauchs zu untersuchen.[38]

---

36 siehe § 7 I.
37 siehe § 7 II.
38 siehe § 8.

§ 2 DAS SCHULDVERSPRECHEN ALS ABSTRAKTER VERPFLICHTUNGSVERTRAG

I. Kausale und abstrakte Schuldverhältnisse

Je de Zuwendung bedarf einer Rechtfertigung im Verhältnis des Zuwendenden zum Empfänger der Zuwendung, einer *causa*, um wirksam zustande zu kommen und fortzubestehen.[39] Nach deutschem Recht sind dabei Verfügungen regelmäßig abstrakt und Verpflichtungen regelmäßig kausal.[40]
Verpflichtungsverträge werden grundsätzlich aus bestimmten Beweggründen heraus geschlossen und verfolgen einen konkreten Zweck, der durch Vereinbarung der Parteien festgelegt wird und dem Verpflichtungsgeschäft damit immanent ist. Sie sind kausal. Im entgeltlichen Vertrag ist die Leistung des einen der Zweck der Leistung des anderen,[41] während beim unentgeltlichen Vertrag, wie der Schenkung, die *causa* gerade in der Vereinbarung der Unentgeltlichkeit liegt.[42] So gehört beispielsweise zum Tatbestand des Kaufvertrags als kausalem Verpflichtungsvertrag die Einigung der Parteien auf den von ihnen verfolgten Austauschzweck Geld gegen Ware, der *causa*. Sie rechtfertigt die anschließende Vermögenszuwendung. Ist sie nichtig, schlägt auch die geplante Zuwendung fehl. Einer Kondiktion der schuldrechtlichen Verpflichtung bedarf es nicht.
Auch Verfügungen bedürfen letztlich einer Rechtfertigung im Verhältnis zwischen Zuwendendem und Zuwendungsempfänger. Der Verfügung ist eine solche Zweckvereinbarung dagegen regelmäßig nicht immanent. Sie ist abstrakt. So ist die Übereignung als Verfügung zunächst unabhängig von dem zugrunde liegenden Verpflichtungsgeschäft, Kauf oder Schenkung. Ist letzteres nichtig und eine Übereignungspflicht somit nicht entstanden, hat dies zunächst keine Auswirkungen auf die Wirksamkeit der Eigentumsübertragung. Erst der Bereicherungsausgleich korrigiert diese rechtsgrundlose Vermögensverschiebung.

Der abstrakte Schuldvertrag nach den §§ 780, 781 BGB stellt demgemäß eine Sondernatur dar. Das Versprechen dem Gläubiger eine bestimmte Summe zu zahlen, begründet einen Verpflichtungsvertrag, dem jedoch der mit ihm verfolgte Zweck nicht immanent ist. Während also zum kausalen Schuldverhältnis ein Konsens über das „Warum" des Entstehens der Forderung erzielt wird, reicht beim abstrakten Schuldverhältnis ein Konsens über das „Ob" des Entstehens der Forderung.[43] Der abstrakte Schuldvertrag ist von einer *causa* losgelöst. Er ver-

---

39 Flume, AT § 12 I 1, S. 152, Stadler, S. 10.
40 siehe oben § 1 II. 2.
41 Klinke,Causa und genetisches Synallagma, S. 1.
42 Larenz, SchR BT II/1, § 47 I, S. 196 f.; Medicus, SchR BT II, § 86 III 3., S. 85 f.
43 Gernhuber, § 18 I 2, S. 433.

folgt für sich gesehen keinen bestimmten Zweck. Das bedeutet nicht, dass es eine *causa* nicht gibt, denn jedes menschliche Handeln ist definitionsgemäß final, auf einen bestimmten Zweck gerichtet. Die *causa* gehört jedoch nicht zum Tatbestand eines abstrakten Schuldverhältnisses. *Causa* und abstraktes Schuldverhältnis bewegen sich auf unterschiedlichen Ebenen. Abstraktion wird damit verstanden als Mittel zur Herauslösung der *causa* als Wirksamkeitsvoraussetzung des Rechtsgeschäfts.[44] Ist die *causa* nicht oder nicht fehlerfrei vereinbart oder wird sie verfehlt, bleibt der abstrakte Schuldvertrag wirksam. Der fehlgeschlagenen Zweckvereinbarung oder –erreichung wird erst im Bereicherungsrecht Rechnung getragen, welches die abstrakte Leistung ohne *causa* für kondizierbar erklärt.

II. Die *causa* des abstrakten Schuldversprechens

Causa eines abstrakten Schuldversprechens ist derjenige Rechtsumstand, aus dem sich die Verpflichtung zur Abgabe der auf das Zustandekommen des Schuldversprechens gerichteten Willenserklärungen ergibt und der diese Zuwendung rechtfertigt.[45]

Frühere Auffassungen legten die Annahme zugrunde, die *causa* des abstrakten Schuldvertrages liege in der anerkannten Kausalforderung (Darlehensrückzahlungsanspruch) oder dem entsprechenden Grundverhältnis (Darlehensvertrag).[46] Begründet wurde dies mit dem *argumentum a maiore ad minus*, wonach jede Sicherung ein *minus* zur vorzeitigen Leistung sei. Der Gläubiger erhalte mit der Sicherheit zwar nicht die Erfüllung, aber die Möglichkeit, sich aus dem Sicherungsrecht die geschuldete oder inhaltsgleiche Leistung zu verschaffen. Jeder Anspruch enthalte damit zugleich einen Rechtsgrund zum Behaltendürfen des Sicherungsrechts.[47]

Problematisch ist an dieser Auffassung die Annahme, beim Sicherungsrecht handele es sich um ein *minus* des ursprünglichen Erfüllungsanspruches. In Anbetracht der unterschiedlichen Entwicklungsmöglichkeiten des Sicherungsverhältnisses und dem Umstand, dass das Sicherungsrecht nur bei gleich wie gearteter Nichterfüllung des kausalen Erfüllungsanspruches zum Zuge kommt, han-

---

44 Palandt/Heinrichs, Überbl. § 104, Rn. 19 ff.

45 Flume, AT, § 12 I 1.; a.A. Christoph Schmidt, Die sog. Akzessorietät der Bürgschaft, S. 207 ff.: Rechtsgrund ist der vereinbarte Geschäftszweck.

46 Krawielicki, Grundlagen des Bereicherungsanspruchs, S. 33, 167.; diesen Ansätzen jüngst folgend: Schmidt, der jedoch den Geschäftszweck des Grundverhältnis als *causa* des abstrakten Schuldversprechen ansieht. Ein zur Erfüllung eines Kaufvertrages hingegebenes abstraktes Schuldversprechen habe seinen Rechtsgrund im Kaufzweck; vgl. auch jüngst Ehmann, Schuldanerkenntnis und Vergleich, S. 75 f.

47 Krawielicki, Grundlagen des Bereicherungsanspruchs, S. 170 f.

delt es sich beim Sicherungsrecht vielmehr um ein *aliud*.[48] Mit dieser Auffassung ist schließlich auch nicht erklärbar, wie aus dem zugrunde liegenden Schuldverhältnis, z.B. dem Darlehensvertrag, die Verpflichtung zur Abgabe eines abstrakten Schuldversprechens folgen soll.[49]
Zudem stößt diese Annahme auch in solchen Fällen auf Widerspruch, in den abstrakte Schuldverhältnisse ihre konstitutive, feststellende Wirkung entfalten sollen. Wird ein abstraktes Schuldverhältnis begründet, um Streit über eine ungewisse Forderung beizulegen (Pazifizierungszweck)[50], so konterkariert die Annahme, der Rechtsgrund liege in der Forderung gerade dieses Ansinnen, da das Schuldversprechen im Falle des Nichtbestehens der Forderung kondizierbar wäre. Gerade dies soll durch die Begründung eines abstrakten Schuldverhältnisses jedoch vermieden werden. Hierfür allein eine kasuistische Ausnahme begründen zu wollen,[51] kann nicht überzeugen.
Daher liegt für die heute herrschende Meinung der Rechtsgrund des abstrakten Schuldversprechens in dem zwischen den Parteien vereinbarten Leistungszweck und der hierfür begründeten Verpflichtung, ein abstraktes Schuldversprechen abzugeben. Das zu Sicherungszwecken begründete Schuldversprechen findet seinen Rechtsgrund damit in der Sicherungsabrede.[52] Diese begründet den Rechtsumstand, auf dem die Verpflichtung zur Abgabe der auf das Zustandekommen des abstrakten Schuldversprechens gerichteten Willenserklärungen beruht. Missverständlich ist diesbezüglich zuweilen jedoch immer noch die Rechtsprechung, die einen Bereicherungsausgleich ganz pragmatisch dann annimmt, wenn die gesicherte Forderung nicht oder nicht mehr besteht.[53]

III. Kondiktion des abstrakten Schuldversprechens

Wie jede andere Leistung auch kann das abstrakte Schuldversprechen kondiziert werden, wenn es ohne rechtlichen Grund begründet worden ist. Dies stellt § 812 Abs. 2 BGB ausdrücklich klar.
Der herrschenden Auffassung folgend, die den Rechtsgrund des abstrakten Schuldversprechens in der zugrunde liegenden Sicherungsabrede erblickt, kann das abstrakte Schuldverhältnis ohne weiteres kondiziert werden, wenn die Sicherungsabrede selbst unwirksam ist. Ist die Sicherungsabrede hingegen wirksam, existiert aber der zu sichernde Darlehensrückzahlungsanspruch nicht oder nicht

48 Becker-Eberhard, S. 70, 251 f.
49 Zeiss, AcP 164, 50, 52; Baumann, Das Schuldanerkenntnis, S. 205; C. Marburger, S. 36.
50 Gernhuber, § 18 I 4, S. 435 f.
51 BGH NJW 2000, 2501, 2502.
52 Larenz/Canaris, SchR BT II/2, § 68 I 4 b., S. 155; Becker-Eberhard, S. 69 f.; Stadler, S. 584; Clemente, ZfIR 2004, 497, 501; C. Marburger, S. 36.
53 BGH NJW-RR 1999, 573, 574.

mehr, so besteht allein im Ergebnis Einigkeit, dass das abstrakte Schuldversprechen nicht beim Gläubiger zu belassen ist. Nach einer Ansicht folgt aus der Sicherungszweckabrede ein Anspruch des Sicherungsgebers auf Aufhebung des Schuldversprechens entweder nach den Regeln zum Wegfall der Geschäftsgrundlage oder unter Annahme einer Geschäftseinheit gemäß § 139 BGB.[54] Nach anderer Auffassung ist das abstrakte Schuldversprechen gleichwohl kondizierbar (§§ 812, 821 BGB): Entweder kann der vereinbarte Leistungszweck nicht mehr erfüllt werden, weil die Darlehensforderung nicht oder nicht mehr besteht - die Kondiktionsmöglichkeit ergibt sich hier durch die dauernde Einrede nach § 813 Abs. 1 BGB - oder, der mit der Hingabe des abstrakten Schuldversprechens bezweckte Erfolg – Darlehensgewährung – tritt nicht ein. Dann folgt der Kondiktionsanspruch direkt aus § 812 Abs. 1 S. 2 2. HS BGB über die *condictio ob rem.*[55] Im Ergebnis bleibt das abstrakte Schuldversprechen durch die Zweckvereinbarung mit der Darlehensforderung verknüpft, der Bestand des abstrakten Schuldverhältnis ist daher *mittelbar* vom Bestand der Darlehensforderung abhängig.

IV. Die Beweislastverteilung beim abstrakten Schuldversprechen

Häufig findet sich im Zusammenhang mit dem abstrakten Schuldversprechen die Anmerkung, primärer Zweck desselben sei die Beweislastumkehr zugunsten des Inhabers eines solchen Versprechens, da der Schuldner das Nichtbestehen des gesicherten Anspruches beweisen muss.[56] Das Schlagwort der Beweislastumkehr stellt die Beweislage beim abstrakten Schuldversprechen jedoch nur verkürzt dar:

Grundregel der Beweislast im Zivilprozess ist die auf *Rosenberg* zurückgehende Günstigkeitsregel. Danach trägt jede Partei die Beweislast für die tatsächlichen Voraussetzungen der ihr günstigen Norm.[57] Die Beweislast für die rechtsbegründenden Tatbestandsmerkmale eines Anspruches trägt damit der Anspruchssteller. Die Beweislast für die rechtshindernden, rechtsvernichtenden und rechtshemmenden Merkmale trägt dagegen der Anspruchsgegner.

Die Abstraktheit des Schuldversprechens bewirkt, dass die *causa* nicht zum Tatbestand des abstrakten Schuldversprechens gehört[58] und damit kein anspruchsbegründendes Merkmal darstellt. Tatbestandsmerkmal des abstrakten Schuldversprechens ist allein der Wille des Schuldners, durch bloßes Versprechen ein

54 Zeiss, AcP 164, 50, 72; Larenz/Canaris, SchR BT II/2, § 68 I 4b, S. 155.
55 Staudinger/Marburger, § 780, Rn. 25 f.
56 Stürner, JZ 1977, 431 f.; C. Marburger, S. 15, 125; Stadler, S. 16.
57 Rosenberg, Beweislast, S. 98 f.
58 Siehe oben § 2 I.

Schuldverhältnis selbstständig zu begründen.[59] Der Gläubiger des abstrakten Schuldversprechens hat damit zu beweisen, dass und in welcher betragsmäßigen Höhe ein solcher Abstraktionswille vorlag. Die *causa*, also die Sicherungsabrede hat der Gläubiger hingegen nicht zu beweisen. Ist der Gläubiger also in der Lage, bspw. allein das urkundliche abstrakte Schuldversprechen vorzulegen, sind die tatsächlichen Voraussetzungen seiner Anspruchsbegründung bewiesen. Das abstrakte Schuldversprechen eignet sich damit auch im besonderen Maße für ein Vorgehen im Urkundenprozess gemäß §§ 592 ff. ZPO.
Besteht der Darlehensrückzahlungsanspruch hingegen nicht, nicht mehr oder nicht in der dem Schuldversprechen entsprechenden Höhe, ist das Schuldversprechen mittels Verbindung über die Sicherungsabrede kondizierbar.[60] Der Schuldner kann die Einrede ungerechtfertigter Bereicherung erheben (§ 821 BGB) und muss hierfür darlegen und beweisen, dass die Abgabe des abstrakten Schuldversprechens rechtsgrundlos erfolgte. Entsprechend der allgemeinen Beweislastverteilung hat der Schuldner also zu beweisen, dass die Abgabe des abstrakten Schuldversprechens aufgrund der Sicherungsabrede erfolgte und der Gläubiger seine Rechte nicht im Einklang mit der Sicherungsabrede ausübt, weil der Darlehensrückzahlungsanspruch nicht oder nicht in der geltend gemachten Höhe besteht.
Eine Beweislastumkehr, verstanden als Abweichung von der allgemeinen Beweislastregel ist mit dem abstrakten Schuldversprechen also nicht verbunden, denn die Beweislastverteilung des abstrakten Schuldversprechens entspricht gerade dem Günstigkeitsprinzip. Auch an der Beweislastverteilung des Darlehensvertrages ändert sich nichts.
Eine Beweislastumkehr liegt allein dann vor, wenn die Beweislastverteilung des Darlehensvertrages zum Maßstab erhoben wird, denn hier hat der Gläubiger im Gegensatz zum abstrakten Schuldversprechen zum Beweis der Anspruchsbegründung nicht nur den Vertragsschluss, sondern auch die Darlehensgewährung darzulegen und zu beweisen. *Gernhuber* weist daher zu Recht darauf hin, dass die Standardformel von der *„Umkehr der Beweislast"* eine Abbreviatur sei und auf einer wirtschaftlichen, nicht rechtlichen Betrachtungsweise beruhe.[61]

V. Vertragsschluss

Das abstrakte Schuldversprechen ist ein einseitig verpflichtender Vertrag[62], für dessen Zustandekommen die allgemeinen Grundsätze gelten (§§ 130 ff., 145 ff. BGB). Erforderlich sind Abgabe und Zugang zweier korres-

---

59 Bähr, Die Anerkennung als Verpflichtungsgrund, S. 169 ff.
60 siehe oben § 2 III.
61 Gernhuber, § 18 III 2, S. 444.
62 Staudinger/Marburger, § 780, Rn. 1.

pondierender Willenserklärungen.[63] Das Angebot liegt entweder im Leistungsversprechen des Schuldners, das durch den Gläubiger auch konkludent angenommen werden kann, oder der Vertragsantrag geht vom Gläubiger aus und wird vom Schuldner durch Abgabe des Versprechens angenommen.[64]
Die in §§ 780, 781 BGB angeordnete Schriftform ist Wirksamkeitserfordernis, § 126 BGB, jedoch unterliegt diesem Formerfordernis nur die Erklärung des Schuldners.[65] Die Annahme durch den Gläubiger ist formfrei und somit auch stillschweigend möglich. Durch die regelmäßig erfolgende gleichzeitige Unterwerfung unter die sofortige Zwangsvollstreckung, welche eine Beurkundung erforderlich macht, wird das Schriftformerfordernis in aller Regel gewahrt sein, denn die Beurkundung ersetzt die schriftliche Form, § 126 Abs. 4 BGB. Allein die Vollmacht zur Abgabe eines abstrakten Schuldversprechens bedarf wegen § 167 Abs. 2 BGB nicht der Schriftform.
Worin indes der Zweck des Schriftformerfordernisses liegt, ist nicht abschließend geklärt. Die einen sehen ihn im Schutz vor Übereilung[66]. Die anderen sehen den Zweck der Schriftform vielmehr in der Rechtssicherheit.[67] Die Schriftform soll hier insbesondere klare Beweisverhältnisse schaffen.[68] Für letztere Ansicht sprechen die Gesetzesmaterialien, welche insbesondere die Flüchtigkeit einer mündlichen Äußerung betonen.[69] Für den Übereilungsschutzzweck des Schriftformerfordernisses spricht hingegen, dass für Kaufleute Formfreiheit gilt, wenn sich das abstrakte Schuldversprechen als Handelsgeschäft darstellt(§§ 350, 351, 343 HGB), da vermutet wird, dass Kaufleute insoweit nicht des Schutzes vor unbedachten Versprechen bedürfen. Demgegenüber wäre die Schaffung klarer Beweisverhältnisse auch bei Kaufleuten erforderlich. Letztlich spricht nichts dagegen, beide Schutzzwecke als maßgeblich zu erachten.

---

63 MüKo/Hüffer, § 780, Rn. 12.

64 Staudinger/Marburger, § 780, Rn. 1; MüKo/Hüffer, § 780, Rn. 12.; Dies war vor Einführung des BGB nicht Allgemeingut. In der Schrift Heinrich Siegels (Das Versprechen als Verpflichtungsgrund im heutigen Recht, 1873) bemühte sich dieser um den Nachweis, dass bereits das einseitige Leistungsversprechen des Schuldners ein hinreichender Verpflichtungsgrund sei. Diese Auffassung ist – wenngleich durch das Gesetz überholt - nicht ohne Reiz, denn gerade die – formlose – Annahme des Gläubigers bereitet in der Feststellung eines abstrakten Schuldvertrages immer wieder Schwierigkeiten, vgl. die Annahme des abstrakten Schuldversprechens bei persönlicher Haftungsübernahme im Rahmen einer Eigentümergrundschuldbestellung: BGH NJW 1991, 228, 229, auch siehe oben § 7 III 1 c.; zuletzt auch problematisch OLG Saarbrücken ZfIR 2003, 153 ff., das offen ließ, ob das Angebot auch vom Gläubiger ausgehen könnte.

65 Auch die Erteilung des Schuldversprechens in elektronischer Form schließt das Gesetz ausdrücklich aus, §§ 126 Abs. 3, 780 S. 2 BGB.

66 Larenz/Canaris, SchR BT II/2, § 65 II.

67 Gernhuber, § 18 III 4, S. 447; Staudinger/Marburger, § 780, Rn. 7.

68 Staudinger/Marburger, § 780, Rn. 7.

69 Prot II, S. 505.

Für die Kreditsicherung mittels des abstrakten Schuldversprechens stellt sich die Vertragsgestaltung häufig wie folgt dar: Die Vereinbarung des abstrakten Schuldversprechens erfolgt durch die Sicherungsabrede. Sie kann jedoch je nach Vertragsgestaltung bereits im Darlehensvertrag als Verpflichtung zur Abgabe des abstrakten Schuldversprechens erfolgen. Möglich ist auch die Annahme des abstrakten Schuldversprechens in der (Grund)Pfandrechtsbestellungsurkunde.
Das deutsche Recht folgt bei der Begründung von Sicherungsrechten einer Dreistufen-Konstruktion:[70] Auf erster Stufe stehen die zu sichernde Forderung und das ihr zugrunde liegende Vertragsverhältnis.[71] Auf der zweiten Stufe steht der grundsätzlich formfreie Sicherungsvertrag, der von der ersten Stufe dem kausalen Vertragsverhältnis äußerlich oft nicht eindeutig getrennt ist. Der Sicherungsvertrag ist *causa* des Sicherungsrechts und schafft so die Verpflichtung zur Einräumung des Sicherungsrechts. Daneben regelt es gegebenenfalls Einzelheiten des Sicherungsverhältnisses (Verwertung, Rückgewähr, Behandlung des Sicherungsgutes etc.).[72] Auf dritter Stufe steht schließlich die Begründung des Sicherungsrechtes durch den Bestellungsakt.[73]

Im Darlehensvertrag also auf erster Stufe der Begründung von Sicherungsrechten fand die Forderung nach Abgabe eines abstrakten Schuldversprechens durch den Schuldner erst in neuerer Zeit Eingang. Ältere Darlehensverträge erwähnen das abstrakte Schuldversprechen nebst einer diesbezüglichen Unterwerfungserklärung meist nicht. Als Kreditsicherungsmittel ist das abstrakte Schuldversprechen bei Verbraucherkreditverträgen jedoch im Darlehensvertrag anzugeben (§ 492 Abs. 1 Nr. 7 BGB). Auch wenn die Verpflichtung zur Abgabe des abstrakten Schuldversprechens bereits in den Darlehensvertrag aufgenommen wird, handelt es sich in der Sache dennoch um einen Bestandteil des Sicherungsvertrages, der insoweit äußerlich vom Darlehensvertrag nicht getrennt ist. Rechtsgrund des abstrakten Schuldversprechens ist schließlich die Sicherungsvereinbarung und nicht der Darlehensvertrag.[74]
In den überwiegenden Fällen erfolgt die Abgabe des abstrakten Schuldversprechens regelmäßig im Zusammenhang mit der gleichzeitigen Bestellung eines dinglichen Sicherungsrechtes.
Weder die Grundschuld- noch die Hypothekenbestellung bedürfen einer notariellen Beurkundung. Erforderlich ist allein die Beglaubigung der Eintragungsbewilligung (§§ 19, 29 GBO). In der Praxis der Grundpfandrechtsbestellung ist jedoch regelmäßig eine dingliche Vollstreckungsunterwerfung enthalten, die eine notarielle Beurkundung verlangt. Auch im Hinblick auf das abstrakte

---

70 ausführlich hierzu Stadler, S. 562 f.
71 Stadler, S. 563.
72 Stadler, S. 563.
73 Stadler, S. 563.
74 siehe oben § 2 II.

Schuldversprechen wird vom Darlehensnehmer regelmäßig die Unterwerfung unter die sofortige Zwangsvollstreckung verlangt. Aus Kostengründen wird daher die Abgabe des abstrakten Schuldversprechens oftmals mit der Grundpfandrechtsbestellung verbunden. Dennoch ist die Verpflichtung zur Abgabe des abstrakten Schuldversprechens regelmäßig Bestandteil des Sicherungsvertrages zwischen Sicherungsgeber und Sicherungsnehmer.

VI. Auslegung und Abgrenzung

Das Gesetz hat den abstrakten Schuldvertrag systematisch vor die Anweisung (§§ 783 f. BGB) gestellt und gibt damit schon äußerlich einen Zusammenhang mit bestimmten in der Praxis geläufigen Erscheinungsformen abstrakter Verpflichtungen wieder: Den §§ 780 ff. BGB folgt schließlich die Annahme der Anweisung gemäß § 784 BGB, die als abstraktes Schuldversprechen zu qualifizieren ist, und das Recht der Wertpapiere, so man das abstrakte Schuldversprechen als deren bürgerlich-rechtliche Grundform begreift.[75]
Soweit das abstrakte Schuldverhältnis anerkannter Ausdruck der Vertragsfreiheit ist, durch bloßes Versprechen oder Anerkenntnis eine Verpflichtung selbstständig zu begründen, war es die erklärte Absicht des Gesetzgebers abstrakte Verpflichtungen generell zuzulassen, anstatt sie auf bestimmte Fallgruppen zu begrenzen. Damit wäre der Standort der abstrakten Schuldverhältnisse eigentlich im Allgemeinen Schuldrecht zu suchen.
Das abstrakte Schuldversprechen ist dennoch im wesentlichen Kaufmanns- und Juristengut geblieben. Andere Verkehrskreise bedienen sich seltener der Möglichkeiten des abstrakten Schuldvertrages. Dementsprechend vorsichtig ist die Rechtsprechung bei der Annahme eines abstrakten Schuldversprechens.[76] Trotz der grundsätzlichen Verortung des abstrakten Schuldvertrages im Allgemeinen Schuldrecht ist seine Anwendung somit in der Praxis gewissen Fallgruppen vorbehalten.
Das abstrakte Schuldversprechen zur Ergänzung grundpfandrechtlicher Kreditsicherung hat sich in der Rechtsprechung seit der Entscheidung des BGH vom 19. Mai 1958 zur anerkannten Fallgruppe entwickelt.[77] Die Übernahme der persönlichen Haftung im Rahmen der Grundschuldbestellung als abstraktes Schuldversprechen auszulegen, wird seitdem nicht mehr in Frage gestellt.[78] Die Hypothekenbestellung zur Sicherung des abstrakten Schuldversprechens war

[75] Staudinger/Marburger, § 780, Rn. 36; a.A. MüKo/Hüffer, § 780, Rn. 25.
[76] Gernhuber, § 18 III, 1a), S. 441.
[77] BGH WM 1958, 1194 f.
[78] BGH WM 1958, 1194 f.; BGH WM 1976, 254 f.; BGH WM 1986, 1355, 1356; BGH WM 1990, 8, 9; BGH ZIP 1990, 1390, 1391; BGH WM 1992, 132; BGH WM 1999, 1591, 1592.

dagegen sogar schon länger juristisches Allgemeingut.[79] Allein in der Literatur wird gegen die Auslegungspraxis der Rechtsprechung Widerspruch erhoben.[80]

Die Auslegung der Schuldnererklärung richtet sich nach den allgemeinen Grundsätzen (§§ 133, 157 BGB). Auszugehen ist vom Wortlaut der Erklärung. Zu berücksichtigen sind aber auch alle sonstigen Umstände, wie Anlass und Zweck der Erklärung.[81]
Ausgehend vom Wortlaut der Erklärung bleiben für weitere Vertragsauslegungen diejenigen Vertragsgestaltungen außer Betracht, die ausdrücklich die Abgabe eines abstrakten Schuldversprechens vorsehen. Als Beispiel hierfür sei das Mustergrundschuldformular des Ausschusses für Schuld- und Liegenschaftsrecht der Bundesnotarkammer angeführt:[82]

„[...]
2. Schuldversprechen mit persönlicher Zwangsvollstreckungsunterwerfung
... - nachstehend als „Schuldner" bezeichnet –
verspricht dem Gläubiger die Zahlung eines Betrages in Höhe der Grundschuldsumme samt Nebenleistungen in der Weise, dass das Versprechen die Zahlung selbstständig begründen soll. [...]"

Hierin etwas anderes sehen zu wollen, als die Begründung einer abstrakten Verpflichtung, würde die Grenzen zulässiger Vertragsauslegung sprengen.
Einer Auslegung zugänglich sind hingegen Vertragsgestaltungen, die allein die Übernahme der persönlichen Haftung vorsehen. Beispielhaft hierfür sei das Muster-Formular des BankVerlags Köln[83] genannt:

„...
Zugleich übernimmt/ übernehmen ... für die Zahlung des Grundschuldbetrages und der vereinbarten Grundschuldzinsen die persönliche Haftung, aus der der jeweilige Gläubiger ihn/sie schon vor der Vollstreckung in den Grundbesitz in Anspruch nehmen kann. ..."

Die Auslegung vollzieht sich hier in zwei Schritten:
Zunächst ist zu klären, ob der Parteierklärung überhaupt ein Rechtsbindungswille entnommen werden kann oder ob es sich alternativ um eine einseitige nichtrechtsgeschäftliche Erklärung handelt. Sodann ist zu ermitteln, ob der Par-

79 siehe oben § 1 I.
80 Huber, Die Sicherungsgrundschuld, S. 42; Staudinger/ Marburger, § 780, Rn. 32; C. Marburger, S. 124 ff.
81 Staudinger/Marburger, Vorbem. § 780, Rn. 9; MüKo/ Hüffer, § 780, Rn. 17.
82 in DNotZ 2002, 84, 86.
83 bei BuB II/Wenzel, Rn. 4/2093.

teiwille auf Abstraktion gerichtet ist oder ob ein kausales Schuldverhältnis vorliegt.[84]

1. Rechtsbindungswille

Ein abstraktes Schuldverhältnis kann nur durch Vertrag begründet werden. Erforderlich hierfür ist der entsprechende Rechtsbindungswille. Liegt ein solcher nicht vor, handelt es sich bei der Erklärung des Schuldners nur um eine rein tatsächliche Auskunft, eine Wissenserklärung. Hierdurch bekundet der Schuldner lediglich seine Überzeugung vom Bestehen seiner Verpflichtung oder vom Vorliegen bestimmter Tatsachen, eine rechtliche Bindung geht er dagegen nicht ein.[85]
Vor diesem Hintergrund ist das abstrakte Schuldversprechen als Kreditsicherungsmittel vom Darlehensschuldschein abzugrenzen. Bei letzterem handelt es sich um eine Urkunde, die eine Schuldverpflichtung bestätigt und vom Schuldner allein zum Zwecke der Beweissicherung für das Bestehen der Schuld ausgestellt wurde.[86] Von einem solchen Schuldschein kann schon dann gesprochen werden, wenn die Urkunde unmissverständlich erkennen lässt, dass sich der Aussteller zum Empfang eines Darlehens bekennt.[87] Der BGH ließ in seiner Entscheidung vom 3. November 1977 erkennen, dass allein die Erklärung, den Empfang eines Geldbetrages zu quittieren noch keinen Aufschluss über einen rechtsgeschäftlichen Bindungswillen gibt.[88] Erfolgt jedoch zusätzlich die Erklärung, zur Rückzahlung des Darlehens in bestimmten Monatsraten verpflichtet zu sein, erblickt der BGH darin eine Willenserklärung, die auf Begründung oder Bestätigung einer darlehensvertraglichen Zahlungsverpflichtung gerichtet ist.[89] Letztlich ist es jedoch die kaum nachprüfbare jeweilige tatrichterliche Würdigung, welche den Rechtsbindungswillen feststellt. Soweit daher die tatrichterliche Annahme oder Nichtannahme eines Rechtsbindungswillens nicht gegen Denkgesetze und Erfahrungssätze verstößt (was wohl selten der Fall sein wird), ist selbige rechtsfehlerfrei und nicht zu beanstanden.

Die Annahme eines einseitigen, nichtrechtsgeschäftlichen Anerkenntnisses entfaltet seine Wirkungen im Beweisrecht. Während das rechtsgeschäftliche abstrakte Schuldversprechen eine Beweislastumkehr bewirkt,[90] stellt das einseitige,

---

84 Staudinger/Marburger, Vorbem. § 780, Rn. 9; MüKo/Hüffer, § 780, Rn. 9.
85 Staudinger/ Marburger, § 781, Rn. 27.
86 RGZ 120, 86, 89; BGH WM 76, 974, 975; BGH WM 1978, 13, 14.
87 BGH WM 1976, 974, 975.
88 BGH WM 1978, 13, 14.
89 BGH WM 1978, 13, 14.
90 hierzu § 2 IV.

nichtrechtsgeschäftliche Anerkenntnis nur ein Indiz dar[91], dessen Aussage darin liegt, dass in der Regel niemand ihm ungünstige Tatsachen zuzugeben pflegt, wenn er nicht von ihrer Wahrheit überzeugt ist.[92] Das einseitige, nichtrechtsgeschäftliche Anerkenntnis unterliegt dann der freien richterlichen Beweiswürdigung gemäß § 286 ZPO.
Die üblichen Vertragsgestaltungen insbesondere zur persönlichen Haftungsübernahme im Rahmen der Grundschuldbestellung lassen jedoch Zweifel an einem Rechtsbindungswillen regelmäßig nicht aufkommen, sei es, weil schon in der Formulierung auf ein abstraktes Schuldversprechen rekurriert wird, sei es weil auch der Wortlaut „Übernahme der persönlichen Haftung" einen Verpflichtungswillen regelmäßig impliziert.

2. Abstraktionswille

Auf Grund der Vertragsfreiheit ist der rechtsgeschäftliche Wille in der Lage, durch bloßes Anerkenntnis oder Versprechen ein Schuldverhältnis selbstständig zu begründen. Diese Kernaussage *Bährs*[93] als Ausgangspunkt der abstrakten Schuldverhältnisse stellt klar, dass die Abstraktion nicht vom Gesetz vorgegeben ist. Dieses stellt lediglich den Vertragstypus der abstrakten Schuldverhältnisse in den §§ 780, 781 BGB zur Verfügung. Eine Auslegung der Parteierklärungen muss also die Frage beantworten, ob die Parteien den Willen hatten, die Schuld von ihrem eigentlichen Entstehungsgrund zu lösen,[94] um sie selbstständig zu begründen. Da es ein zweckfreies Wollen nicht geben kann, bereitet die Annahme Schwierigkeiten, die Parteien wollen mit ihren Erklärungen Abstraktion herbeiführen. Abstraktion ist daher anerkanntermaßen nicht Selbstzweck, sondern rechtstechnisches Mittel zur Realisierung eines von den Parteien angestrebten, weiteren Erfolges.[95] Der Parteiwille ist also regelmäßig nicht darauf gerichtet, alle kausalen Fragen aus dem Entstehungstatbestand der neuen Forderung abzuschichten, um diese in eine andere Ebene der Relevanz zu verweisen.[96] Dies beschreibt zwar eindeutig das Wesen abstrakter Schuldverhältnisse, aber nicht das, was der Rechtsanwender vernünftigerweise wollen kann. Entscheidend ist,

---

91 Wobei sich dieses Indiz graduell in bestimmten Situationen vom Anscheinsbeweis bis hin zur Beweislastumkehr nach Treu und Glauben entwickeln kann; Ehmann, Schuldanerkenntnis und Vergleich, S. 20.

92 Daher wird das einseitige, nichtrechtsgeschäftliche Anerkenntnis aus prozessualer Sicht auch *„Zeugnis gegen sich selbst"* (RG Warn 1932, 147, Nr. 72) oder auch *„außergerichtliches Geständnis"* (Stein/Jonas-Leipold, § 288, Rn. 24) genannt.

93 Bähr, Die Anerkennung als Verpflichtungsgrund, S. 169 ff.

94 Staudinger/Marburger, Vorbem. § 780 ff, Rn. 7, MüKo/ Hüffer, § 780, Rn. 16 (Isolierungswille, Verselbstständigungswille, Lösungswille).

95 Staudinger/Marburger, Vorbem. §§ 780 ff., Rn. 8; MüKo/Hüffer, § 780, Rn. 16; C. Marburger, S. 38.

96 Gernhuber, § 18 III 3b), S. 445.

was die Parteien mit dem abstrakten Schuldversprechen in letzter Konsequenz erreichen wollen. Soweit daher der Wille der Parteien auf einen bestimmten Erfolg gerichtet ist und die Abstraktion erforderlich ist, um diesen Erfolg zu erreichen, ist ein Abstraktionswille anzunehmen.
Das Wort Abstraktionswille ist insoweit missverständlich: Gewollt ist nicht die Abstraktion (Loslösung, Isolierung). Gewollt sind die Rechtsfolgen der Abstraktion (Klageerleichterung, Schuldverstärkung, Pazifizierung).

Im Hinblick auf das abstrakte Schuldversprechen in der Kreditsicherung ist daher zu fragen, ob ein solches erforderlich ist, um die mit ihm intendierten Rechtsfolgen zu erreichen bzw. dem berechtigten Sicherungsbedürfnis des Darlehensgläubigers zu entsprechen. Die Rechtsfolgen, die sich aus einer Kombination von (Grund)Pfandrechten und abstrakten Schuldverhältnissen ergeben, sind bei den einzelnen Sicherungsrechten unterschiedlich. So ergibt sich aus der Akzessorietät der Hypothek, dass bei Tilgung der gesicherten Forderung diese automatisch an den Eigentümer zurückfällt. Durch Unterlegung der Hypothek mit einem abstrakten Schuldversprechen ist es dem Gläubiger dagegen trotz Darlehenstilgung möglich, andere ihm zustehende Forderungen durch die Hypothek zu sichern. Anders bei der nichtakzessorischen Grundschuld, die den Gläubiger grundsätzlich nach Tilgung der ursprünglich gesicherten Forderung sichern kann. Hier ist das abstrakte Schuldversprechen aus anderen Gründen erforderlich.[97] Die Frage, inwieweit beispielsweise die persönliche Haftungsübernahme wegen einer entsprechenden Erforderlichkeit als abstraktes Schuldversprechen auszulegen ist bzw. inwieweit den Parteierklärungen nicht vielmehr eine kausale Verpflichtung zu entnehmen sein könnte, wird daher bei der Untersuchung der einzelnen Sicherungsrechte beantwortet.[98]

[97] hierzu § 7 I.
[98] § 7 I; § 8 III e.

§ 3 DAS ABSTRAKTE SCHULDVERSPRECHEN IN ALLGEMEINEN GESCHÄFTSBEDINGUNGEN

Die Abgabe von abstrakten Schuldversprechen gegenüber institutionellen Kreditgebern erfolgt in aller Regel formularmäßig, da die Banken im Massengeschäft der Kreditvergabe ihre Vertragsbedingungen in Musterformularen für eine Vielzahl von Bedingungen vorzuformulieren pflegen. Mit Einführung des AGBG am 9. Dezember 1976 setzte dann auch die Diskussion um die Zulässigkeit des formularmäßigen abstrakten Schuldversprechens in der Kreditsicherung ein. Ausgehend von *Stürner*, der in der durch das abstrakte Schuldversprechen bewirkten Beweislastumkehr[99] einen Verstoß gegen § 309 Nr. 12 BGB (§ 11 Nr. 15 AGBG a.F.) annahm,[100] wurden in Teilen der Rechtsprechung und Literatur immer wieder Zweifel an der Wirksamkeit des formularmäßigen abstrakten Schuldversprechens im Hinblick auf das Vorliegen einer überraschenden Klausel, § 305 c Abs. 1 BGB,[101] und einer unangemessenen Benachteiligung, §§ 307 ff. BGB,[102] geäußert. Der BGH hat ungeachtet dieser Bedenken an der grundsätzlichen Wirksamkeit des abstrakten Schuldversprechens in Allgemeinen Geschäftsbedingungen festgehalten.[103] Allein in Fällen der Drittsicherung, also der Personenverschiedenheit von Kreditnehmer und Sicherungsgeber, klingen auch beim BGH Zweifel an.[104]
Erstaunlich ist die Entwicklung der Diskussion um die Zulässigkeit des abstrakten Schuldversprechens im Formularvertrag allemal, denn auch vor Einführung des AGBG hatte das abstrakte Schuldversprechen in der Kreditsicherung große praktische Bedeutung,[105] eine offene Inhaltskontrolle gemäß den §§ 138, 242, 315 BGB sowie anhand des dispositiven Rechtes, wie sie auch vor Einführung des AGBG bei einseitig formulierten Vertragsbedingungen statthaft war,[106] fand bei den früheren Entscheidungen zur persönlichen Haftungsübernahme in Grundpfandrechtsformularen jedoch nicht statt.[107]
Gerade in neuerer Zeit mehren sich wieder die Bedenken gegen die Zulässigkeit formularmäßiger Schuldversprechen, insbesondere in Form der Übernahme der

---

99 siehe hierzu § 2 IV.

100 Stürner, JZ 1977, 491 f. u. 639 f.

101 LG Düsseldorf ZIP 1993, 1376 f.; OLG Saarbrücken ZfIR 2003 153 ff.; C. Marburger, S. 70 ff.

102 C. Marburger, S. 90 ff.; Eickmann, ZIP 1989, 142 ff.

103 grundlegend BGHZ 99, 274 ff.

104 BGHZ 114, 9 ff.

105 OLG Stuttgart NJW 1979, 222, 223; rechtsgeschichtlicher Überblick bei C. Marburger, S. 117 ff.

106 W/H/L, Einl. AGBG, Rn. 6.

107 BGH WM 1958, 1194, 1195; BGH WM 1976, 254 f.: Drittsicherung durch Ehefrau.

persönlichen Haftung im Rahmen der Grundschuldbestellung.[108] Im Folgenden sollen daher auch die Möglichkeiten der formularmäßigen Kreditsicherung durch das abstrakte Schuldversprechen untersucht werden.

I. § 305 Abs. 1 BGB - das abstrakte Schuldversprechen als Allgemeine Geschäftsbedingung

Allgemeine Geschäftsbedingungen sind alle für eine Vielzahl von Verträgen vorformulierte Vertragsbedingungen, die eine Vertragspartei (Verwender) der anderen Vertragspartei bei Abschluss eines Vertrages stellt, es sei denn, die Vertragsbedingungen wurden zwischen den Parteien im Einzelnen ausgehandelt (§ 305 Abs. 1 BGB).

Der Begriff der Vertragsbedingung ist nach herrschender Meinung weit auszulegen.[109] Vertragsbedingungen sind alle Regelungen, die Inhalt des zwischen den Vertragsparteien zu schließenden Rechtsgeschäfts werden.[110] Auch wenn das abstrakte Schuldversprechen selbst schon einen Schuldvertrag darstellt und als solcher eben keine Bedingung eines Rechtsgeschäfts ist, definiert § 305 Abs. 1 BGB den Begriff der Allgemeinen Geschäftsbedingung nach äußeren Merkmalen ohne Rücksicht auf den Inhalt der Regelung.[111] Danach stellt sich das abstrakte Schuldversprechen als „Begleitgeschäft" der Kreditsicherung dar und unterfällt dem AGB-Begriff des § 305 Abs. 1 BGB.

Die Vertragsbedingungen müssen gemäß § 305 Abs. 1 BGB durch den Verwender in den Vertrag eingeführt worden sein.
Problematisch ist dies in den Fällen, in denen Klauseln durch einen Notar oder sonst unparteiischen Dritten in den Vertrag eingeführt werden. Das abstrakte Schuldversprechen wird dabei häufig in Verbindung mit der Unterwerfung unter die sofortige Zwangsvollstreckung abgegeben, die gemäß § 794 Abs. 1 Nr. 5 ZPO zu beurkunden ist. Es stellt sich daher die Frage, inwieweit notariell beurkundete Verträge der Kontrolle nach den §§ 305 ff. BGB unterliegen.

In Umsetzung der Richtlinie vom 5. April 1993 93/13 EWG über missbräuchliche Klauseln sieht § 310 Abs. 3 Nr. 1 BGB (§ 24 a Nr. 1 AGBG) nunmehr ausdrücklich vor, dass Allgemeine Geschäftsbedingungen gegenüber Verbrauchern

---

108 C. Marburger, S. 139, Pkt. 22, „... *nur individualvertraglich möglich.*".
109 W/H/L, § 1 AGBG, Rn. 17 m.w.N.; Stoffels, AGB-Recht, Rn. 107.
110 W/H/L, § 1 AGBG, Rn. 6.
111 W/H/L, § 8 AGBG, Rn. 1.

immer als vom Unternehmer gestellt gelten, wenn sie nicht durch den Verbraucher selbst in den Vertrag eingeführt wurden. Ist der Darlehensnehmer also ein Verbraucher (§ 13 BGB), so gelten die Allgemeinen Geschäftsbedingungen ihm gegenüber auch dann als gestellt, wenn sie vom Notar eingeführt werden, es sei denn, die Vertragsbedingungen wurden im Einzelnen ausgehandelt, § 305 Abs. 1 BGB. Für den Verbraucherdarlehensvertrag ist daher in den weit überwiegenden Fällen von einer Kontrolle nach den §§ 305 ff. BGB auszugehen.

Aber auch bei Nichtvorliegen der Verbrauchereigenschaft beim Vertragspartner unterfällt ein notarieller Vertrag dann den §§ 305 ff. BGB, wenn der Notar ein Vertragsformular verwendet, das von einer Partei benannt oder zur Verfügung gestellt wird.[112] Auch wenn hier letztlich der Notar das Vertragsformular einführt, ist diese Partei als Verwender anzusehen. Dies wird in den allermeisten Fällen der Grundschuld- oder Hypothekenbestellung zugunsten institutioneller Kreditgeber der Fall sein, da hier die verwendeten Formulare in aller Regel vom Kreditinstitut herrühren bzw. von der Bankengruppe oder dem jeweiligen Bankenverlag[113] erstellt werden.

Gleiches muss gelten, wenn der Notar das Vertragsmuster im Auftrag einer Partei oder sonst auf Anregung oder Wunsch einer Partei nach deren Wünschen formuliert.[114] Die Möglichkeit der Umgehung des Gesetzes durch gleich wie geartete Einflüsterungen gegenüber dem Notar ist hier evident. Auch wenn eine Partei ständig einen „Hausnotar" einschaltet, dessen Vertragsmuster sie kennt und gezielt zur Anwendung bringen will, muss von einem Stellen der AGB durch den Vertragspartner ausgegangen werden.[115]

Darüber hinaus ist in den Fällen, in denen der Notar ein eigenes Vertragsformular zur Verfügung stellt, von einer Individualvereinbarung auszugehen.[116] Dennoch sollen solche, allein vom Notar eingebrachte Vertragsbedingungen unter bestimmten Umständen der Inhaltskontrolle nach § 242 BGB unterliegen. Hierzu hat sich im Bereich der Freizeichnungsklauseln eine mittlerweile gefestigte Rechtsprechung entwickelt: Die in einem vor dem Notar verfassten Individualvertrag enthaltenen formelhaften Klauseln unterliegen dann einer Inhaltskontrolle nach § 242 BGB, wenn die einschneidenden Rechtsfolgen solcher Klauseln nicht vorher zwischen den Parteien erörtert werden und hierüber durch den Notar nicht nachhaltig belehrt wird. Eine formelhafte Klausel liegt immer dann vor,

112 BGH NJW 1990, 576 f.; BGH ZIP 2000, 1202, 1203; Medicus, Inhaltskontrolle, S. 12.

113 vgl. bspw. Sparkassenverlag, Bankverlag Köln, Deutscher Genossenschaftsverlag.

114 Staudinger/Schlosser, § 1 AGBG, Rn. 42; U/B/H, § 1 AGBG, Rn. 32; Medicus, Inhaltskontrolle, S. 12

115 Staudinger/Schlosser, § 1 AGBG, Rn. 42.

116 BGH NJW 1982, 2243, 2244; Staudinger/Schlosser, § 1 AGBG, Rn. 42; U/B/H, § 1 AGBG, Rn. 32.

wenn diese *üblicherweise* in Formularverträgen zu finden und nicht auf den Individualvertrag zugeschnitten ist.[117]
Eine Inhaltskontrolle anhand von § 242 BGB hat der BGH für das notariell beurkundete, individualvertragliche abstrakte Schuldversprechen bislang nicht vorgenommen. Für den Bereich der institutionellen Kreditsicherung dürfte die Möglichkeit ohnehin nur theoretischer Natur sein. Die weit überwiegende Zahl dieser Verträge dürfte anhand der obigen Kriterien der Kontrolle nach den §§ 305 ff. BGB unterliegen. In den zumindest denkbaren Fällen, in den von einer Individualvereinbarung auszugehen ist, ist jedoch nicht auszuschließen, dass die Rechtsprechung die für die Freizeichnungsklauseln entwickelten Grundsätze auf das abstrakte Schuldversprechen überträgt, denn auch dieses ist *üblicherweise* in Formularverträgen zu finden.

Demgemäß gilt für die hier interessierende Konstellation: Für den eher seltenen Fall der Abgabe eines abstrakten Schuldversprechens in einem allein vom Notar gestellten Vertrag ist damit in Fortführung der bisherigen Rechtsprechung des BGH davon auszugehen, dass die §§ 305 ff. BGB keine Anwendung finden. Die Rechtsprechung behält sich jedoch bei formelhaften Klauseln – zu der das abstrakte Schuldversprechen zu zählen ist – eine Inhaltskontrolle nach § 242 BGB vor, soweit eine diesbezügliche Erörterung und Belehrung nicht erfolgt ist.

II. § 305 c Abs. 1 BGB – überraschende Klauseln

Gemäß § 305 c Abs. 1 BGB werden Bestimmungen in Allgemeinen Geschäftsbedingungen, die nach den Umständen, insbesondere nach dem äußeren Erscheinungsbild des Vertrages, so ungewöhnlich sind, dass der Vertragspartner des Verwenders mit ihnen nicht zu rechnen braucht, nicht Vertragsbestandteil. § 305 c Abs. 1 BGB regelt damit eine negative Einbeziehungvoraussetzung.[118] Soweit sich eine Klausel als überraschend erweist, ist eine Inhaltskontrolle nach §§ 307 ff. BGB denknotwendig ausgeschlossen, da der Vertrag ohne die überraschende Klausel zustande kommt, die durch dispositives Gesetzesrecht, § 306 Abs. 2 BGB, oder ergänzende Vertragsauslegung ersetzt wird.[119] Problematisch erscheint daher vereinzelt die Rechtsprechung, die einen Fall des § 305 c Abs. 1 BGB dahingestellt lassen will, da jedenfalls die Klausel an der Inhaltskontrolle scheitere.[120]

---

117 BGH WM 1986, 799, 800; BGH NJW 1984, 2094 f.; BGH NJW 1989, 2748, 2749.

118 W/H/L § 3 AGBG, Rn. 4; Palandt/Heinrichs, § 305 c, Rn. 1.

119 Palandt/Heinrichs, § 306, Rn. 6 ff.; Staudinger/Schlosser, § 6 AGBG, Rn.10 f., 12 f.

120 BGHZ 114, 9, 13; Soweit es jedoch darum geht, dem Verwender einer überdies inhaltlich anstößigen Klausel dieses mit auf den Weg zu geben, anstatt ihn für die Zukunft allein

Regelungsgrund des § 305 c Abs. 1 BGB ist der tatsächliche Umstand, dass Allgemeine Geschäftsbedingungen meist nicht oder nur unzulänglich zur Kenntnis genommen werden, und dass diese mangelnde Kenntnisnahme dem Vertragspartner typischerweise nicht zum Vorwurf gemacht werden kann, v.a. wenn es ökonomisch einfach nicht sinnvoll ist, das Klauselwerk in seiner Gänze sinnerfassend zur Kenntnis zu nehmen.[121] Ziel des § 305 c Abs. 1 BGB ist es damit, den Vertragspartner des Verwenders davor zu schützen durch Einbeziehung bestimmter AGB-Klauseln überrascht zu werden. Dieser soll darauf vertrauen können *„dass sich die einzelnen Regelungen im großen und ganzen im Rahmen dessen halten, was nach den Umständen bei Abschluss des Vertrages erwartet werden kann."*[122]
Überraschende Klauseln liegen danach unter zwei Voraussetzungen vor:
Bei der in Frage stehenden Vertragsbedingung muss es sich zunächst um eine objektiv ungewöhnliche Klausel handeln. Maßgeblich sind hier die Gesamtumstände des Falles, insbesondere auch das äußere Erscheinungsbild des Vertrages.[123] Zudem muss der Vertragspartner des Verwenders in subjektiver Hinsicht von der Klausel überrascht werden. Eine überraschende Klausel liegt für den Vertragspartner dann vor, wenn er mit dieser also *„nicht zu rechnen brauchte"*.[124]
Für die Frage, ob das abstrakte Schuldversprechen nach Maßgabe des § 305 c Abs. 1 BGB Bestandteil des Vertrages geworden ist, differenzieren Rechtsprechung und Literatur danach, ob die Abgabe des abstrakten Schuldversprechens zur Sicherung eigener Verbindlichkeiten erfolgt oder, ob ein Fall der Drittsicherung vorliegt.

1. Sicherung eigener Verbindlicheiten

a. Rechtsprechung

Die Rechtsprechung sieht in der formularmäßigen Abgabe des abstrakten Schuldversprechens mit gleichzeitiger Unterwerfung unter die sofortige Zwangsvollstreckung zur Sicherung eigener Verbindlichkeiten keine überraschende Klausel im Sinne des § 305 c Abs. 1 BGB.[125]

---

den Überraschungsmoment beseitigen zu lassen, mag dies aus praktischen Erwägungen überzeugen.; vgl. auch W/H/L, § 3 AGBG, Rn. 7.

[121] W/H/L, § 3 AGBG, Rn. 1 m.w.N.

[122] BT-Drucks 7/3919 S. 19.

[123] Locher, Allgemeine Geschäftsbedingungen, S. 57; Palandt/Heinrichs, § 305 c, Rn. 3; W/H/L, § 3 AGBG, Rn. 20.

[124] Locher, Allgemeine Geschäftsbedingungen, S. 57; Palandt/Heinrichs, § 305 c, Rn. 4.

[125] BGHZ 99, 274, 282 f., BGH BKR 2003, 103; BGH ZIP 2000, 1202, 1203; BGH ZfIR 2004, 61, 63 sowie 65, 67.

(1) In seiner Entscheidung vom 18. Dezember 1986 setzte sich der BGH erstmals ausführlich und grundlegend mit der Zulässigkeit des abstrakten Schuldversprechens in Allgemeinen Geschäftsbedingungen auseinander.[126] Dem Urteil lag dabei folgender Sachverhalt zugrunde: Ein Ehepaar nahm zwecks gemeinsamer Errichtung und gemeinsamen Verkaufs von Häusern und Eigentumswohnungen bei der Klägerin Kredite in Millionenhöhe auf und bestellte als Sicherheit an seinen Grundstücken Grundschulden in Höhe von insgesamt 4,7 Million DM. Zusätzlich übernahmen beide Eheleute als Gesamtschuldner die persönliche Haftung durch abstraktes Schuldversprechen. Sämtliche Sicherheiten dienten nach den Zweckerklärungen zur Sicherung aller bestehenden und künftigen Ansprüche aus der Geschäftsverbindung. Die Kredite wurden zum Großteil beiden Eheleuten gemeinsam, zum Teil aber auch dem Ehemann allein gewährt.

Der BGH verneinte im Hinblick auf das abstrakte Schuldversprechen das Vorliegen einer überraschenden Klausel aus drei Erwägungen:[127]

(a) Solche Klauseln seien in Kreditverträgen mit Banken seit langem üblich.

(b) In den verwendeten Formularen ist die persönliche Haftungsübernahme mit der verbundenen Unterwerfung unter die sofortige Zwangsvollstreckung durch fettgedruckte Überschriften hervorgehoben.

(c) Die Urkundsnotare hätten die Schuldner über Inhalt und rechtliche Bedeutung dieser Klausel zu belehren (§ 17 BeurkG).

Während das erste Kriterium die Voraussetzung für den Ausschluss des Vorliegens der objektiven Ungewöhnlichkeit überraschender Klauseln ist, begegnet die Forderung nach Hervorhebung der Klauseln und Belehrung durch den Notar dem subjektiven Überraschungsmoment als Voraussetzung einer überraschenden Klausel.

Zwar waren in der vorliegenden Konstellation Sicherungsgeber und Kreditschuldner teilweise nicht identisch, die Kredite dienten jedoch gemeinsamen geschäftlichen Zwecken, was den BGH veranlasste, dies der Konstellation der Personenidentität gleichzustellen.[128] Als letztlich entscheidende Voraussetzung des Ausschlusses einer überraschenden Klausel erachtete der BGH hier die notarielle Belehrung. Durch die nachfolgende Rechtsprechung wurde dieser Befund zunächst nicht mehr ausdrücklich in Frage gestellt.

(2) Dennoch begann der BGH die von ihm gestellten Anforderungen nach und nach aufzuweichen. In einem Beschluss des BGH vom 23.11.1989[129] war die Klausel drucktechnisch nicht hervorgehoben. Hier reichten dem BGH die allgemeine Üblichkeit dieser Klausel und die Belehrung des Schuldners zur Be-

126 BGHZ 99, 274 ff.
127 BGHZ 99, 274, 282 f.
128 BGHZ 99, 274, 283 f.
129 BGH WM 1990, 304.

gründung, dass eine überraschende Klausel nicht vorläge. In neueren Entscheidungen stellte der BGH trotz Verweises auf seine Rechtsprechung aus dem Jahre 1986 nur noch auf die Üblichkeit dieser Klausel ab.[130]

Der neueren Rechtsprechung zum abstrakten Schuldversprechen in Allgemeinen Geschäftsbedingungen lag vielfach die Abgabe des abstrakten Schuldversprechens durch Bevollmächtigte zugrunde. Erstmals in der Entscheidung vom 26.11.2002[131] stellte der BGH klar, dass der Vertragspartner unabhängig davon, ob er die Grundschuld selbst bestellte, oder – wie hier – durch eine Notariatsangestellte bestellen ließ, mit einer solchen Klausel rechnen müsse. Er führt fort: *"Auf eine etwa unterbliebene Belehrung durch den Notar, die der Kläger hier im Übrigen nicht behauptet hat, kommt es deshalb nicht entscheidend an."*.

(3) Der Entscheidung des BGH vom 22.10.2003[132] lag eine aufgrund eines Verstoßes gegen das Rechtsberatungsgesetz nichtige Vollmacht zugrunde, welche die Nichtigkeit auch des Bestellungsakts mit Abgabe des abstrakten Schuldversprechens nebst Vollstreckungsunterwerfung zur Folge hatte. Der BGH stellte hier auf die wirksame Verpflichtung des Schuldners zur Abgabe eines abstrakten Schuldversprechens im Darlehensvertrag ab. Eine diesbezügliche Beurkundung erfolgte nicht. Es entspräche *„jahrzehntelanger Praxis"*, dass sich der mit dem Kreditnehmer identische Sicherungsgeber bei Bankdarlehen regelmäßig der Zwangsvollstreckung in sein gesamtes Vermögen unterwerfen muss. Ein solches Verlangen käme für ihn daher nicht überraschend.

(4) Erstmals hat der BGH mit Urteil vom 22.11.2005[133] ausdrücklich seine Rechtsprechung aus dem Jahre 1986 aufgegeben. Die klagende Bank verlangte hier von der Beklagten die Abgabe eines notariellen abstrakten Schuldversprechens nebst Unterwerfung unter die sofortige Zwangsvollstreckung. Sie leitete diesen Anspruch aus Nr. 10.3. des Darlehensvertrages her, der unter der Überschrift „Form der Sicherheiten" die Verpflichtung zur Abgabe eines notariellen abstrakten Schuldversprechens enthielt. Die Beklagte verweigerte die Abgabe des abstrakten Schuldversprechens mit der Begründung, es handele sich bei der Klausel Nr. 10.3 aufgrund ihrer Stellung und wegen der sich nur auf Formalien beziehenden Überschrift um eine überraschende Klausel. Der BGH führte hierzu nunmehr klarstellend aus: *„Mit einer solchen Klausel musste die Beklagte entgegen der vom Landgericht geäußerten Auffassung nach der neueren Rechtsprechung des Bundesgerichtshofes auch unabhängig von einer etwaigen Beleh-*

---

130 BGH ZIP 2000, 1202, 1203 *„so üblich"*; BGH BKR 2003, 103 *„jahrzehntelange Praxis"*; BGH NJW 2003, 839; BGH ZfIR 2004, 61, 63 sowie 65, 67.
131 BGH BKR 2003, 103, 105.
132 BGH ZfIR 2004, 61, 63 sowie 65, 67.
133 BGH ZIP 2006, 119 ff.

rung durch den Notar rechnen. (...) Insbesondere bedurfte es für diese Verpflichtung, mit der die Beklagte angesichts der bereits angesprochenen jahrzehntelangen Bankpraxis unbedingt rechnen musste, keiner 'eigenständigen Rubrik' oder 'drucktechnischen Hervorhebung'."[134]

Die höchstrichterliche Rechtsprechung verneint das Vorliegen einer überraschenden Klausel daher schon allein mangels objektiver Ungewöhnlichkeit. Die Frage, ob der Vertragspartner mit einer solchen Klauseln rechnen musste (subjektives Überraschungsmoment) ist vor diesem Hintergrund nicht mehr relevant.

(5) Demgegenüber zeigen die OLG-Urteile der jüngeren Zeit eine zunehmend kritische Haltung gegenüber der Abgabe eines abstrakten Schuldversprechens im Formularvertrag.[135] So erachtete beispielsweise das OLG Saarbrücken die Abgabe eines abstrakten Schuldversprechens insofern als problematisch, als dieses in den verwendeten Formularen nicht durch eine fettgedruckte Überschrift hervorgehoben war.[136] Danach ging das OLG gar nicht mehr darauf ein, ob der Überraschungseffekt etwa durch eine notarielle Belehrung ausgeräumt worden sein könnte.

b. Literatur

Der überwiegende Teil der Literatur hat sich der Rechtsprechung des BGH angeschlossen.[137] Auch hier wird auf die Üblichkeit der Klausel abgestellt, teilweise auch darauf, dass der mit dem Kreditschuldner identische Sicherungsgeber für seine eigenen Verbindlichkeiten ohnehin mit seinem ganzen Vermögen hafte.[138]
Kritik an dieser herrschenden Ansicht wurde jüngst von *C. Marburger* für die persönliche Haftungsübernahme durch abstraktes Schuldversprechen bei der Grundschuldbestellung geäußert, der einen Verstoß gegen § 305 c Abs. 1 BGB annimmt, letztlich auch unabhängig davon, ob Sicherungsgeber und Darlehensschuldner identisch sind.[139] Die objektive Ungewöhnlichkeit der Klausel ergäbe sich schon aus der indirekten Beweislastumkehr durch die Abgabe eines abstrakten Schuldversprechens. Damit brauche der Vertragpartner nicht zu rechnen.

---

134 BGH ZIP 2006, 119, 120.
135 OLG Saarbrücken ZfIR 2003, 153, 155; OLG Koblenz ZIP 2002, 702, 703.
136 OLG Saarbrücken ZfIR 2003 153, 155.
137 Freckmann,BKR 2005, 167, 172; Clemente,ZfIR 04, 497, 504; Gaberdiel,S. 146, Rn. 300; Braunert,NJW 1991, 805, 807; Rainer, WM 1988, 1657, 1661.
138 Rainer, WM 1988, 1657, 1661.
139 C. Marburger, S. 70 ff.

Im Hinblick auf das subjektive Überraschungsmoment stellt Marburger auf die Geschäftsunerfahrenheit des jeweiligen Vertragspartners ab,[140] welche bewirke, dass ein Überraschungsmoment auch nicht durch die vom BGH im Jahre 1986 aufgestellten Anforderungen an die Einbeziehung der persönlichen Haftungsübernahme ausgeschlossen werde. Die drucktechnische Hervorhebung der persönlichen Haftungsübernahme mache Unverständliches nicht verständlicher,[141] und von der Belehrungspflicht des Notars könne nicht auf eine ordnungsgemäße Belehrung geschlossen werden.[142]

c. *Stellungnahme*

Der Rechtsprechung des BGH ist beizupflichten. Ein Verstoß gegen § 305 c Abs. 1 BGB liegt bei der Abgabe eines abstrakten Schuldversprechen zur Sicherung eigener Verbindlichkeiten nicht vor, weil eine derartige Klausel schon nicht ungewöhnlich ist. Weitergehender Anforderungen zur Ausräumung des vermeintlich überraschenden Charakters, wie sie zunächst in der Entscheidung des BGH vom 18. Dezember 1986[143] aufgestellt wurden, bedarf es nicht.

(1) Objektiv „ungewöhnlich

Nach § 305 c Abs. 1 BGB muss eine Klausel zunächst objektiv ungewöhnlich sein. Die Ungewöhnlichkeit in § 305 c Abs. 1 BGB stellt zunächst ein empirisches Merkmal dar.[144]

Soweit die Ungewöhnlichkeit auf die Abweichung des Klauselinhalts vom gesetzlichen Leitbild bezogen wird,[145] stellt dies allein eine Frage der inhaltlichen Unangemessenheit dar (§ 307 Abs. 2 BGB). Wenn *C. Marburger* also die Ungewöhnlichkeit des abstrakten Schuldversprechens an der Beweislastumkehr festmachen will, so ist dies kein Aspekt der Einbeziehungskontrolle. Maßstab *C. Marburgers* für die Beweislast ist der Darlehensvertrag. Das abstrakte Schuldversprechen kehrt diese Beweislast um. Im Raume steht damit die Abweichung der Beweislastverteilung des abstrakten Schuldversprechens vom Darlehensvertrag. Dies ist jedoch Leitbilderwägungen, die allein im Bereich der Inhaltskon-

---

140 C. Marburger, S. 72.

141 C. Marburger, S. 73.

142 C. Marburger, S. 74 f.; Insoweit inkonsequent nimmt C. Marburger einen Verstoß gegen § 305 c Abs. 1 BGB, dann nicht an, wenn bei entsprechender drucktechnischer Gestaltung oder Belehrung in der Grundschuldbestellungsurkunde gleichzeitig eine Bürgschaftsübernahme oder ein Schuldbeitritt vereinbart werden, S. 134.

143 BGHZ 99, 274, 282 f.

144 Staudinger/Schlosser, § 3 AGBG, Rn. 7.

145 so C. Marburger, S. 71 f.

trolle anzusiedeln wäre, § 307 Abs. 2 BGB, nicht jedoch als Maßstab für das Vorliegen einer überraschenden Klausel herangezogen werden können.
Der Gesetzgeber hat, auch wenn dies in der Rechtsprechung nicht immer deutlich hervortritt, die Einbeziehungskontrolle streng von der Inhaltskontrolle getrennt. Soweit die Rechtsprechung die Trennung zwischen Einbeziehungs- und Inhaltskontrolle nicht immer genau nachvollzieht, mag dies in richterlicher Arbeitsökonomie auf dem Umstand beruhen, dass sich die Ungewöhnlichkeit einer Klausel und ihre Unangemessenheit häufig tatsächlich überschneiden und dass es in diesen Fällen überaus sinnvoll ist, dem Verwender per Urteil auch und erst recht die inhaltliche Anstößigkeit der Klausel mitzuteilen.[146] Zu weit geht es dabei jedoch, mit der Schutzfunktion des Gesetzes einen teilweise überschneidungslosen Anwendungsbereich der Einbeziehungs- und Inhaltskontrolle zu fordern.[147] Dies verbietet schon die Systematik der § 305 ff. BGB. Der Einbeziehungskontrolle des § 305 c BGB haben sich sämtliche Allgemeine Geschäftsbedingungen zu stellen. Für die Inhaltskontrolle hat das Gesetz jedoch differenziert: die Leistungspflichten und deklaratorische, also lediglich das Gesetz wiedergebende Klauseln sind gemäß § 307 Abs. 3 BGB von der Inhaltskontrolle freigestellt. Eine Überschneidung der Anwendungsbereiche von Einbeziehungs- und Inhaltskontrolle würde diese gesetzliche Differenzierung aushebeln. Eine andere Auslegung des Merkmals „ungewöhnlich" als eine empirische wird dieser Trennung nicht gerecht.
Die Ungewöhnlichkeit einer Klausel ist von der möglichen Unbilligkeit derselben also scharf zu trennen.[148] Die empirische Auslegung des Tatbestandsmerkmals der Ungewöhnlichkeit entspricht dem Regelungsziel des Gesetzgebers. Sein Anliegen war es, *„daß sich die einzelnen Regelungen im großen und ganzen im Rahmen dessen halten, was nach den Umständen bei Abschluss des Vertrages erwartet werden kann."*[149] Regelungsziel des § 305 c Abs. 1 BGB war es allein die durch Informationsdefizite gestörte Vertragsparität wiederherzustellen. Die Übernahme der persönlichen Haftung mittels eines abstrakten Schuldversprechens ist heute im Rahmen einer Grundschuldbestellung zur Sicherung eigener Verbindlichkeiten der Regelfall. Ebenso verhält es sich mit der heute nahezu einzig relevanten Hypothekenart, der Schiffshypothek, welche für ein abstraktes Schuldversprechen bestellt ist. Die einschlägigen Vertragsformulare sehen in beiden praxisrelevanten Fällen durchweg die Abgabe eines abstrakten

---

146 Staudinger/Schlosser, § 3 AGBG, Rn. 2; W/H/L, § 3 AGBG, Rn. 7.
147 Staudinger/Schlosser, § 3 AGBG, Rn. 2.
148 U/B/H, § 3 AGBG, Rn. 12.
149 BT-Drucks 7/3919, S. 19.

Schuldversprechens vor.[150] Das abstrakte Schuldversprechen ist übliches Mittel der Kreditsicherung und stellt damit keine ungewöhnliche Klausel dar.

(2) Subjektives Überraschungsmoment

Soweit nun das abstrakte Schuldversprechen nicht ungewöhnlich ist, kann es auf das subjektive Überraschungselement nicht mehr ankommen. Nach dem Wortlaut des § 305 c Abs. 1 BGB reicht allein die Ungewöhnlichkeit einer Klausel nicht aus. Das Überraschungsmoment muss hinzutreten. Umgekehrt ist allein die Gewöhnlichkeit der Klausel erforderlich, aber auch ausreichend um den § 305 c Abs. 1 BGB auszuschließen: „ ... *so ungewöhnlich (...), dass der Vertragspartner (...) mit ihnen nicht zu rechnen braucht.*“. Folgendes ließe sich daher letztlich nur überdies hinzufügen.

(a) Geschäftserfahrung

Auch die Geschäftserfahrung ist im Hinblick auf die Anforderungen an das Merkmal des subjektiven Überraschungsmoments wenig ertragreich. Aufrechnungsausschlüsse sind derart gewöhnlich in Allgemeinen Geschäftsbedingungen,[151] dass wohl heute niemand in Erwägung ziehen würde, sie als überraschend zu qualifizieren. Dem unerfahrenen Geschäftspartner können sie dennoch überraschend erscheinen. Ebenso wenig ist von einer Ungewöhnlichkeit der Beweislastumkehr durch die Grundschuldbestellung auszugehen.[152] Dies verbietet schon die Gesetzeslage. Dennoch dürfte so mancher Geschäftsunerfahrene hiervon überrascht werden - auch kein Grund, einen Fall des § 305 c Abs. 1 BGB anzunehmen.

Gegenüber einer üblichen, nach Art, Inhalt und Ausgestaltung des Vertrages objektiv in dem fraglichen Geschäftsverkehr nicht ungewöhnlichen Klausel kann daher auch ein wenig geschäftserfahrener Vertragspartner nicht einwenden, er sei durch ihren Inhalt überrascht worden.[153] Zudem dürfte der mit dem Kreditschuldner identische Sicherungsgeber durch seine persönliche Haftung in Form des abstrakten Schuldversprechens schon deshalb nicht überrascht sein, weil er ohnehin mit seinem gesamten Vermögen und nicht allein mit dem dinglichen Sicherungsrecht für die Darlehensverbindlichkeit einzustehen hat.

---

150 Vordruck Grundschuld: Deutscher Sparkassen Verlag [192 060.000]; Bank Verlag Köln [42.107(07/94b)]; Deutscher Genossenschafts-Verlag [220 410] jeweils bei Gaberdiel, S. 579 ff; Vordruck Schiffshypothek: BuB Vordrucke Rn. 4/1791.

151 OLG Nürnberg WM 1972, 264, 267.

152 Eine solche nimmt auch C. Marburger nicht an, S. 72.

153 U/B/H § 3 AGBG, Rn. 22a.

(b) Notarielle Belehrung

Im Bereich des subjektiven Überraschungsmoments setzen auch die zunächst vom BGH aufgestellten Anforderungen an die Vermeidung überraschender Klauseln an. Nach dem soeben beschriebenen Verständnis des Merkmals der Ungewöhnlichkeit können diese nicht mehr als entscheidende Voraussetzung einer wirksamen Einbeziehung angesehen werden. Soweit sie dennoch gegeben sind, ist eine Überraschung aber jedenfalls auch unabhängig von der Üblichkeit des abstrakten Schuldversprechens in der Kreditsicherung ausgeschlossen.[154]
Wenn also eine notarielle Belehrung stattgefunden hat, kann von einer Überraschung nicht mehr ausgegangen werden. Der Notar ist verpflichtet, die Beteiligten über die rechtliche Tragweite des Rechtsgeschäfts zu belehren (§ 17 BeurkG). Darunter fallen die unmittelbaren rechtlichen Folgen der beurkundeten Willenserklärungen. Dies bedeutet im Hinblick auf das abstrakte Schuldversprechen, dass der Notar darauf hinzuweisen hat, dass nunmehr eine vom Darlehensrückzahlungsanspruch unabhängige Forderung besteht, deren Nichtentstehen der Schuldner zu beweisen hat, soweit es zu einem Prozess kommen sollte. Die Anforderungen an die Eindringlichkeit der Belehrung sind umso höher, je unerfahrener einer der Beteiligten ist. Zudem ergibt sich für den Notar aus besonderer Betreuungspflicht nach §§ 1, 14 BNotO eine erweiterte Belehrungspflicht, wenn für ihn nach den Umständen des Einzelfalles die Vermutung nahe liegen muss, dass ein Beteiligter mangels Kenntnis der Rechtslage einen nicht bedachten Schaden erleiden wird.[155]
Die notarielle Beurkundung ist daher durchaus geeignet, dem abstrakten Schuldversprechen ihren überraschenden Charakter zu nehmen.

(c) Drucktechnische Hervorhebung

Im Hinblick auf die zunächst aufgestellten Anforderungen an die drucktechnische Hervorhebung des abstrakten Schuldversprechens im Gesamtvertrag ist schon fraglich, ob diese nicht vielmehr dem Transparenzgebot im Rahmen der Inhaltskontrolle zuzuordnen sind. Soweit das Transparenzgebot für allgemeine Geschäftsbedingungen eine klare und verständliche Abfassung des Vertrages fordert, § 307 Abs. 1 S. 2 BGB und demgemäß eine Intransparenz auch durch die ihrer Bedeutung nicht entsprechenden Stellung einer Klausel im gesamten Vertragswerk anzunehmen ist,[156] kann die Forderung nach fettgedruckten Überschriften durchaus als Ausformung des Transparenzgebotes begriffen werden. In diesem Bereich sind die Überschneidungen von § 305 c BGB und dem Transpa-

[154] siehe oben § 3 II. 1. c. (2).
[155] Haug, Die Amtshaftung des Notars, Rn. 412.
[156] BGH NJW 1989, 222, 224; Staudinger/Coester, § 9 AGBG, Rn. 135; Brandner FS Locher, S. 317, 319 f.

renzgebot aus § 307 Abs. 1 S. 2 BGB evident. Insbesondere gilt das Transparenzgebot auch für die Hauptleistungspflichten (§ 307 Abs. 3 BGB), so dass bereits die Gesetzessystematik keine scharfe Abgrenzung vom Verbot überraschender Klauseln und dem Transparenzgebot verlangt, wie es gegenüber der inhaltlichen Unangemessenheit der Fall ist. Nicht ohne Grund wird daher das Verbot überraschender Klauseln auch als spezielle Erscheinungsform der Transparenz begriffen.[157] Unterschiede ergeben sich allein im Hinblick auf die Möglichkeit der Verbandsklage, welche für § 305 c BGB aufgrund der individualrechtlichen Betrachtungsweise ausgeschlossen für Transparenzerwägungen aber durchaus offen ist. Um insoweit auch der „marktpolizeilichen“ Aufgabe des AGBG Rechnung zutragen, [158] ist die Forderung nach drucktechnischer Hervorhebung des abstrakten Schuldversprechens in allgemeinen Geschäftsbedingungen dem Transparenzgebot zuzuordnen.

(d) Bedeutung des Vertrages

Nur andeutungsweise spricht das jüngste Urteil des BGH vom 22.11.2005 zur Verpflichtung zur Abgabe eines abstrakten Schuldversprechens im Formularvertrag[159] einen Aspekt an, über den sich bisher scheinbar jede Diskussion verbat: Berücksichtige man, dass Sicherheiten insbesondere bei Kreditverträgen über höhere Beträge ein wesentlicher Gesichtspunkt sind, dem auch Kreditnehmer ihre besondere Aufmerksamkeit zu widmen pflegen, könne von einer überraschenden Gestaltung einer solchen Klausel nicht gesprochen werden.[160]
In bewusster Herausstellung all solcher Fälle, in denen abstrakte Schuldversprechen in größeren Beträgen, also regelmäßig im Zusammenhang mit Grundpfandrechten, abgegeben werden, überzeugt dies v.a. vor dem Hintergrund des Regelungsgrundes des § 305 c Abs. 1 BGB. Das Verbot überraschender Klauseln findet seine Rechtfertigung darin, dass Allgemeine Geschäftsbedingungen meist nicht oder nur unzulänglich zur Kenntnis genommen werden, v.a. wenn es ökonomisch einfach nicht sinnvoll ist, das Klauselwerk in seiner Gänze sinnerfassend zur Kenntnis zu nehmen und dass diese mangelnde Kenntnisnahme dem Vertragspartner typischerweise nicht zum Vorwurf gemacht werden kann.[161] Das AGBG sollte den Umgang mit den Massengeschäften des täglichen Lebens erleichtern, denen durchweg Allgemeine Geschäftsbedingungen zugrunde lagen und deren jeweiliges Studium schlicht nicht zumutbar war. Dieser Regelungsgrund trifft jedoch nicht in gleichem Maße auf die Sicherheitenbestellung für Darlehensverträge in nicht unbeträchtlicher Höhe zu. Finanziert der Durch-

---

157 Heinrichs, FS Trinker, S. 160; Staudinger/Coester, § 9 AGBG, Rn. 122.
158 Köndgen, NJW 1989, 943, 950.
159 BGH ZIP 2006, 119 ff.
160 BGH ZIP 2006, 119, 121.
161 W/H/L, § 3 AGBG, Rn. 1 m.w.N.

schnittskunde beispielsweise ein Grundstück, dessen Wert üblicherweise den der sonstigen Geschäfte des täglichen Lebens weit übersteigt, so ist es ihm durchaus zumutbar, den Allgemeinen Geschäftsbedingungen besondere Aufmerksamkeit zu schenken. Individuelle Umstände dürfen zwar keineswegs außer Betracht bleiben. Es besteht jedoch eine gewisse Vermutung dafür, dass ein Klauselwerk von für den Kunden herausragender Bedeutung auch sinnerfassend zur Kenntnis genommen wird.

2. Sicherung fremder Verbindlichkeiten

a. Rechtsprechung

(a) Der BGH hat sich bislang nicht in aller Eindeutigkeit zu einem Verstoß gegen das Verbot überraschender Klauseln gemäß § 305 c Abs. 1 BGB durch die Abgabe eines abstrakten Schuldversprechens im Falle der Personenverschiedenheit von Sicherungsgeber und Kreditschuldner geäußert.
Zumindest den Fall, dass Sicherungsgeber und Darlehensnehmer nicht identisch sind, die Darlehensaufnahme aber gemeinsamen Zwecken dient, hat der BGH in der bereits besprochenen Entscheidung vom 18. Dezember 1986[162] der Personenidentität gleichgestellt.[163]
Allein in dem Urteil vom 5. März 1991[164] hatte sich der BGH mit einer Konstellation befasst, in der Sicherungsgeber und Kreditschuldner nicht identisch waren und die Darlehensaufnahme auch nicht eigenen Interessen des Sicherungsgebers diente. Der Entscheidung lag folgender Sachverhalt zugrunde:
Die Klägerin hatte gemeinsam mit ihrem zwischenzeitlich verstorbenen Ehemann in notariellen Urkunden zugunsten der Beklagten Gesamtgrundschulden von insgesamt 750.000 DM unter jeweiliger Übernahme der persönlichen Haftung nebst jeweiliger Vollstreckungsunterwerfung bestellt. Die Sicherheiten dienten zur Sicherung von Ansprüchen aus laufender Geschäftsverbindung zwischen der Beklagten und der Gesellschaft des Sohnes der Eheleute. Die für die Grundschuldbestellung benutzten Formulare waren mit „Grundschuldbestellung mit Übernahme der persönlichen Haftung" überschrieben. Im Text wurde durch die Zwischenüberschriften „Unterwerfung unter die sofortige Zwangsvollstreckung" (hinsichtlich der Haftung aus der Grundschuld) und „Übernahme der persönlichen Haftung und Unterwerfung unter die sofortige Zwangsvollstreckung" auf die jeweils folgenden Regelungsgehalte hingewiesen.
Der BGH hat hier die Frage, ob die Übernahme der persönlichen Haftung gemäß § 305 c Abs. 1 BGB unwirksam ist, ausdrücklich offen gelassen und einen Verstoß gegen § 307 BGB bejaht. Zu § 305 c Abs. 1 BGB führt er aus:

---

[162] BGHZ 99, 274 ff.; siehe oben § 3 II. 1. a (1).
[163] BGHZ 99, 274, 283 f.
[164] BGHZ 114, 9, 12 f.

„... *Es kann offen bleiben, ob das Berufungsgericht wegen der konkreten Gestaltung des Formulars und des Anlasses der Grundschuldbestellung einen Verstoß gegen das Verbot überraschender Klauseln im Sinne von § 3 AGBG zu Recht verneint hat. Deshalb kommt es auch nicht darauf an, ob der beurkundende Notar die Klägerin – wie es nach § 17 Abs. 1 Satz 1 BeurkG seine Pflicht ist – über die Tragweite der Übernahme auch der persönlichen Haftung belehrt und dieser Vertragsbestimmung damit den überraschenden Charakter genommen hat...* "

Dieses Urteil gibt Anlass zu der Vermutung, dass der BGH auch in Fällen der Personenverschiedenheit von Sicherungsgeber und Kreditschuldner einen Verstoß gegen das Verbot überraschender Klauseln verneint, soweit der Sicherungsgeber hinreichend belehrt wurde.[165]

(b) Die Rechtsprechung der Oberlandesgerichte zum Vorliegen einer überraschenden Klausel in Drittsicherungsfällen ist uneinheitlich.
Das OLG Düsseldorf entschied mit Urteil vom 7. März 1986,[166] dass auch im Falle der Personenverschiedenheit von Kreditnehmer und Sicherungsgeber, ein Verstoß gegen § 3 AGBG (§ 305 c Abs. 1 BGB) aufgrund der allgemeinen Üblichkeit der Vertragsbestimmung nicht in Betracht käme. Zum Zeitpunkt des Vertragsschlusses sei die Haftungsübernahme seit längerem der Rechtsprechung bekannt und von dieser gebilligt. Das Vorliegen einer notariellen Belehrung – streitig zwischen den Parteien – war für das OLG Düsseldorf nicht entscheidungserheblich. Die vom OLG Düsseldorf in Bezug genommenen Urteile des BGH vom 21.01.1976[167] sowie vom 19.05.1958[168] bezogen sich jedoch auf eine Konstellation in der Kreditschuldner und Sicherungsgeber identisch waren.
Das OLG Oldenburg hingegen nahm in seinem Urteil vom 26. Juli 1990[169] in einer vergleichbaren Konstellation ein Verstoß gegen § 3 AGBG (§ 305 c Abs. 1 BGB) an. Die hier am Kreditverhältnis unbeteiligte dingliche Sicherungsgeberin brauche mit einer persönlichen Inanspruchnahme nicht zu rechnen. Das OLG Oldenburg stellte jedoch klar, dass für einen Überraschungsschutz nach § 3 AGBG kein Raum gewesen wäre, wenn die Sicherungsgeberin vor Unterzeichnung ausreichend über Ausmaß und Tragweite der von ihre eingegangenen Verpflichtung informiert gewesen wäre. Eine notarielle Belehrung fand demnach nicht statt.

---

165 a.A. wohl Palandt/Heinrichs, § 305 c, Rn. 11.
166 OLG Düsseldorf WM 1987, 717, 718.
167 BGH WM 1976, 254 f.
168 BGH WM 1958, 1194.
169 OLG Oldenburg WM 1991, 221, 223.

b. Literatur

In der Literatur wird überwiegend ein Verstoß gegen § 305 c Abs. 1 BGB bei Abgabe eines abstrakten Schuldversprechens durch den am Kreditverhältnis unbeteiligten Sicherungsgeber angenommen. Der am Kreditverhältnis unbeteiligte Dritte müsse neben der dinglichen nicht mit einer persönlichen Haftung rechnen.[170] Eine vermittelnde Ansicht vertritt die Auffassung, dass der überraschende Charakter des abstrakten Schuldversprechens immerhin durch die meist erfolgte notarielle Beurkundung auszuräumen sei.[171]

c. Stellungnahme

Das abstrakte Schuldversprechen ist bei der Sicherung fremder Verbindlichkeiten nicht in dem Maße üblich, wie es bei der Sicherung eigener Verbindlichkeiten der Fall ist. Die einschlägigen Vertragsmuster sehen in Drittsicherungsfällen das abstrakte Schuldversprechen zumeist nicht vor.[172] Das Merkmal der Ungewöhnlichkeit für das Vorliegen einer überraschenden Klausel ist damit allein in seiner empirischen Auslegung erfüllt. Eine Klausel muss sich jedoch als so ungewöhnlich darstellen, dass der Vertragspartner mit ihr nicht zu rechnen braucht. Es fragt sich daher, inwieweit sich die Abgabe eines abstrakten Schuldversprechens für den Vertragspartner auch als subjektiv überraschend erweist.
Allein die vielfach in der Literatur angeführte Aussage, die Abgabe eines abstrakten Schuldversprechens bzw. die Übernahme der persönlichen Haftung sei so ungewöhnlich, dass der am Kreditverhältnis Unbeteiligte neben einer dinglichen Haftung nicht damit rechnen müsse,[173] stellt keine tragfähige Begründung dar, sondern wiederholt lediglich die Voraussetzungen des § 305 c Abs. 1 BGB. Die Frage muss daher weiterhin lauten, warum der unbeteiligte Dritte neben der dinglichen Haftung auch mit einer persönlichen Haftung aus abstrakten Schuldversprechen rechnen muss oder eben nicht. Der herrschenden Lehre, die von letzterem ausgeht, liegt ganz offensichtlich immer noch die Vorstellung zugrunde, dass es sich bei dem abstrakten Schuldversprechen um ein unselbstständiges Sicherungsrecht handelt, eben um ein Anhängsel zum dinglichen Sicherungsrecht handelt. Diese Auffassung verkennt jedoch den selbstständigen Siche-

---

170 Freckmann, BKR 2005, 167, 172; Clemente, ZfIR 2004, 497, 506; Gaberdiel, S. 147.

171 Hahn, ZIP 1996, 1233, 1234; Eickmann, ZIP 1989, 137, 142.

172 Vordruck Grundschuld: Deutscher Sparkassen Verlag [192 060.000]; Bank Verlag Köln [42.107(07/94b)]; Deutscher Genossenschafts-Verlag [220 410] jeweils bei Gaberdiel, S. 579 ff; Vordruck Schiffshypothek: BuB Vordrucke, Rn. 4/1791.

173 Freckmann, BKR 2005, 167, 172; Clemente, ZfIR 2004, 497, 506; Gaberdiel, S. 147.

rungscharakter des abstrakten Schuldversprechens,[174] welches auch isoliert ein Sicherungsrecht - ähnlich dem der Garantie oder Bürgschaft - darstellen kann. Wenn das abstrakte Schuldversprechen aber als selbstständiges Sicherungsrecht anzusehen ist, muss man sich fragen, warum seine Vereinbarung neben einer dinglichen Haftung denn so überraschend sein soll. Konsequenterweise müsste dann auch im Rahmen einer Grundschuldbestellung zu prüfen sein, ob sich dann nicht auch die dingliche Haftung neben der Sicherung durch persönliche Haftung aus dem abstrakten Schuldversprechen als überraschend erweist. Letztlich ist es also allein das Nebeneinander beider Sicherheiten, welches den Verdacht einer überraschenden Klausel nahe legt,[175] nicht jedoch das abstrakte Schuldversprechen und die daraus resultierende persönliche Haftung an sich. Ausgehend von diesen Überlegungen kann das abstrakte Schuldversprechen daher nur dann überraschend im Sinne des § 305 c Abs. 1 BGB sein, wenn sich der eigenständige Charakter beider Sicherungsmittel nicht schon aus der drucktechnischen Gestaltung ergibt bzw. die drucktechnische Gestaltung den eigenständigen Charakter des Schuldversprechens verschleiert (so wenn in der Überschrift allein von einer Grundschuldbestellung die Rede ist). Die Nähe zum Transparenzgebot ist hier offenbar, denn die Verschleierung solcher Rechtsgestaltung innerhalb des gesamten Vertragswerks kann sich vor diesem Hintergrund auch als inhaltlich unangemessen darstellen.[176]

Soweit eine ordnungsgemäße notarielle Belehrung erfolgt ist, kann ohnehin nicht von einer überraschenden Klausel ausgegangen werden. Wenn die herrschende Meinung im Falle der Identität von Sicherungsgeber und Kreditschuldner einen Verstoß gegen § 305 c Abs. 1 BGB bei erfolgter notarieller Belehrung sowieso ausschließt, muss man sich fragen, warum dies im Fall der Personenverschiedenheit anders zu beurteilen sein sollte. Die Anforderungen an die Belehrung dürften hier allerdings höher sein. Wenn der Notar jedoch ordnungsgemäß belehrt, dass der Sicherungsgeber hier nicht nur dinglich mit seinem Grundstück hafte, sondern *bürgschaftsähnlich* auch mit seinem gesamten Vermögen für die Schuld des Kreditschuldners einzustehen habe, kann man schon nicht mehr von einer überraschenden Klausel im Sinne des § 305 Abs. 1 BGB ausgehen.

Das subjektive Überraschungsmoment des Vertragspartners als Voraussetzung für das Vorliegen einer überraschenden Klausel kann also durch eine ordnungsgemäße Belehrung ausgeräumt werden.

---

174 BGH ZIP 2006, 119, 121; BGH WM 1992, 132 f.; BGHZ 99, 274, 280 f.; OLG Hamm WM 1987, 1064.

175 hierzu siehe unten § 7 II.

176 hierzu § 3 VI.

III. § 307 Abs. 3 BGB - Ausschluss der Inhaltskontrolle

Gemäß § 307 Abs. 3 BGB findet eine Inhaltskontrolle nur für solche Bestimmungen in Allgemeinen Geschäftsbedingungen statt, durch die von Rechtsvorschriften abweichende oder diese ergänzende Regelungen vereinbart werden. Das Recht der Allgemeinen Geschäftsbedingungen besitzt damit ein ausdifferenziertes System von Schutzmechanismen. Zum Schutz des Vertragspartners sind alle Allgemeinen Geschäftsbedingungen der Rechtskontrolle nach §§ 305 – 305 c BGB unterworfen. Eine Inhaltskontrolle nach den §§ 307 Abs. 1 und 2, 308, 309 BGB findet nur für solche Allgemeinen Geschäftsbedingungen statt, durch die von Rechtsvorschriften abweichende oder diese ergänzende Regelungen vereinbart werden. Laut Gesetzesbegründung verfolgt § 307 Abs. 3 BGB den Zweck sicherzustellen, dass auf dem Wege der Inhaltskontrolle weder eine Kontrolle der vertraglich oder gesetzlich festgelegten Preise und Leistungsangebote stattfindet, noch die Vorschriften anderer Gesetze modifiziert werden.[177] Auch aus der Vorbemerkung zur Richtlinie der EU über missbräuchliche Klauseln in Verbraucherverträgen aus dem Jahr 1993 [178] geht hervor, dass für die Zwecke dieser Richtlinie Klauseln, die den Hauptgegenstand eines Vertrages oder das Preis- /Leistungsverhältnis beschreiben, nicht als missbräuchliche Klauseln beurteilt werden dürfen. Soweit damit eine Inhaltskontrolle im Hinblick auf deklaratorische Bestimmungen ausgeschlossen ist, also solche Bestimmungen, die lediglich das wiedergeben, was von Rechts wegen ohnehin für die betroffene Thematik gilt[179], stellt § 307 Abs. 3 BGB lediglich klar, dass das Gesetz nicht Maßstab seiner eigenen Überprüfung sein kann bzw. die Gerichte ohnehin an Recht und Gesetz gebunden sind (Art. 20 Abs. 3 GG).[180] Soweit es um die vertragliche Leistungsbeschreibung geht, sind in einer marktwirtschaftlich orientierten Rechtsordnung, wie der unseren, allgemeine rechtliche Maßstäbe für Leistung und Gegenleistung ohnehin nicht zu entwickeln. Gewährleistet wird hier die verfassungsmäßig geschützte Privatautonomie, denn eine Vertragsfreiheit, die sich nur unter dem Vorbehalt einer allgemeinen Inhaltskontrolle entfalten könnte, wäre keine Privatautonomie im Sinne des unsere Rechtsordnung prägenden Verständnisses mehr.[181]
Bevor also eine Klausel der Inhaltskontrolle unterzogen wird, muss sie vorher die „Schranke" des § 307 Abs. 3 BGB passieren.[182]

---

[177] BT-Drucks. 7/3919, S. 22.
[178] Richtlinie 93/13/EWG des Rates vom 5.4.1993 *„Klauselrichtline"*.
[179] Fastrich, Inhaltskontrolle, S. 253.
[180] Staudinger/Coester, § 8 AGBG, Rn. 2.
[181] Joost, ZIP 1996, 1685, 1690; Staudinger/Coester, § 8 AGBG, Rn. 1.
[182] Insoweit muss die systematische Stellung des § 307 Abs. 3 BGB hinter § 307 Abs. 1 BGB gegenüber § 8 AGBG a.F. als wenig geglückt bezeichnet werden.

Es gilt hier zu untersuchen, inwieweit bei der Abgabe des abstrakten Schuldversprechens innerhalb eines Kreditsicherungsvertrages die Inhaltskontrolle ausgeschlossen sein könnte. Dies könnte zum einen im Hinblick auf das Vorliegen einer deklaratorischen Klausel der Fall sein. Zum anderen ist in Erwägung zu ziehen, inwieweit die Abgabe des abstrakten Schuldversprechens, welches als selbstständiges Kreditsicherungsmittel zur Erfüllung der vom Kreditgeber gesetzten Bedingung der Darlehensgewährung und -auszahlung sicherungshalber gewährt wird, nicht als Umschreibung der geschuldeten Leistung einer Inhaltskontrolle entzogen ist.

1. Deklaratorische Klausel

In der Entscheidung des LG Stuttgarts vom 22. September 1977 war über die Wirksamkeit eines abstrakten Schuldversprechens und einer diesbezüglichen Vollstreckungsunterwerfung im Formularvertrag im Rahmen einer Hypothekenbestellung zu entscheiden.[183] Gerügt wurde die Beweislaständerung des abstrakten Schuldversprechens im Hinblick auf § 11 Nr. 15 AGBG (§ 309 Nr. 12 BGB n.F.). Das LG führte hierzu aus, der Gesetzgeber des BGB stelle das abstrakte Schuldversprechen, die Grundschuld und die Hypothek in Kenntnis und gerade im Hinblick auf die damit verbundene Beweislastveränderung zur Verfügung. Durch die formularmäßige Verwendung dieser vom Gesetzgeber zur Verfügung gestellten Rechtsfiguren werde daher keine vom Gesetz oder von Rechtsvorschriften abweichende, sondern gerade eine mit diesen Bestimmungen übereinstimmende Beweislastregelung getroffen.[184] Eine Inhaltskontrolle sei damit gemäß § 8 AGBG (§ 307 Abs. 3 BGB n.F.) ausgeschlossen.
In dieselbe Richtung geht ein jüngeres Urteil des BAG vom 15. März 2005.[185] Die klagende Arbeitgeberin nahm die Beklagten aus einem von ihr abgegebenen abstrakten Schuldversprechen mit Unterwerfung unter die sofortige Zwangsvollstreckung in Anspruch. Gleichzeitig erklärte die Beklagte in dem Formularvertrag auf sämtliche Einwendung jede Art zu Grund und Höhe dieser Forderung zu verzichten. Dem voraus ging eine Unterschlagung von Geldern durch die Arbeitnehmerin. Für den entstandenen Schaden sollte das abstrakte Schuldversprechen abgegeben werden.
Das BAG unterwarf hier allein den Einwendungsverzicht der Beklagten der Inhaltskontrolle. Zum abstrakten Schuldversprechen an sich führte es aus: *„Die Vereinbarung eines selbständigen Schuldanerkenntnis weicht für sich genommen nicht von Rechtsvorschriften ab, da sie vom zugrunde liegenden Rechtsgeschäft und damit den Normen denen dieses unterliegt, unabhängig ist. (...) So-*

[183] LG Stuttgart JZ 1977, 1318 f.
[184] LG Stuttgart JZ 1977, 1318, 1319.
[185] BAG DNotZ 2006, 47 ff.

weit die Beklagte sich deshalb durch das von ihr unterzeichnete Schuldversprechen selbständig und unabhängig vom zugrunde liegenden Rechtsverhältnis zu Zahlungen verpflichtet hat, unterliegt dies nicht der Kontrolle nach dem Recht der Allgemeinen Geschäftsbedingungen."[186]

Die ganz herrschende Meinung verneint jedoch zu Recht den deklaratorischen Charakter eines abstrakten Schuldversprechens als dispositive Gestaltungsmöglichkeit.[187]
Die Inhaltskontrolle von Allgemeinen Geschäftsbedingungen geht in der Regel zunächst von einem vorgegebenen Leitbild aus, das modellhaft den Maßstab objektiv angemessener Interessenbewertung für den zu entscheidenden Interessenkonflikt enthält.[188] Dieser Maßstab wird durch das Gesetz, durch ungeschriebene Rechtsgrundsätze und durch Richterrecht bestimmt.[189] Entsprechend des Gesetzeszweckes des § 307 Abs. 3 BGB kann dieser Maßstab selbst nicht Gegenstand seiner eigenen Überprüfung und damit einer Inhaltskontrolle sein. Unerlässliche Frage der Inhaltskontrolle im Hinblick auf das Vorliegen einer deklaratorischen Klausel ist daher: Was würde gelten, wenn die Parteien die strittige Klausel nicht vereinbart hätten?[190] Deklaratorische Klauseln liegen damit dann vor, wenn sie gestrichen werden könnten, ohne dass irgendeine Änderung der vertraglichen Rechtslage eintreten würde. Die Streichung des abstrakten Schuldversprechens im Kreditsicherungsvertrag würde jedoch dazu führen, dass eine abstrakte Verbindlichkeit überhaupt nicht begründet würde und es allein bei der persönlichen Haftung für den Darlehensrückzahlungsanspruch verbliebe bzw. – im Falle der Drittsicherung – eine persönliche Haftung überhaupt nicht bestünde. Eine Änderung der vertraglichen Rechtslage würde in jedem Fall eintreten. Mit dem abstrakten Schuldversprechen hält das Gesetz in §§ 780, 781 BGB zwar eine rechtliche Gestaltungsmöglichkeit dispositiv bereit, diese würde jedoch ohne ausdrückliche Parteivereinbarung keine Geltung erlangen. Die gesetzliche Ausgestaltung solcher auf besonderer Vereinbarung beruhender Gestaltungsmöglichkeiten ist als Maßstab der Inhaltskontrolle grundsätzlich nur für deren abweichende vertragliche Gestaltung, also das „Wie" geeignet. Im Hinblick auf das „Ob" dieser vertraglichen Gestaltung trifft das Gesetz jedoch keine Aussage.[191] Die vertragliche Vereinbarung wirkt hier konstitutiv. Letztlich unterliegt damit allein das „Ob" der vertraglichen Vereinbarung der Inhaltskontrolle. Die Freistellung von der Inhaltskontrolle beruht allein auf dem

[186] BAG DNotZ 2006, 47, 48.
[187] W/H/L, § 8 AGBG, Rn. 26; Dylla-Krebs, Schranken der Inhaltskontrolle, S. 69.
[188] Fastrich, Inhaltskontrolle, S. 281.
[189] Joost, ZIP 1996, 1685, 1691.
[190] BGHZ 93, 358, 360 f.; 100, 157, 173; 106, 42, 46; BGH NJW 1997, 2752, 2753.
[191] Fastrich, Inhaltskontrolle, S. 296; Dylla-Krebs, Schranken der Inhaltskontrolle, S. 68 f.; Kollhosser, JA 1979, 263 f.

Umstand, dass ein Richter nicht zu bewerten hat, was das Gesetz schon einer Bewertung unterzogen hat. Für das „Wie“ eines abstrakten Schuldversprechens ist das in § 781 BGB der Fall, nicht jedoch für die insoweit konstitutive vertragliche Vereinbarung über das „Ob“.
Gleiches gilt für die vertragliche Vereinbarung von Rücktrittsrechten oder Vertragsstrafen, die das Gesetz grundsätzlich dispositv zur Verfügung stellt. Dennoch werden beide Institute in den § 308 Nr. 3 BGB und § 309 Nr. 6 BGB ausdrücklich der Inhaltskontrolle unterworfen.[192]
Das abstrakte Schuldversprechen stellt daher im Hinblick auf seine konstitutive vertragliche Vereinbarung keine deklaratorische Klausel dar.

2. Leistungsumschreibende Klausel

Das abstrakte Schuldversprechen ist ein selbstständiges Kreditsicherungsmittel, welches dem Kreditgläubiger eine vom Darlehensrückzahlungsanspruch unabhängige Forderung vermittelt.[193] Den Charakter eines selbstständigen Sicherungsrechtes erfährt das abstrakte Schuldversprechen durch seine eigenständigen Zwecke, der erleichterten Rechtsdurchsetzung, beispielsweise bei der Grundschuld, oder der Möglichkeit der Sicherung einer der Höhe nach unbestimmten Forderung bei der Hypothek etc.. Möglich ist auch die Kreditsicherung allein durch abstrakte Schuldversprechen des Sicherungsgebers.[194] Soweit also das abstrakte Schuldversprechen Bestandteil des Sicherungsvertrages zwischen Sicherungsgeber und Sicherungsnehmer ist, stellt sich weiter die Frage, inwieweit dieses nicht eine Leistungsbeschreibung des Sicherungsvertrages darstellt, und als solche von der Inhaltskontrolle nach § 307 Abs. 3 BGB freigestellt ist. Eine solche Möglichkeit wurde von der Rechtsprechung für das abstrakte Schuldversprechen bislang soweit ersichtlich nicht angenommen. In die Literatur wird diese Thematik auch nur andeutungsweise erörtert.[195]

Dass Leistungsbeschreibungen von der Inhaltskontrolle freigestellt sind, ist aufgrund der oben bereits genannten Erwägungen grundsätzlich unbestritten.[196] Dennoch lässt sich in der Rechtsprechung, aber auch in der Literatur ein starker Unwille gegen diese Beschränkung der Inhaltskontrolle feststellen, der dazu führt, dass die Kontrollfreiheit einer Klausel so gut wie nie angenommen wird.

---

192 Staudinger/Coester-Waltjen, § 11 Nr. 15 AGBG, Rn. 5; Staudinger/Coester, § 8 AGBG, Rn. 37.
193 BGH ZIP 2006, 119, 121; BGH WM 1992, 132 f.; BGHZ 99, 274, 280 f.; OLG Hamm WM 1987, 1064.
194 vgl. bei OLG Koblenz WM 2004, 179.
195 Clemente, ZfIR 2004, 497, 505; Schlosser, ZIP 1985, 449, 454 f.; ablehnend: Göbel, Übersicherung und Freigabeklauseln, S.75.
196 a.A. Leonardy, DRiZ 1976, 108, 110.

Dies mag erstaunen, angesichts der großen Anzahl der Massengeschäfte, die auch die Leistungspflichten in Allgemeinen Geschäftsbedingungen enthalten. Es scheint, dass sich ein Nachdenken über einen möglichen Ausschluss der Inhaltskontrolle *per se* verbietet, soweit eine Klausel inhaltlich missbilligt und ihre Geltung als unbefriedigend empfunden wird, was *Westermann* veranlasste, die Einstellung der Rechtsprechung zu § 307 Abs. 3 BGB in das Motto zu kleiden „*Erlaubt ist's* (zu kontrollieren, Anm. d. Verf.), *wenn's missfällt*".[197] Auch in der Literatur wird für eine restriktive Handhabung des Ausschlusses der Inhaltskontrolle plädiert, um möglichst viele Allgemeine Geschäftsbedingungen einer solchen zuführen zu können.[198]
Weit überwiegend wird also von einer grundsätzlichen inhaltlichen Überprüfbarkeit von Allgemeinen Geschäftsbedingungen ausgegangen. Danach sei die Inhaltskontrolle der Grundsatz und der Ausschluss derselben die Ausnahme.[199]

Soweit ein möglicher Ausschluss der Inhaltskontrolle immerhin in Erwägung gezogen wird, ist aufgrund des insoweit unklaren Wortlauts des § 307 Abs. 3 BGB - in der Festlegung des Leistungsgegenstandes liegt auf den ersten Blick weder ein Abweichen noch eine Ergänzung von Rechtsvorschriften - heftig umstritten, wie der kontrollfreie Bereich der Leistungsumschreibungen festzustellen ist. Hierzu wurden in Rechtsprechung und Literatur unterschiedliche Ansätze entwickelt. Diese Untersuchung verfolgt dabei nicht das Ziel eine allgemeingültige Definition des Leistungsbereichs im Sinne des § 307 Abs. 3 BGB zu entwickeln. Anliegen der folgenden Ausführungen ist vielmehr, die bereits entwickelten Abgrenzungskriterien auf das abstrakte Schuldversprechen in der Kreditsicherung anzuwenden.

a. Rechtsprechung

(1) BGH-Urteil v. 15.01.1987 („Chateau d'amour")

Bislang hat sich der BGH allein in seiner „*Chateau d'amour*"-Entscheidung vom 15.01.1987 mit dem Ausschluss der Inhaltskontrolle bei Abgabe eines vorformulierten abstrakten Schuldversprechens auseinandergesetzt.[200] Dem Urteil lag dabei folgender Sachverhalt zugrunde: Nach einem ausgiebigen Nachtclubbesuch unterschrieb der zur Barzahlung unfähige Beklagte dem klagenden Wirt ein Schuldanerkenntnis, in dessen Formulartext es hieß, es solle dadurch „eine

[197] Westermann, 10 Jahre AGBG, S. 135, 144.
[198] U/B/H, § 8 AGBG, Rn. 1.
[199] U/B/H, § 8 AGBG, Rn. 5, 26; Fullenkamp, Die erweiterte Zweckerklärung bei Grundschuld und Bürgschaft, S. 107; a.A. Joost, ZIP 1996, 1685, 1686 wenngleich dieser anerkennt, dass sich die faktischen Verhältnisse umgekehrt haben.
[200] BGH ZIP 1987, 519 ff.

selbstständige Verpflichtung begründet werden" bis zum 20.01.1981 79.749 DM an den Kläger zu zahlen, ferner bei Verzug 10% Zinsen.
Der BGH prüfte hier zunächst einen Verstoß gegen § 11 Nr. 15 AGBG, lehnte einen solchen jedoch mit Verweis auf die Rechtsprechung zur Abgabe von abstrakten Schuldversprechen in Bankkreditverträgen ab. Weiter führt der BGH aus:[201]

"Im übrigen gehört die Schuldanerkenntniserklärung im vorliegenden Fall nicht – wie beim Bankdarlehen – als vorformulierte Nebenabrede zum Grundgeschäft, sondern stellt ein selbständiges Rechtsgeschäft, das den im Lokal des Klägers geschlossenen Grundverträgen auch zeitlich erst nachfolgte, nicht aber von vorneherein als ihr Bestandteil vorgesehen war. Zumindest in einem solchen Fall stellt die Begründung einer abstrakten Verpflichtung die Hauptleistung eines neuen Geschäfts dar, deren Vereinbarung der Inhaltskontrolle nach den §§ 9 – 11 AGBG grundsätzlich entzogen ist."

Diese Entscheidung des BGH steht in der Tradition der Rechtsprechung, die Abgrenzung kontrollfreier von kontrollunterworfenen Leistungsumschreibungen u.a. durch die Unterscheidung Haupt- und Nebenabrede vorzunehmen. Die Festlegung der Hauptleistung soll danach kontrollfrei, die Nebenabreden hingegen kontrollunterworfen sein.
Nach der hier vertretenen Ansicht stellt das abstrakte Schuldversprechen jedoch durchaus die Hauptleistungspflicht eines Vertrages dar. Soweit der BGH das abstrakte Schuldversprechen im Bankgeschäft als Nebenabrede zum Grundgeschäft begreift, kann mit diesem nur der Darlehensvertrag gemeint sein. Dies überrascht nicht, da sich der BGH auch bislang nicht eindeutig zur *causa* des abstrakten Schuldversprechens geäußert hat.[202] Demgegenüber ist nach der wohl herrschenden und auch hier vertretenen Auffassung Grundgeschäft des abstrakten Schuldversprechens der Sicherungsvertrag.[203] Der Sicherungsvertrag wiederum ist – wie gezeigt - insoweit vom Darlehensvertrag zu trennen, als er ein eigenständiges Vertragsverhältnis zwischen Sicherungsnehmer und Sicherungsgeber begründet, wobei letzterer mit dem Darlehensnehmer nicht zwangsläufig identisch sein muss. Zwar ist das Darlehen *causa* des Sicherungsvertrages, jedoch nicht *causa* der Sicherheitenbestellung. Dies ist vielmehr der Sicherungsvertrag. [204] Allein die Tatsache, dass der Sicherungsvertrag im Darlehensvertrag enthalten sein kann (jedoch nicht muss), macht ihn nicht zur unselbstständigen Nebenabrede. Soweit man also den Sicherungsvertrag als selbstständigen Vertrag und Grundgeschäft des abstrakten Schuldversprechens ansieht, stellen die in

201 BGH ZIP 1987, 519.
202 siehe oben § 2 II.
203 siehe oben § 2 II.; Bülow, Recht der Kreditsicherheiten, Rn. 50, S. 15.
204 Bülow, Recht der Kreditsicherheiten, Rn. 49 f., S. 14 f.

ihm geforderten Sicherheiten die Hauptleistung dar. Das abstrakte Schuldversprechen ist mithin keine Nebenabrede, sondern stellt die Hauptleistung des Sicherungsvertrages dar.
Weiter stellt der BGH darauf ab, dass das hier nicht kontrollunterworfene abstrakte Schuldversprechen im Gegensatz zum sicherungshalber gewährten abstrakten Schuldversprechen ein selbstständiges Rechtsgeschäft darstelle, welches dem Grundgeschäft auch zeitlich erst nachfolgte, nicht aber von vorneherein als ihr Bestandteil vorgesehen war.
Hier lässt das Urteil die Frage offen, wo denn der konstruktive Unterschied zwischen dem einer Bank für die Darlehenshingabe sicherungshalber gewährten Schuldversprechen und dem einem Gastwirt für die Sicherung seines so gestundeten Zahlungsanspruches gewährten Schuldversprechen liegt. In beiden Fällen wurde das abstrakte Schuldversprechen zur Sicherung einer Forderung abgegeben. Der Unterschied kann wohl nicht darin liegen, dass der Wirt zunächst von Barzahlung ausging (aber immerhin einen Formulartext bereithielt). Ebenso wenig nimmt der BGH beim abstrakten Schuldverhältnis in der Kreditsicherung eine Hauptleistung an, wenn dieses erst nachträglich vereinbart würde.[205]

In der Abgrenzung zwischen kontrollfreier und kontrollunterworfener Klausel ist jedoch auch die Rechtsprechung des BGH seit Einführung des AGBG nicht einheitlich. Verlässliche höchstrichterliche Abgrenzungskriterien wurden insoweit nicht entwickelt.[206] Mal stellt der BGH wie in der hier besprochenen Entscheidung auf die Unterscheidung Hauptleistungspflicht und Nebenabrede ab. In anderen Entscheidungen erachtet der BGH eine Klausel dann als kontrollfähig, wenn an deren Stelle – so sie fehlen würde – dispositives Recht treten kann.[207] Der BGH scheint sich also jede schematische Abgrenzung zu verbieten und entscheidet von Fall zu Fall entsprechend dem Schutzbedürfnis des Vertragspartners.[208]

---

205 Im Rahmen des hier entschiedenen Sachverhaltes hätte eine ganz andere Frage viel näher gelegen, nämlich die, ob das hier abgegebene Schuldversprechen trotz seines Formularcharakters überhaupt eine Allgemeine Geschäftsbedingung darstellt. Als solche kommen nach § 305 Abs.1 BGB nur solche Bestimmungen in Betracht, die den Inhalt eines Vertrages gestalten sollen (Palandt/Heinrichs, § 305, Rn. 3), nicht jedoch der Abschlusstatbestand als solcher. Dieser hat von Haus aus individuellen Charakter, auch wenn er in Teilen der ihn ausmachenden Willenserklärung eine vorformulierte Grundlage besitzt (BGH NJW 1985, 1394). Das hier allein abgegebene Schuldversprechen stellt jedoch keine Vertragsbedingung innerhalb eines bestehenden Vertrages dar, sondern ist der Vertrag selbst. Das Vorliegen einer Allgemeinen Geschäftsbedingung dürfte damit schon höchst fraglich sein.

206 vgl. Joost, ZIP 1996, 1685, 1687.

207 BGHZ 93, 358, 360 f.; 100, 157, 173; 106, 42, 46; 114, 330, 333; 116, 117, 119.

208 Joost, ZIP 1996, 1685, 1687.

(2) BGH-Urteil v. 26.10.2005

Eine sehr vorsichtige Tendenz zur Annahme eines Ausschlusses der Inhaltskontrolle zeigt der BGH in einer jüngeren Entscheidung vom 26.10.2005.[209] Der BGH hatte hier über die formularmäßige Übernahme einer Garantie im Rahmen eines Franchisevertrages für die Zahlungsverpflichtungen des Franchisenehmers zu befinden und nahm hier ein Verstoß gegen das Transparenzgebot an. Zur Inhaltskontrolle führte das Gericht aus: „ *Dabei kann offen bleiben, ob die Klausel – wie die Revision meint – einer uneingeschränkten Inhaltskontrolle nach den §§ 9 – 11 AGBG durch § 8 AGBG entzogen ist, weil sie ein reines Hauptleistungsversprechen des Garantiegebers darstellt ... .*"[210]
Auch die Garantie begründet wie das abstrakte Schuldversprechen eine selbstständige, vom Bestand der durch sie gesicherten Forderung unabhängige Verpflichtung. Ein Unterschied zum abstrakten Schuldversprechen ergibt sich insoweit nicht. Eine Tendenz lässt sich durch dieses Urteil trotz des bewussten Ausweichens vor einer Entscheidung in dieser Frage dann ableiten, wenn die Rechtsprechung des BGH zur Bürgschaft in Betracht gezogen wird.
Für die Bürgschaftsverpflichtung erkennt der BGH in mittlerweile gefestigter Rechtsprechung deren Charakter als Hauptleistungspflicht an, soweit diese sich im Rahmen der die Kreditsicherung veranlassenden Forderung hält.[211] In der Erweiterung derselben auf alle bestehenden und künftigen Forderungen sieht der BGH eine Nebenabrede, die der Inhaltskontrolle unterworfen ist und geht insoweit von der Teilbarkeit der Bürgschaftsverpflichtung aus.[212] Wenn die Übernahme der Bürgschaft eine Hauptleistungspflicht darstellt, ist nicht erklärbar, warum dies für Garantie und abstraktes Schuldversprechen nicht gelten sollte.
Die Bestellung von Sicherheiten im Sicherungsvertrag muss damit nicht nur im Hinblick auf die Bürgschaftsverpflichtung als Hauptleistungspflicht des Sicherungsvertrages angesehen und insoweit von der Inhaltskontrolle freigestellt.

(3) BGH-Urteil v. 5.03.1991

Aufschlussreich ist in diesem Zusammenhang auch die Begründung der Entscheidung des BGH vom 5. März 1991,[213] welche erstmals eine unangemessene Benachteiligung des vom Darlehensnehmer verschiedenen Sicherungsgebers bejahte. Der BGH nahm hier einen Verstoß gegen § 9 AGBG a.F. (§ 307 BGB n.F.) wegen unangemessener Benachteiligung des Dritten an, stellte jedoch klar, dass es dem Kreditinstitut unbenommen sei, die persönliche Haf-

209 BGH ZIP 2006, 474 ff.
210 BGH ZIP 2006, 474, 476.
211 BGHZ 130, 19, 31 f.
212 BGHZ 130, 19, 32.; siehe unten § 5 II. 3. a. (2).
213 BGHZ 114, 9 ff.; zum Sachverhalt § 3 II. 2. a.

tung des zur Sicherung bereiten Dritten durch ein gesondertes Formular zu begründen.[214] Zu Recht wurde daraufhin in der Literatur angemerkt, dass der BGH die Frage nach der Zulässigkeit der Haftungsübernahme durch den vom Kreditschuldner verschiedenen Sicherungsgeber nicht inhaltlich im Sinne einer unangemessenen Benachteiligung missbilligt habe, sondern nur die Art und Weise der Vereinbarung.[215] Letztlich wendet sich der BGH also allein dagegen, dass die Abgabe des abstrakten Schuldversprechens mit einem anderen Rechtsvorgang – der Grundschuldbestellung – in einer Urkunde zusammengefasst wurde. Diese Erwägungen berühren jedoch ausschließlich den insoweit behebbaren Transparenzaspekt. Klauseln, die von der Inhaltskontrolle freigestellt sind, unterliegen aber dennoch gemäß § 307 Abs. 3 BGB dem Transparenzgebot. Der BGH würde also mit der gleichen Begründung zu dem Ergebnis kommen, dass die hier vorliegende Klausel unwirksam ist, wenn er bezüglich dieser einen Ausschluss der Inhaltskontrolle ausdrücklich bejaht hätte.

b. essentialia negotii

Nach wohl herrschender Ansicht in der Literatur sind es die Hauptleistungspflichten eines Vertrages, die *essentialia*, die von einer Inhaltskontrolle ausgenommen sind. Kontrollfrei seien demnach die Grunddaten eines Vertrages, die privatautonom entschieden werden müssen, damit dessen Wesen und Typus überhaupt erst konstituiert werden.[216]
Die Verpflichtung zur Abgabe des abstrakten Schuldversprechens erfolgt im Sicherungsvertrag (welcher u.U. mit dem Darlehensvertrag verbunden sein kann). Aufgrund dieses Vertrages hat der Schuldner die Pflicht, die in dem Vertrag benannten Sicherheiten zu stellen. Dieses Verpflichtungsgeschäft liegt nicht im zugrunde liegenden Geschäft der Darlehensgewährung. Der Darlehensvertrag begründet die Pflicht zur Kapitalüberlassung gegen Zinsen, aber nicht zur Sicherheitenbestellung. Dieser, die Pflicht zur Sicherheitenbestellung begründender Sicherungsvertrag tritt insoweit eigenständig neben den Darlehensvertrag.[217]
Deutlich wird dies auch in der Parallele zur Kaufpreissicherung. Die Verpflichtung zur Bestellung von Sicherheiten zur Sicherung des Kaufpreises gegenüber dem Verkäufer folgt nicht aus dem Kaufvertrag. Dieser begründet nur die Pflicht zur Eigentumsverschaffung gegen Entrichtung des dafür vereinbarten Preises. Die Verpflichtung zur Bestellung der Sicherheiten gründet allein in dem daneben geschlossenen Sicherungsvertrag.

---

214 BGHZ 114, 9, 15.
215 Stürner, DNotZ 1992, 97 f.
216 Staudinger/Coester, § 8 AGBG, Rn.19; W/H/L § 8 AGBG, Rn. 8; Fastrich, Inhaltskontrolle, S. 251, 256: wenngleich „*zu eng*"; Palandt/Heinrichs, § 307, Rn. 57.
217 Bülow, Recht der Kreditsicherheiten, Rn. 49, S. 14.

Die Sicherheitenbestellung, also die Abgabe des abstrakten Schuldversprechens, stellt jedoch für den Sicherungsgeber die Hauptleistungspflicht des Sicherungsvertrages, die *essentialia*, dar.
Der Sicherungsvertrag ist zwar kein gegenseitiger Vertrag, sondern ein unvollkommen zweiseitiger Vertrag.[218] Eine synallagmatische Verknüpfung der Hauptleistungspflichten kann jedoch nicht Voraussetzung für die Kontrollfreiheit einer Leistungsumschreibung sein.[219]
Nach Ansicht *Göbels* ist eine Qualifizierung des abstrakten Schuldversprechens als Leistungsbeschreibung jedoch schon deshalb ausgeschlossen, weil sich die Leistungsbeschreibung nach amtlicher Begründung zu § 8 AGBG (§ 307 Abs. 3 BGB) offensichtlich in erster Linie allein auf die Leistung des AGB-Verwenders im Rahmen eines Austauschvertrages und nicht auf die Leistung des Vertragspartners beziehe.[220]
Zwar handelt es sich beim Sicherungsvertrag in der Tat nicht um einen Austauschvertrag, sondern um einen unvollkommen zweiseitigen Vertrag, in dem zunächst nur den Sicherungsgeber Leistungspflichten treffen. Eine derartige Beschränkung auf Leistungspflichten allein des Verwenders in Austauschverträgen lässt sich der amtlichen Begründung zum Regierungsentwurf jedoch nicht entnehmen. In ihr heißt es zu § 8 AGBG:

„ Die Vorschrift stellt sicher, daß die materiell-rechtlichen Maßstäbe für den Inhalt von AGB nur dort gelten, wo AGB dazu dienen, von Rechtsvorschriften abweichende oder diese ergänzende Regelungen zu treffen. Die Leistungsbeschreibung einschließlich etwaiger in AGB enthaltener Festlegungen des Entgelts unterliegen der Inhaltskontrolle demnach ebenso wenig wie AGB, die lediglich den Inhalt gesetzlicher Regelungen wiedergeben. Denn aufgrund der Inhaltskontrolle nach den §§ 7 und 9 soll weder eine Kontrolle der Preise oder Leistungsangebote ermöglicht, noch sollen Vorschriften anderer Gesetze modifiziert werden. "[221]

Eine Differenzierung nach der Leistung des Verwenders oder des Vertragspartners nimmt die amtliche Begründung ebenso wenig vor, wie eine Beschränkung des § 307 Abs. 3 BGB auf Austauschverträge. Es ist auch nicht ersichtlich, warum der Regelungszweck des § 307 Abs. 3 BGB - Verhinderung richterlicher Intervention in den Kernbereich der Privatautonomie - allein für Austauschverträge und für Leistungen des AGB-Verwenders Geltung beanspruchen soll.
Zudem hätte eine Inhaltskontrolle allein der Leistungsbeschreibung des Verwenders mittelbar und ungewollt Auswirkungen auf das Äquivalenzverhältnis.

---

218 Bülow, Recht der Kreditsicherheiten, Rn. 63, S. 18.
219 Dylla-Krebs, Schranken der Inhaltskontrolle, S. 169.
220 Göbel, Übersicherung und Freigabeklauseln, S. 75.
221 BT-Drucks 7/3919, S. 22.

Es entspricht daher weder dem Willen des historischen Gesetzgebers noch ist es vor dem Regelungsziel des § 307 Abs. 3 BGB angezeigt, diesen allein auf die Leistung des Verwenders im Rahmen von Austauschverträgen zu beschränken.

Soweit der Sicherungsvertrag damit die Bestellung bestimmter Sicherheiten verlangt, sind diese Hauptleistungspflichten des Vertrages. Für das abstrakte Schuldversprechen als selbstständiges Kreditsicherungsmittel[222] kann es dabei keinen Unterschied machen, ob es zusätzlich zur Bestellung einer Grundschuld oder zur Besicherung durch eine Hypothek vereinbart wird. Die Bestellung mehrer Sicherheiten steht der Charakterisierung als *essentialia negotii* jeder einzelnen nicht entgegen.

c. Koch / Stübing

Am restriktivsten dürfte der Ansatz von *Koch* und *Stübing* sein: Die Annahme, die Hauptleistungspflichten seien einer Inhaltskontrolle nicht unterworfen, bedeute nach *Koch / Stübing* den Sinn der Inhaltskontrolle in sein Gegenteil zu verkehren.[223] Je unbedeutender Allgemeine Geschäftsbedingungen sind, umso schärfer würden so die anzulegenden Maßstäbe. Systematisch richtig sei jedoch der umgekehrte Weg: Je näher AGB Bestimmungen in den Bereich der Hauptleistungsverpflichtungen rücken um so eher sollen sie einer Inhaltskontrolle unterliegen oder anders gewendet, je schärfer sie den Vertragspartner belasten, desto eher sei eine Inhaltskontrolle anzunehmen. Lediglich das Äquivalenzverhältnis zwischen den Leistungspflichten solle unangetastet bleiben.[224] Diese ältere Ansicht hat jüngst, wenn auch abgeschwächt, Befürworter gefunden.[225] *Rikken* geht in seiner Untersuchung nur von einer mangelnden Kontrollbedürftigkeit leistungsbestimmender Klauseln aus, weil die Verhaltensmechanismen marktwirtschaftlichen Handelns zu einer Interessenwahrung hinsichtlich der für den Vertragsschluss wesentlichen Bedingungen führen. Daher könne Kontrollfreiheit nur dann angenommen werden, wenn die Gefahr mangelnder Aufmerksamkeit der Verwendergegenseite im Hinblick auf die Leistungsfestlegung nicht besteht.[226] Darüber hinaus sollen leistungsbezogene Allgemeine Geschäftsbe-

---

[222] BGH ZIP 2006, 119, 121; BGH WM 1992, 132 f.; BGHZ 99, 274, 280 f.; OLG Hamm WM 1987, 1064.

[223] Koch/Stübing, § 8 AGBG, Rn. 11.

[224] Koch/Stübing, § 8 AGBG, Rn. 11.

[225] Rikken, Die Globalhaftung des Kreditbürgen, S. 72 f.; Fullenkamp, Die erweiterte Zweckerklärung bei Grundschuld und Bürgschaft, S. 110.

[226] Rikken, Die Globalhaftung des Kreditbürgen, S. 72.

dingungen nur dann von der Inhaltskontrolle ausgenommen sein, wenn die Gefahr ihrer Unangemessenheit von vornherein nicht besteht.[227]

Läge man den solchermaßen entwickelten Maßstab für das Vorliegen einer kontrollfreien Klausel zugrunde, wäre das abstrakte Schuldversprechen ohne weiteres der uneingeschränkten Inhaltskontrolle zu unterwerfen. Zum einen besteht gerade hinsichtlich der Übernahme der persönlichen Haftung im Rahmen der Grundschuldbestellung, aber auch allgemein mit dem Eingehen abstrakter Verbindlichkeiten und den mit ihnen verbundenen Rechtsfolgen immer die Gefahr mangelnder Aufmerksamkeit des Vertragspartners. Auch lässt sich bei abstrakten Verbindlichkeiten die Gefahr einer unangemessenen Benachteiligung nie ausschließen.
Sämtliche dieser restriktiven Ansätze gehen jedoch grundsätzlich davon aus, dass Leistungspflichten in einer marktwirtschaftlichen Rechtsordnung vom Richter nicht überprüft zu werden *brauchen*, da sich diese an den Grundsätzen der Marktgerechtigkeit orientieren würden und der Vertragspartner seine Aufmerksamkeit typischerweise der Preis- und Leistungsabrede widme und zwar in einem solchen Maße, dass die spezifischen Gefahren eines Vertragsschlusses unter Verwendung Allgemeiner Geschäftsbedingungen nicht aufträten.[228] Da dem oftmals nicht so ist, kommen die Vertreter dieses Ansatzes zwangsläufig zu einer restriktiven Anwendung des § 307 Abs. 3 BGB.
Entscheidend ist jedoch, dass § 307 Abs. 3 BGB die Inhaltskontrolle nicht deshalb ausschließt, weil eine solche nicht erforderlich ist, sondern weil die Richter eine solche nicht durchführen *dürfen*. Dem Richter ist es bereits aufgrund der verfassungsrechtlich garantierten Vertragsfreiheit versagt, eine Inhaltskontrolle im Hinblick auf die Leistungsfestlegung durchzuführen.[229] Wenn dem Richter eine Inhaltskontrolle schon aus verfassungsrechtlichen Gründen und lediglich wiederholt durch § 307 Abs. 3 BGB[230] versagt ist, kann eine solche gesetzgeberische Wertung nicht mit einer Vorschaltung der Inhaltskontrolle vor die Frage, ob eine solche ausgeschlossen ist, umgangen werden. Es wäre auch höchst sinnwidrig, die Frage, ob eine Kontrollmöglichkeit besteht, mit dem Ergebnis einer solchen Kontrolle zu beantworten. Ferner kann gerade die von Befürwortern der restriktiven Auslegung des § 307 Abs. 3 BGB vorausgesetzte besondere Aufmerksamkeit für leistungsbestimmende Klauseln schon anhand des Gesetzes nicht überzeugen. Denn wenn leistungsbestimmende Klauseln nur dann kon-

---

227 Rikken, Die Globalhaftung des Kreditbürgen, S. 72; so auch Fullenkamp, Die erweiterte Zweckerklärung bei Grundschuld und Bürgschaft, S. 110.

228 Rikken, Die Globalhaftung des Kreditbürgen, S. 72; Westermann, 10 Jahre AGBG, S. 135, 140.

229 Dylla-Krebs, Schranken der Inhaltskontrolle, S. 118 ff; es gilt das „*darf-nicht*"-Motiv und nicht das „*braucht-nicht*"-Motiv.

230 siehe oben § 3 III.

trollfrei sein sollen, weil der Vertragspartner ihnen trotz der formularmäßigen Gestaltung besondere Aufmerksamkeit schenkt, stellt sich die Frage, warum der Gesetzgeber die Transparenzkontrolle ausgerechnet auch für kontrollfreie leistungsbestimmende Klauseln eröffnet hat, § 307 Abs. 3 S. 2 BGB. Dies wäre dann eigentlich nicht mehr nötig gewesen.
Konsequenz dieser restriktiven Auffassung ist eine Ausweitung der AGB-Kontrolle zu Lasten des die Grenzen zulässiger Leistungspflichten beschreibenden § 138 BGB.[231] Sie ist daher abzulehnen.

d. Das Fehlen rechtsnormativer Vorgaben

Eine weitere in der Literatur vertretene Auffassung will die Abgrenzung kontrollfreier von kontrollunterworfenen Klausel allein vom Fehlen rechtsnormativer Vorgaben abhängig machen.[232] Es mache keinen Unterschied, ob die in Frage stehende Klausel eine deklaratorische oder eine leistungsbeschreibende darstellt, sondern allein, ob durch ihre Vereinbarung von Rechtsvorschriften abgewichen oder solche ergänzt werden.[233] Dabei gehören zu dem Begriff der Rechtsvorschrift auch die ungeschriebenen Grundsätze des objektiven Rechts sowie die aufgrund einer objektiven ergänzenden Vertragsauslegung nach §§ 157, 242 BGB für das Schuldverhältnis allgemein festzustellende Rechte und Pflichten.[234]
Der Sicherungsvertrag hat keine gesetzliche Typisierung erfahren. Seine Begründung erfolgt im Rahmen der allgemeinen Vertragsfreiheit (§ 311 Abs. 1 BGB). Rechtsnormative Vorgaben ergeben sich damit nicht schon aus dem Gesetz. Sie sind im Hinblick auf das abstrakte Schuldversprechen jedoch auch nicht aus ungeschriebenen Grundsätzen des objektiven Rechts oder aufgrund einer objektiv ergänzenden Vertragsauslegung nach §§ 157, 242 BGB der für das Schuldverhältnis allgemein festzustellenden Rechte und Pflichten herzuleiten, denn es ließe sich schwerlich begründen, dass die Kreditgewährung grundsätzlich ohne Sicherheitsleistung zu geschehen habe und damit die Vereinbarung einer bestimmten Sicherheit eine Abweichung von gesetzlichen Vorschriften darstelle.[235] Im Hinblick auf die nach dem Sicherungsvertrag zu bestellenden Sicherheiten bestehen daher auch keine rechtsnormativen Vorgaben, anhand derer eine Inhaltskontrolle möglich wäre.

---

[231] Schlosser, ZIP 1985, 449, 454.
[232] Joost, ZIP 1996, 1685 ff.
[233] Joost, ZIP 1996, 1685, 1690.
[234] Joost, ZIP 1996, 1685, 1691.
[235] so auch Schlosser, ZIP 1985, 449, 454.

e. Dylla-Krebs

Dylla-Krebs nimmt in ihrer Untersuchung zu den Schranken der Inhaltskontrolle eine Abgrenzung der kontrollfreien von den kontrollunterworfenen Klauseln anhand der effektiven Gesamtbelastung der Verwendergegenseite vor.[236] Danach sei eine Klausel dann kontrollfrei, weil leistungsumschreibend, wenn sie die effektive Gesamtbelastung der Verwendergegenseite bei planmäßiger, störungsfreier Vertragsdurchführung beeinflusst.
Im Rahmen des Sicherungsvertrages erhöht die Abgabe des abstrakten Schuldversprechens durchaus die effektive Gesamtbelastung des Sicherungsgebers. Wenn dabei nach *Dylla-Krebs* die planmäßige, störungsfreie Vertragsdurchführung maßgebend ist, so ist auch hier zwischen Darlehensvertrag und Sicherungsvertrag zu unterscheiden. Planmäßige und störungsfreie Durchführung des Darlehensvertrages stellt die ordnungsgemäße Tilgung durch den Darlehensnehmer dar. Zu einer Inanspruchnahme der Kreditsicherheit kommt es dann nicht. Die effektive Gesamtbelastung würde durch das abstrakte Schuldversprechen daher nicht erhöht werden. Dies berücksichtigt jedoch nicht den Sicherungsvertrag. Dieser wird gerade im Hinblick auf eine unplanmäßige und gestörte Darlehensvertragsdurchführung geschlossen. Daher entspricht der Eintritt des Sicherungsfalls und damit die Inanspruchnahme aus dem abstrakten Schuldversprechen gerade dem, was sich unter diesem Gesichtspunkt bei planmäßiger, störungsfreier Durchführung des Sicherungsvertrages ergibt.[237] Das abstrakte Schuldversprechen beeinflusst damit die effektive Gesamtbelastung der Verwendergegenseite aus dem Sicherungsvertrag. Auch in Anwendung der von *Dylla-Krebs* entwickelten Kriterien stellt sich das abstrakte Schuldversprechen als kontrollfreie Leistungsbeschreibung des Sicherungsvertrages dar.

f. Zusammenfassung

Das abstrakte Schuldversprechen stellt in der Kreditsicherung eine Leistungsbeschreibung des Sicherungsvertrages dar und ist als solches von der Inhaltskontrolle gemäß § 307 Abs. 3 BGB ausgenommen.

IV. Exkurs: Einwendungsverzicht

Es stellt sich jedoch die Frage der uneingeschränkten Inhaltskontrolle, soweit im Zusammenhang mit der Abgabe des abstrakten Schuldversprechens ein Einwen-

---

[236] Dylla-Krebs, Schranken der Inhaltskontrolle, S.185 ff.
[237] so für Bürgschaft und Garantie auch Dylla-Krebs, Schranken der Inhaltskontrolle, S. 264 *„Sicherungsklauseln"*.

dungsverzicht dergestalt erklärt wird, dass der Schuldner auf Einwendungen jeder Art zu Grund und Höhe des abstrakten Schuldversprechens verzichtet.[238]
Ein Ausschluss der Inhaltskontrolle kommt hier nicht in Betracht. Der Einwendungsverzicht stellt weder eine leistungsbestimmende noch eine deklaratorische Klausel im Sinne des § 307 Abs. 3 BGB dar.[239] So das abstrakte Schuldversprechen als leistungsumschreibende Klausel des Sicherungsvertrages anzusehen ist, muss zwischen diesem und einem diesbezüglichen Einwendungsverzicht unterschieden werden, denn dieser legt der Vertragspartei keine Leistungspflichten auf, sondern nimmt ihr allein die Möglichkeit der Rechtsdurchsetzung.
Ein solcher Einwendungsverzicht stellt sich als unangemessene Benachteiligung dar, da durch diesen von den wesentlichen Grundgedanken des Gesetzes abgewichen wird, § 307 Abs. 1 und 2 Nr. 1 BGB. Der Ausschluss aller Einreden und Einwendungen aus einem Schuldverhältnis steht in Widerspruch zu den wesentlichen Grundgedanken des Bereicherungsrechts, zwischen den Beteiligten bei rechtsgrundlosem Vermögenserwerb einen Ausgleich herbeizuführen.[240] Der Einwendungsverzicht ist daher gemäß § 307 Abs. 1 und 2 Nr. 1 BGB unwirksam. Da es vom abstrakten Schuldversprechen zu trennen ist, bleibt dieses von der Unwirksamkeit des Einwendungsverzichts unberührt (§ 306 Abs. 1 BGB).

IV. Leistungspflichten und Transparenz

§ 8 AGBG a.F. (§ 307 Abs. 3 BGB n.F.) schloss die Inhaltskontrolle nach §§ 9 ff. AGBG a.F. (§§ 307 ff. BGB n.F.) dem Wortlaut nach bis zur Schuldrechtsreform insgesamt und damit auch die darin enthaltene Transparenzkontrolle aus. Zwar war es auch damals herrschende Meinung, dass die Transparenzkontrolle nicht vor preis- oder leistungsbestimmenden Klauseln halt mache, dieser Grundsatz wurde in der Rechtsprechung jedoch nicht immer ganz deutlich.[241]
Mit der Schuldrechtsreform wurde das Transparenzgebot im § 307 Abs. 1 S. 2 BGB verankert und in § 307 Abs. 3 BGB ausdrücklich vom Ausschluss der Inhaltskontrolle ausgenommen. Damit wurden gleich zwei Lücken bei der Umsetzung der EU-Klauselrichtlinie[242] geschlossen: Nach Art. 5 S. 1 müssen schriftliche Klauseln „stets klar und verständlich abgefasst sein“ und Art. 4 Abs. 2 unterwirft auch Hauptleistung und Äquivalenzverhältnis insoweit der Missbrauchskontrolle, als es um ihre transparente Gestaltung geht.

---

238 so bei BAG DNotZ 2006, 47 ff.
239 BAG DNotZ 2006, 47, 48.
240 Palandt/Sprau, Einf. § 812, Rn. 1; BAG DNotZ 2006, 47, 48.
241 erstmals BGH ZIP 2006, 474, 476.
242 Richtlinie 93/13/EWG des Rates vom 5.4.1993.

Durch die Kodifizierung des Transparenzgebotes in § 307 Abs. 1 S. 2 BGB steht nunmehr auch außer Frage, dass das Transparenzgebot innerhalb der Inhaltskontrolle anzusiedeln ist.[243] Dies ist auch sinnvoll, soweit schon die bloße Intransparenz einer Klausel zu materiellen Nachteilen des Vertragspartners führen kann. Deutlich wurde durch § 307 Abs. 3 BGB jedoch auch, dass der Transparenzkontrolle eine eigenständige Bedeutung innerhalb der Inhaltskontrolle zukommt. Nicht ganz unberechtigt wurde vor der Schuldrechtsreform verschiedentlich die Vermutung geäußert, die mangelnde Unterscheidung von Transparenz- und materieller Inhaltskontrolle habe die Rechtspraxis dazu verleitet, die Grenze der Kontrollfähigkeit weit in den Leistungsbereich vorzuverlegen, um intransparente Entgelte und Leistungsbeschreibungen als unangemessen verwerfen zu können.[244] Darf man also hoffen, dass die ausdrückliche Freigabe der Transparenzkontrolle für leistungsbeschreibende Klauseln in § 307 Abs. 3 BGB n.F. Rückwirkungen haben wird auf die Grenzziehung der materiellen Inhaltskontrolle für eben solche Klauseln? Es wäre wünschenswert, da eine konsequent durchgeführte Transparenzkontrolle dem Sicherungsgeber ein gleiches, wenn nicht gar höheres Schutzniveau bieten könnte als die bisherige Rechtsprechung zur persönlichen Haftungsübernahme durch abstraktes Schuldversprechen, ohne dabei die verfassungsmäßig garantierte Vertragsfreiheit über Gebühr zu strapazieren.

Köndgen hat für das Transparenzgebot herausgearbeitet, dass sich die Unangemessenheit einer Klausel schon allein aus ihrer intransparenten Gestaltung ergeben kann, soweit diese geeignet ist, den Vertragspartner an einer sachgerechten Beurteilung zu hindern, ob es sich um einen für ihn akzeptablen Vertrag handelt oder ob er mit anderen Anbietern verhandelt. Insoweit kann man von einer marktbezogenen Unangemessenheit sprechen.[245] Überragende Bedeutung müsste daher die Transparenzkontrolle gerade im Leistungsbereich haben, wenn sie auf die Ermöglichung eines funktionierenden Marktmechanismus ausgerichtet ist: Nur auf Basis eines solchen Marktes kann sich der Staat aus der Regulierung des Preis-/Leistungsverhältnisses heraushalten, ohne unerträgliche Gerechtigkeitsdefizite in Kauf zu nehmen.[246]

---

243 BGH ZIP 2006, 474, 476.

244 Staudinger/Coester, § 8 AGBG, Rn. 18; vgl. BGHZ 114, 9 ff.: hier begründete der BGH die Unangemessenheit des abstrakten Schuldversprechen für den Fall der Drittsicherung auch mit dem Umstand, dass die persönliche Haftung mittels des abstrakten Schuldversprechens nicht durch ein gesondertes Formular begründet worden war. In der Literatur wurde dieses Urteil kritisiert, weil der BGH zum abstrakten Schuldversprechen inhaltlich nicht Stellung genommen habe (Stürner, DNotZ 1992, 97 f.). Die Forderung nach dem gesonderten Formular ist allein eine Frage der Transparenzkontrolle: hierzu ausführlich siehe oben § 3 III 2. a. (3).

245 Köndgen, NJW 1989, 943, 950.

246 Staudinger/Coester, § 9 AGBG, Rn. 145.

Durch die marktbezogene Unangemessenheit wird auch die eigenständige Bedeutung des Transparenzgebots gegenüber § 305 c Abs. 1 BGB deutlich. Zum einen ist Maßstab der Transparenzkontrolle der Durchschnittskunde für die Art von Verträgen, für die die Allgemeinen Geschäftsbedingungen konzipiert wurden. Die besondere Fachkunde und Verständnismöglichkeit des konkreten Vertragspartners bleiben unberücksichtigt.[247] Demgemäß ist es auch möglich, einen Verstoß gegen das Transparenzgebot im Wege der Verbandsklage zu ahnden, was bei § 305 c Abs. 1 BGB aufgrund der individualrechtlichen Betrachtungsweise ausgeschlossen ist. Zum anderen kann eine Klausel sprachlich durch gläserne Klarheit bestechen und objektiv vollkommen gewöhnlich sein, jedoch durch die Stellung in der gesamten Vertragsgestaltung ihre wahre Bedeutung verschleiern.[248]

Gerade diese Gefahr ist für die Abgabe des abstrakten Schuldversprechens nicht zu leugnen, wird es doch auch für den mit dem Kreditschuldner identischen Sicherungsgeber neben der ohnehin bestehenden Darlehensforderung bzw. im Übrigen meist im Zusammenhang mit anderen Sicherheiten abgegeben. Daher besteht die Gefahr, dass die Stellung des abstrakten Schuldversprechens im Vertragswerk seiner tatsächlichen Bedeutung nicht gerecht wird. Der Verweis der früheren Rechtsprechung des BGH auf das gesonderte Formular[249] ist daher aus Transparenzerwägungen nicht zu unterschätzen, da ein eigenes Formular für das abstrakte Schuldversprechen seine Bedeutung für die gesamte Kreditsicherung herauszustellen in der Lage wäre. Gleiches gilt für die Überschrift, wenn Grundpfandrecht und abstraktes Schuldversprechen in einer Urkunde zusammengefasst sind. Soweit beispielsweise die Urkunde allein die Überschrift „Grundschuldbestellung“ trägt, liegt der Verdacht einer intransparenten Vertragsgestaltung nahe, da hier der Eindruck vermittelt wird, es wäre nur ein Sicherungsmittel – die Grundschuld – zu gewähren. Das abstrakte Schuldversprechen als Hauptleistung des Sicherungsvertrages hat sich daher in besonderem Maße am Tansparenzgebot messen zu lassen.

---

[247] BGHZ 102, 152, 159; BGH NJW 1989, 222, 224; BGH NJW 1989, 582, 582; Staudinger/Coester, § 9 AGBG, Rn. 130; v. Hoyningen-Huene; Die Inhaltskontrolle nach § 9 AGBG, Rn. 200 *(„sog. Mann von der Straße“).*

[248] BGH NJW 1989, 222, 224; Staudinger/Coester, § 9 AGBG, Rn. 135; Brandner FS Locher, S. 317, 319 f.

[249] BGHZ 114, 9, 15.

§ 4 DAS ABSTRAKTE SCHULDVERSPRECHEN IM VERBRAUCHERDARLEHENSVERTRAG

Im Anwendungsbereich des Verbraucherdarlehensrechtes unterliegt auch die Abgabe eines abstrakten Schuldversprechens als Kreditsicherheit den besonderen Vorschriften über den Verbraucherdarlehensvertrag, §§ 491 ff. BGB. Voraussetzung hierfür ist zunächst, dass der Darlehensnehmer Verbraucher i.S.d. § 13 BGB ist, es sich also um eine natürliche Person handelt, die *„ein Rechtsgeschäft zu einem Zwecke abschließt, der weder ihrer gewerblichen noch ihrer selbstständigen beruflichen Tätigkeit zugerechnet werden kann"*.

I. Pflichtangabe des Verbraucherdarlehensvertrages

Gemäß § 492 Abs. 1 Nr. 7 BGB ist die Angabe der zu bestellenden Sicherheiten Pflichtangabe des Verbraucherdarlehensvertrag, soweit dieser nicht notariell beurkundet wurde, § 491 Abs. 3 Nr. 1 BGB. Gesetzgeberische Ziele des § 492 BGB [250] sind Transparenz, Information und Übereilungsschutz.[251] Wichtige Voraussetzung für eine sachgerechte Vertragsentschließung sei nach der Gesetzesbegründung die Möglichkeit des Darlehensnehmers, sich über die Vertragsbedingungen und die gesamte Kostenbelastung auf sicherer Grundlage zu informieren.[252]
Daher ist im Rahmen des § 492 Abs. 1 Nr. 7 BGB nicht nur die Art der Sicherheit (Personal- oder Sachsicherheit), sondern auch die konkrete Bezeichnung des Inhaltes der jeweiligen Sicherheit zu benennen.[253] Soweit der Darlehensnehmer eine Vollmacht zum Abschluss eines Darlehensvertrages erteilt hat, muss auch die Vollmacht dem Schriftformerfordernis und den Anforderungen an die Pflichtangaben nach § 492 Abs. 1 BGB genügen, § 492 Abs. 4 BGB, es sei denn, die Vollmacht ist notariell beurkundet, § 492 Abs. 4 S. 2 BGB.

Grundsätzlich zieht das Fehlen einer Pflichtangabe die Gesamtnichtigkeit des Verbraucherdarlehensvertrages nach sich, § 494 Abs. 1 BGB. Die Angabe der zu bestellenden Sicherheiten wurde hiervon jedoch ausdrücklich ausgenommen. Stattdessen ordnet § 494 Abs. 2 S. 6 BGB an, dass der Kreditgeber die Sicherheiten bei fehlender Angabe im Darlehensvertrag nicht verlangen kann, soweit der Nettodarlehensbetrag € 50.000 nicht übersteigt. Für über diesen Betrag hi-

[250] § 492 BGB n.F. entspricht bis auf redaktionelle Anpassungen (Darlehen/Kredit) dem § 4 Abs. 1 S. 1 – 5 Nr. 1, Abs. 2 und 3 VErbrKrG n.F.
[251] BT-Drucks 11/5462, S. 20.
[252] BT-Drucks 11/ 5462, S. 12.
[253] Staudinger/Kessal-Wulf, § 492, Rn. 65.

nausgehende private Großkredite hat der Gesetzgeber auf Betreiben der Kreditwirtschaft indes eine Ausnahme gemacht.[254] Darlehensgeber und Darlehensnehmer können die Sicherheitenfrage hier neu verhandeln.[255]
Soll also die Kreditsicherung eines Verbrauchers u.a. durch ein abstraktes Schuldversprechen erfolgen, muss dieses bereits im Darlehensvertrag benannt sein. Dabei ist der Betrag des abstrakten Schuldversprechens zu beziffern, sowie gegebenenfalls eine beabsichtigte diesbezügliche Vollstreckungsunterwerfung anzugeben.

II. Das abstrakte Schuldversprechen als Verstoß gegen § 496 Abs. 1 und 2 BGB analog?

Gemäß § 496 Abs. 1 BGB[256] ist eine Vereinbarung unwirksam, durch die der Darlehensnehmer auf das Recht verzichtet, Einwendungen, die ihm gegenüber dem Darlehensgeber zustehen gemäß § 404 BGB auch dem Abtretungsgläubiger entgegen zusetzten oder eine ihm gegenüber dem Darlehensgeber zustehende Forderung gemäß § 406 BGB auch gegenüber dem Abtretungsgläubiger aufzurechnen. Um die Umgehung des Abs. 1 durch eine Wechsel- oder Scheckbegebung, welche dem Schuldner eben solche Einwendung abschneiden würde, zu vermeiden, wurde in Abs. 2 ausdrücklich auch ein Wechsel- und Scheckverbot angeordnet.
Die bislang herrschende Auffassung in der Literatur hält daher auch das abstrakte Schuldversprechen im Verbraucherkreditvertrag für unzulässig.[257] Zum Teil wird auf eine analoge Anwendung des § 496 Abs. 1 BGB verwiesen,[258] während die Unzulässigkeit des abstrakten Schuldversprechens jedoch überwiegend auf § 496 Abs. 2 BGB analog gestützt wird.[259]
Die Rechtsprechung hatte sich bislang nicht zu einem Verstoß gegen § 496 Abs. 1 bzw. Abs. 2 BGB geäußert. Erstmals mit Urteil vom 15. März 2005 ging der BGH auf die Zulässigkeit des abstrakten Schuldversprechens im Verbraucherdarlehensvertrag ein.[260] In dem nämlichen Urteil entschied sich der BGH unmissverständlich gegen eine Anwendung des § 496 BGB. Eine per-

---

254 BT-Drucks 11/5462, S. 18 f.

255 Staudinger/Kessal-Wulf, § 494, Rn. 33.

256 § 496 BGB n.F. entspricht bis auf redaktionelle Anpassungen (Darlehen/Kredit) § 10 VErbrKrG a.F.

257 Staudinger/Kessal-Wulf, § 496, Rn. 8; Vollkommer, NJW 2004, 818, 819; MüKo/Habersack, § 496, Rn. 8, Fn.22 m.w.N.; a.A. Bülow, Verbraucherkreditrecht, § 496, Rn. 13; Clemente, ZfIR 2004, 497, 505.

258 Staudinger/Kessal-Wulf, § 496, Rn. 8.

259 Vollkommer, NJW 2004, 818, 819; MüKo/Habersack, § 496, Rn. 8, Fn.22 m.w.N.

260 BGH ZIP 2005, 846 ff.

sönliche Unterwerfung durch abstraktes Schuldversprechen unter die sofortige Zwangsvollstreckung entspräche jahrzehntelanger Praxis. Nichts spräche unter Berücksichtigung der Materialien zum Verbraucherkreditgesetz dafür, dass der Gesetzgeber diese ihm bekannte Praxis unterbinden wollte.[261]
Da auch den BGH-Entscheidungen bis zum 15. März 2005 derart einschlägige Konstellationen zugrunde lagen,[262] hatte bereits das Schweigen des BGH zu § 496 BGB (§ 10 VerbrKrG a.F.) einen gewissen Aussagewert.

Eine direkte Anwendung des § 496 Abs. 1 BGB kommt nicht in Betracht, denn die Einwendungen sowohl gegen das abstrakte Schuldversprechen als auch gegen die zugrunde liegende Darlehensforderung über den Weg des Bereicherungsrechts können dem Abtretungsempfänger gemäß §§ 404, 406 BGB entgegengesetzt werden. Ein gutgläubiger Erwerb oder ein gutgläubiger einredefreier Erwerb scheidet bei der Forderungsabtretung von vorneherein aus.
In Betracht käme nur eine analoge Anwendung des § 496 BGB, wenn eine vergleichbare Interessenlage und eine planwidrige Regelungslücke vorläge. Eine vergleichbare Interessenlage wäre nur dann gegeben, wenn § 496 BGB nicht nur den Schutz vor Einwendungsverlust, sondern auch vor Erschwerung der Einwendungsdurchsetzung bezweckte, denn die bereicherungsrechtliche Kondiktion des abstrakten Schuldversprechen bürdet dem Schuldner die Beweislast auf.[263]
Laut Regierungsbegründung zu § 496 BGB bezweckt die Vorschrift jedoch allein den Schutz vor dem gänzlichen Verlust der Einwendungen aus dem Darlehensvertrag. Dafür, dass auch die faktische Erschwerung der Einwendungsdurchsetzung vom Regelungsziel erfasst sein sollen, bestehen keine Anhaltspunkte[264] Auch eine planwidrige Regelungslücke liegt nicht vor. Im Beratungsverfahren des Rechtsausschusses des Bundestages wurde ein Antrag auf Einbeziehung „notarieller Schuldanerkenntnisse" erörtert und durch die Ausschussmehrheit abgelehnt, da eine solche Einbeziehung insbesondere bei Realkrediten zu weit gehe.[265]
Eine analoge Anwendung des § 496 BGB auf das abstrakte Schuldversprechen kommt damit nicht in Betracht.

Nach Maßgabe des Verbraucherdarlehensrechtes ist das abstrakte Schuldversprechen also Pflichtangabe des Verbraucherdarlehensvertrages. Dieser hat das abstrakte Schuldversprechen im Hinblick auf die Höhe und einer eventuellen Zwangsvollstreckungsunterwerfung zu bezeichnen.

---

261 BGH ZIP 2005, 846, 850, so nun auch BGH v. 16.5.2006 –XI ZR 48/04 sowie v. 26.9.2006 – XI ZR 358/04.
262 BGH ZfIR 2004, 61 und 65; BGH BKR 2003, 103.
263 siehe oben § 2 IV.
264 BT-Drucks 11/5462 S. 22.
265 BT-Drucks 11/8274, S. 22.

Das abstrakte Schuldversprechen im Verbraucherdarlehensvertrag stellt keinen Verstoß gegen § 496 Abs. 1 oder Abs. 2 BGB dar.

§ 5 DIE SICHERUNGSZWECKERKLÄRUNG

Im Gegensatz zu den gesetzlich geregelten, „geborenen“ Sicherheiten, wie beispielsweise der Bürgschaft, trägt das abstrakte Schuldversprechen gerade aufgrund seiner Abstraktheit den Sicherungszweck nicht in sich.[266] Dieser muss vielmehr rechtsgeschäftlich vereinbart werden, damit eine Bindung des Sicherungsrechts an die zu sichernde Forderung hergestellt wird. Das Mittel der schuldrechtlichen Verknüpfung von Forderung und Sicherungsrecht ist die Sicherungsabrede.
Die Sicherungsabrede enthält zum einen das Versprechen, die jeweiligen Sicherheiten zu bestellen und stellt damit den Rechtsgrund für das Verfügungsgeschäft der Sicherheitenbestellung dar.[267] Zum anderen legt die Sicherungsabrede den Sicherungszweck fest, denn der Regelungszweck der Sicherungsabrede ist nicht die Sicherheitenbestellung schlechthin, sondern die Sicherung von Forderungen, die der Schuldner noch nicht erfüllt hat.[268] Der Sicherungszweck bestimmt daher zunächst die Identität der gesicherten Forderung oder auch einer Mehrzahl davon und ist damit das Kernstück einer jeden Sicherungsabrede.[269] Aus dem Sicherungszweck folgt die Entstehung, Veränderung und Beendigung von Vertragspflichten im Verlauf des Sicherungsverhältnisses.[270] Die Wirkung der Sicherungsabrede besteht bei den nichtakzessorischen Sicherungsrechten also darin, das grundsätzlich von der zu sichernden Forderung unabhängige Sicherungsrecht im Innenverhältnis zwischen Sicherungsgeber und Sicherungsnehmer in der Weise schuldrechtlich zu binden, dass letzterer verpflichtet ist, mit dem Sicherungsrecht nur entsprechend dem Sicherungszweck zu verfahren.[271]
Auch die Bindung des abstrakten Schuldversprechens an die zu sichernde Forderung wird durch die Sicherungsabrede nach Maßgabe des Sicherungszwecks hergestellt.

Soweit sich der Sicherungszweck allein auf eine konkret bestimmte Forderung bezieht, handelt es sich um eine einfache Sicherungszweckerklärung. Seit langem ist es jedoch üblich, dass die Kreditinstitute durch von ihnen gestellten Vertragsvordrucken sämtliche bestehenden und künftigen Forderungen der Bank gegen den Darlehensnehmer in den Sicherungszweck einbeziehen. Dies erfolgt

266 Lwowski, Das Recht der Kreditsicherung, Rn. 4.
267 siehe oben § 2 II.
268 Bülow, Recht der Kreditsicherheiten, Rn. 59.
269 Fullenkamp, Die erweiterte Zweckerklärung bei Bürgschaft und Grundschuld, S. 1.
270 Bülow, Recht der Kreditsicherheiten, Rn. 59 f.
271 Becker-Eberhard, S. 78.

auch dann, wenn zunächst allein die Sicherung eines bestimmten Darlehens geplant war (weite Sicherungszweckerklärung).[272]

I. Umfang der weiten Sicherungszweckerklärung

Nach den üblichen so genannten weiten Sicherungszweckerklärungen, dient das abstrakte Schuldversprechen der Sicherung aller bestehenden und zukünftigen – auch bedingten und befristeten - Ansprüche der Bank gegen den Kreditnehmer aus der bankmäßigen Geschäftsverbindung.[273] Das Gesetz steht der Sicherung aller Ansprüche der Bank zunächst grundsätzlich nicht entgegen: Wenn in § 765 Abs. 1 BGB für die Bürgschaft von „der" Verbindlichkeit oder in § 1113 Abs. 1 BGB für die Hypothek bzw. über die Verweisung des § 1192 Abs. 1 BGB für die Grundschuld sowie in § 1204 Abs. 1 BGB für das Pfandrecht von „einer" Forderung die Rede ist, so handelt es sich hierbei nicht um das Zahlwort, sondern um den unbestimmten Artikel, der eine Absicherung mehrerer und damit auch aller Forderungen zulässt.[274] Da der Sicherungszweck jedoch einen bestimmten Sicherungsumfang erfordert, ist die unlimitierte Sicherung an sich nicht möglich. Die weite Sicherungszweckerklärung sichert daher nur „Ansprüche aus der bankmäßigen Geschäftsverbindung".

1. Ansprüche aus der bankmäßigen Geschäftsverbindung

Die Geschäftsverbindung ist die vertraglich begründete, auf Dauer angelegte Geschäftsbeziehung zwischen der Bank und ihrem Kunden. Ansprüche aus der Geschäftsverbindung sind beispielsweise solche aus laufender Rechnung (Kontokorrent), der Gewährung von Krediten gleich welcher Art, aus Bürgschaft und Wechselverbindlichkeiten.[275] Ansprüche, die außerhalb der Geschäftsverbindung und unabhängig von dieser entstanden sind, wie zum Beispiel deliktische Schadensersatzansprüche, werden regelmäßig auch nicht vom weiten Sicherungszweck erfasst.[276]

---

272 Fullenkamp, Die erweiterte Zweckerklärung bei Bürgschaft und Grundschuld, S. 1 f.

273 So bspw. der Vordruck des Sparkassenverlags 192 245 000: „*Die Grundschuld nebst Zinsen und sonstigen Nebenleistungen sowie ein im Zusammenhang mit der Grundschuld übernommenes abstraktes Schuldversprechen (Übernahme der persönlichen Haftung) dienen zur Sicherung des aller bestehenden und künftigen, auch bedingten oder befristeten Forderungen der Sparkasse gegen ... – nachstehend der Kreditnehmer genannt – aus der bankmäßigen Geschäftsverbindung (...).*"

274 Rehbein, FS Heinsius, S. 659, 662.

275 vgl. der Vordruck des Sparkassenverlages 192 245 000.

276 BGHZ 101, 29, 34; Raststätter, DNotZ 1987, 459, 463.

Gleiches gilt für Forderungen aus dem sog. *„Unter-Deckung-Nehmen"*, das immer dann vorliegt, wenn die Bank in Kenntnis von der wirtschaftlich schlechten Lage ihres Kunden gegen diesen gerichtete Forderungen von Dritten nur deshalb erwirbt, um durch die Verwertung der für sie bestellten und nicht voll benötigten Sicherheiten eine – dem ungesicherten Zedenten wohl nicht mögliche - Realisierung der Forderung herbeizuführen. Hierbei handelt es sich nicht um den Erwerb von Forderung in „banküblicher Weise".[277]
Demgegenüber werden vertragliche Schadensersatzansprüche und Ansprüche aus ungerechtfertigter Bereicherung mitgesichert, wenn sie ihren Ursprung in der Geschäftsverbindung haben.[278]

2. Insbesondere: Ansprüche aus der Haftungsübernahme für Dritte

Problematisch ist der Sicherungsumfang für Forderungen der Bank, die auf einer Haftungsübernahme für Dritte anlässlich von Forderungen derselben Bank beruhen. Es stellt sich also die Frage, ob die Geschäftsverbindung zwischen Sicherungsgeber und Bank und dafür bestellte Sicherungsrechte zum Beispiel auch eine Bürgschaftsverpflichtung des Sicherungsgebers oder den Beitritt zu einer fremden Schuld, jeweils gegenüber der Bank mit umfasst.
Die Rechtsprechung differenziert hier danach, ob der Schuldner primär schuldet oder subsidiär haftet. Demnach gehören auch Ansprüche der Bank gegen den Schuldner aus dessen Übernahme der Primärhaftung durch Schuldübernahme oder Schuldbeitritt zu den gesicherten Ansprüchen aus der Geschäftsverbindung. Sie begründen eine primäre Schuld gegenüber der Bank.[279] Nicht zu den Ansprüchen aus der Geschäftsverbindung gehören hingegen die Übernahme der nur subsidiären Haftung durch Bürgschaftsübernahme oder Abgabe eines abstrakten Schuldversprechens für Forderungen Dritter.[280]
Eindeutig ist dieser Befund zunächst für die Bürgschaftsübernahme, denn hier erfolgt die akzessorische Sicherung einer fremden Forderung und eine Sicherheit die lediglich der Sicherung eigener Verbindlichkeiten des Sicherungsgebers dient, kann nicht ohne weiteres zur Deckung einer Bürgschaftsübernahme für Verbindlichkeiten Dritter herangezogen werden.[281]
Problematisch ist dies jedoch für die Abgabe des abstrakten Schuldversprechens für Verbindlichkeiten Dritter, denn auch dieses begründet zunächst im Gegensatz zur Bürgschaft eine selbständige Verpflichtung des Versprechenden. Dennoch entschied der BGH mit Urteil vom 19. September 1986,[282] dass die Abgabe

---

[277] BGH ZIP 1981, 486, 487.
[278] BGH WM 1990, 8, 9; Raststätter, DNotZ 1987, 459, 463.
[279] Rehbein, FS Heinsius, S. 659, 664.
[280] Rehbein, FS Heinsius, S. 659, 664 f.
[281] BGH WM 1990, 969, 970.
[282] BGHZ 98, 256, 259 f.

eines abstrakten Schuldversprechens für Verbindlichkeiten Dritter nicht durch eine für eigene Verbindlichkeiten bestellte Grundschuld gesichert sei, da das abstrakte Schuldversprechen nicht den damit gesicherten Ansprüchen aus der Geschäftsverbindung unterfalle. Auch wenn das abstrakte Schuldversprechen zunächst grundsätzlich eine primäre Schuld begründet, ist dem BGH beizupflichten, denn auch wenn sich der Sicherungszweck des abstrakten Schuldversprechens nicht aus diesem selbst ergibt, dient es entsprechend der hierfür abgegebenen Sicherungszweckerklärung der Sicherung fremder Verbindlichkeiten. Aus dieser Sicherungszweckabrede ergibt sich letztlich die nur subsidiäre Inanspruchnahme für fremde Verbindlichkeiten, so dass auch das für Verbindlichkeiten Dritter abgegebene abstrakte Schuldversprechen nicht den eigenen Verbindlichkeiten des Schuldners aus der bankmäßigen Geschäftsverbindung unterfällt.[283]

II. Die weite Sicherungszweckerklärung in Allgemeinen Geschäftsbedingungen

Die weite Sicherungszweckerklärung erfolgt im Massengeschäft der Banken in aller Regel formularmäßig. Überdies enthält auch die allgemeine Pfandklausel der Banken in Ziff. 14 Abs. 2 AGB (bzw. AGB der Sparkassen Nr. 21 Abs. 3) eine weite Sicherungszweckerklärung. Insbesondere seit Inkrafttreten des AGBG ist die weite Sicherungszweckerklärung in die Diskussion von Rechtsprechung und Literatur geraten. Aber auch vor Anwendbarkeit des AGBG musste sich die weite Sicherungszweckerklärung an § 242 BGB messen lassen.[284]
Die Anzahl allein der amtlichen Veröffentlichungen von Entscheidungen zur AGB-rechtlichen Zulässigkeit der weiten Sicherungszweckerklärung im Hinblick auf Bürgschaften und Grundschulden ist kaum noch zu überschauen.[285] Vereinzelt sind demgegenüber entsprechende Entscheidungen zum weiten Sicherungszweck des abstrakten Schuldversprechens geblieben.

---

[283] vgl. Mustergrundschuldformular der Bundesnotarkammer, Zif. 3, Var. 3, DNotZ 2002, 84 ff.: „*Das vom Schuldner unter Ziff. 2 abgegebene abstrakte Schuldversprechen dient zur Sicherung aller bestehenden und künftigen Forderungen des Gläubigers gegen den Schuldner aus ihrer bankmäßigen Geschäftsverbindung, jedoch vorbehaltlich besonderer Vereinbarung nicht für Forderungen aus Haftungsübernahmen für Dritte.*".

[284] BGHZ 83, 56, 59.

[285] Nachweise bei: Staudinger/Wolfsteiner, Vor § 1191, Rn. 31 zur Grundschuld; Staudinger/Horn, § 765, Rn. 45 ff. zur Bürgschaft.

1. Anwendbarkeit der für die Grundschuld entwickelten Rechtsprechungsgrundsätze

Soweit sich die Rechtsprechung zur Zulässigkeit der weiten Sicherungszweckerklärung für das abstrakte Schuldversprechen in Allgemeinen Geschäftsbedingungen überhaupt äußert, geschieht dies allein in den in der Praxis überwiegenden Fällen der Abgabe des abstrakten Schuldversprechens neben einer Grundschuldbestellung. Dabei wird von der Rechtsprechung dann allein auf die Ausführungen zum Sicherungszweck der Grundschuld verwiesen.[286] Dies wird von Teilen der Literatur mit dem Einwand kritisiert, dass der Grundschuldbesteller nur mit dem Grundstück in Höhe des Grundschuldbetrages hafte, jedoch nicht sein künftiges Vermögen verlieren könne. Die Situation desjenigen, der ein abstraktes Schuldversprechen abgebe, stelle sich aber im Wesentlich genauso dar, wie für einen Bürgen und denjenigen, der einer fremden Schuld beitritt. Es werde jeweils eine Personalsicherheit in Form einer gegenständlich unbeschränkten Haftung gegeben.[287]

Dieser Einwand kann im Ergebnis nicht überzeugen. Zutreffend ist zunächst, dass durch die Übernahme der persönlichen Haftung durch Abgabe eines abstrakten Schuldversprechens eine persönliche Haftung ohne gegenständliche Begrenzung herbeigeführt wird. Insoweit ähnelt das abstrakte Schuldversprechen der Bürgschaft und dem Schuldbeitritt. Entscheidend ist jedoch, dass die Haftung aus dem abstrakten Schuldversprechen im Gegensatz zur Bürgschaft und zum Schuldbeitritt mit jeweils weiter Sicherungszweckerklärung betragsmäßig begrenzt ist, denn der Sicherungsgeber übernimmt das abstrakte Schuldversprechen nur in bestimmter Höhe, bei Abgabe zusätzlich zur Grundschuld üblicherweise in Höhe der Grundschuldsumme. Dem entspricht jedoch genau die Rechtslage bei der Grundschuld. Auch hier erfolgt die Haftung nur in Höhe des Grundschuldbetrages und damit betragsmäßig begrenzt. Die Gefahr einer betragsmäßig unlimitierten Haftung, wie sie bei Bürgschaft und Schuldbeitritt gegeben sein kann, liegt bei der Sicherung durch ein abstraktes Schuldversprechen von vorneherein nicht vor. In diesem Sinne stellt das abstrakte Schuldversprechen vielmehr das schuldrechtliche Pendant zur Grundschuld dar.

Ob der Sicherungsgeber im Sicherungsfall nun allein mit seinem dinglichen oder aber durch das abstrakte Schuldversprechen mit seinem gesamten Vermögen haftet, kann für die Zulässigkeit der Sicherungszweckerklärung keinen Unterschied machen. Besitzt der Sicherungsgeber des abstrakten Schuldversprechens Grundvermögen, so stellt auch dieses im Sicherungsfalle Verwertungsgut dar. Besitzt der Sicherungsgeber der Grundschuld neben dieser persönliches Vermögen, wird er eine Vollstreckung in seinen Grundbesitz durch Befriedigung des Gläubigers aus seinem übrigen Vermögen abwenden mögen. Entscheidend ist

[286] BGH ZIP 2000, 1202, 1203; OLG Karlsruhe WM 1986, 548, 549.

[287] Joswig, ZfIR 2000, 593, 596.

daher die betragsmäßige Begrenzung der persönlichen Haftung durch das abstrakte Schuldversprechen, die es gestattet, die von der Rechtsprechung zur weiten Sicherungszweckerklärung bei Grundschulden entwickelten Grundsätze auf die weite Sicherungszweckerklärung für das abstrakte Schuldversprechen zu übertragen.

2. § 305 c Abs. 1 BGB: überraschende Klausel

Für die Zulässigkeit der weiten Sicherungszweckerklärung in Allgemeinen Geschäftsbedingungen ist nach der Person des Sicherungsgebers zu differenzieren, also danach, ob dieser die Sicherheit für eigene oder fremde Verbindlichkeiten bestellt oder, ob eine persönliche und wirtschaftliche Verbundenheit mit dem Darlehensschuldner besteht.

a. Sicherung eigener Verbindlichkeiten

Ist der Sicherungsgeber zugleich der Kreditnehmer, bestehen nach der Rechtsprechung[288] und dem weit überwiegenden Teil der Literatur[289] gegen die weite Sicherungszweckerklärung keine Bedenken. Diese stelle insbesondere keine überraschende Klausel dar, denn der Schuldner haftet der Bank ohnehin mit seinem gesamten Vermögen auf die Erfüllung seiner bestehenden und künftigen Verbindlichkeiten. Dies soll unabhängig davon gelten, ob Anlass der Sicherheitenbestellung die Gewährung eines konkreten Darlehens oder die Absicherung der gesamten Geschäftsverbindung gewesen sei.[290] Zudem sei die Klausel im Kreditverkehr seit jeher allgemein üblich.[291] Die weite Sicherungszweckerklärung liege regelmäßig auch im Interesse des Schuldners und Sicherungsgebers, da ihm auf diese Weise die flexible Inanspruchnahme neuer Kredite, z.B. eines Überziehungskredites, ermöglicht werde, ohne jeweils zuvor die Sicherheitenfrage erörtern, neue Sicherheiten bestellen oder eine bereits bestehende Sicherungszweckerklärung erweitern zu müssen.[292]
Die Zulässigkeit der weiten Sicherungszweckerklärung in Fällen der Eigensicherung ist mittlerweile gefestigte Rechtsprechung. Dennoch wurde von Teilen der Literatur Widerspruch erhoben. Danach eröffne § 305 c Abs. 1 BGB auch dem mit dem Kreditschuldner identischen Sicherungsgeber den Einwand, er habe bei

---

288 BGH NJW 2000, 2675, 2676; BGH ZfIR 1997, 401 ff.
289 Staudinger/Wolfsteiner, Vorbem § 1191, Rn. 48; Joswig, ZfIR 1998, 185 ff.; Rehbein, FS Heinsius, S. 669; Gaberdiel, Rn. 682.
290 BGH NJW 2000, 2675, 2676.
291 BGHZ 101, 29, 33; BGHZ 106, 19, 25; Graf von Westphalen, ZIP 1984, 1, 6.
292 Gaberdiel, Rn. 682; Rehbein, FS Heinsius, S. 669.

der Sicherheitenbestellung ausschließlich die Absicherung eines konkreten Darlehens vornehmen wollen.[293]
Diese Ansicht kann letztlich nicht überzeugen. Eine Überrumpelungssituation ist nicht gegeben. Grundsätzlich gilt: Kein Kredit ohne Sicherheit. Dies ist vor dem Hintergrund der Vorleistungspflicht des Darlehensgebers auch ohne weiteres nachvollziehbar und kann insoweit auch den Darlehensnehmer nicht überraschen. Wenn der Schuldner bei Bestellung einer Sicherheit von der Annahme ausgeht, diese Sicherheit solle nur einem konkreten Darlehen dienen, so hat er es in der Hand, auch nur dieses Darlehen in Anspruch zu nehmen. Es erscheint praktisch nicht nachvollziehbar, von der Annahme auszugehen, dass Kreditinstitute ihren Kunden Kreditlinien ohne deren Wissen regelrecht aufdrängen und der Schuldner überraschenderweise eine nicht von ihm vorhersehbare Kreditlinie ausschöpfen musste. Soweit über ein konkret gewährtes Darlehen hinaus weitere Kredite in Anspruch genommen werden, muss der Schuldner also vom allgemeinen Grundsatz „Kein Kredit ohne Sicherheit" ausgehen, was ihn nicht überraschen dürfte. Wollte man es anders sehen, würde man den von der Rechtsprechung anerkannten Vorteil der weiten Sicherungszweckerklärung auch für den Schuldner in sein Gegenteil verkehren. Dann hätte vor jeder weiteren Darlehensaufnahme zumindest eine ausdrückliche Erweiterung der Sicherungszweckerklärung zu erfolgen. Ein solcher zusätzlicher Aufwand soll aber doch gerade durch die weite Sicherungszweckerklärung – auch im Schuldnerinteresse – vermieden werden.

b. Sicherung fremder Verbindlichkeiten

Differenzierter beurteilt die Rechtsprechung die Zulässigkeit von formularmäßigen weiten Sicherungszweckerklärungen im Fall der Personenverschiedenheit von Sicherungsgeber und Darlehensschuldner, also in den Drittsicherungsfällen. Die erste grundlegende Entscheidung hierzu erging mit Urteil des BGH vom 29. Januar 1982.[294] Der Kläger war in dem zugrunde liegenden Sachverhalt Eigentümer eines an seinen Bruder verpachteten Hofgrundstückes. Die beklagte Bank gewährte dem Pächter und seiner Ehefrau ein agrarwirtschaftlich zweckgebundenes Darlehen. Als Sicherheit für dieses Darlehen bestellte der Kläger an verschiedenen Parzellen seines Grundbesitzes zugunsten der Bank eine Grundschuld, der eine weite Sicherungszweckerklärung zugrunde lag und übernahm zusammen mit den Darlehensnehmern auch die persönliche Haftung durch abstraktes Schuldversprechen. Das zweckgebundene Darlehen wurde in der Folge vollständig zurückgezahlt. Die Darlehensnehmer hatten von der Beklagten jedoch weitere Kredite erhalten. Die Beklagte beabsichtigte, den Kläger wegen

[293] Volmer WM 1998, 914, 915; C. Marburger, S. 81 f. jedoch nur für die Grundschuld; Weber, ZfIR 1999, 2,3 ff.
[294] BGHZ 83, 56 ff.

dieser weiteren Verbindlichkeiten in Anspruch zu nehmen. Die formularmäßige weite Sicherungszweckerklärung wurde hier an § 242 BGB gemessen, da das AGBG auf den zu entscheidenden Sachverhalt noch nicht anwendbar war. Gemessen an dem Grundsatz von Treu und Glauben war die weite Sicherungszweckerklärung nicht Bestandteil des Vertrages geworden, weil der Sicherungsgeber billigerweise nicht damit zu rechnen brauchte, dass ohne besondere und mit ihm ausgehandelte Vereinbarung die Grundschuld als Sicherheit für alle zukünftigen Forderungen aus laufender Geschäftsverbindung zwischen dem Darlehensschuldner und dem Darlehensgläubiger dient. Eine solche Sicherheitenbestellung liege außerhalb des durch den Anlass des Geschäftes bestimmten Rahmens.[295]

Diese Entscheidung war Auftakt der sog. *Anlassrechtsprechung* des Bundesgerichthofes. Sie stellte klar, dass eine weite Sicherungszweckerklärung für den vom Darlehensnehmer verschiedenen Sicherungsgeber eine überraschende und daher unwirksame Klausel darstelle, wenn die Sicherheit anlässlich der Gewährung und zur Sicherung eines ganz bestimmten Darlehens bestellt wird.

Die nachfolgenden Entscheidungen des BGH konkretisierten diese Rechtsprechung. In der Entscheidung des BGH vom 20. Februar 1987 [296] erfolgte die Sicherung durch ein mit Kreditgeschäften vertrautes und mit dem Hauptschuldner verflochtenem Unternehmen, dabei wurden die Sicherheiten nicht anlässlich eines bestimmten Darlehens, sondern gerade in Aussichtnahme künftiger Darlehensgewährungen bestellt. Dann aber könne die formularmäßige Erstreckung des Sicherungszwecks auf alle künftigen Forderungen für den Sicherungsgeber nicht überraschend sein.

Dem entspricht auch die Entscheidung des BGH vom 6. Dezember 1984.[297] Hier verbürgte sich eine Ehefrau für den Kontokorrentkredit ihres Ehemannes. Der BGH sah hier sogar den Überziehungsbetrag von der Sicherungszweckerklärung umfasst. Denn die Gewährung der Sicherheit erfolgte aus Anlass einer Kontokorrentverbindlichkeit. Bei der ursprünglich gesicherten Forderung handelte es sich also um eine solche aus laufender Rechnung nach § 355 Abs. 1 HGB, die lediglich über den anfänglichen Betrag hinausgewachsen ist. Dabei wird die Erhöhung von Kontokorrentlinien von den Banken vielfach erwartet und kann auch geboten sein und sei demgemäß von allen Beteiligten von vornherein abzusehen gewesen. [298]

---

[295] BGHZ 83, 56, 59 f.
[296] BGHZ 100, 82, 84 f.
[297] BGH WM 1985, 155 ff.
[298] BGH WM 1985, 155, 157.

c. Drittsicherung bei persönlicher und wirtschaftlicher Verbundenheit

Die weite Sicherungszweckerklärung über den Anlass der Sicherheitenbestellung hinaus auf künftige Verbindlichkeiten hält der BGH jedoch auch dann nicht für überraschend im Sinne des § 305 c Abs. 1 BGB, wenn der Sicherungsgeber mit dem Darlehensschuldner persönlich und wirtschaftlich so eng verbunden ist, dass künftige Kreditaufnahmen des Schuldners für ihn berechenbar und vermeidbar sind.
In der bereits erwähnten Entscheidung des BGH vom 20. Februar 1987 [299] erfolgte die Sicherung durch ein mit dem Hauptschuldner verflochtenes Unternehmen, einer GmbH & CoKG. Die GmbH bestellte hier zugunsten der Klägerin an dem ihr gehörenden Wohneigentum eine Grundschuld, vertreten durch den Geschäftsführer der GmbH, der gleichzeitig Komplementär der KG war. Der BGH stellte hier zwar maßgeblich darauf ab, dass Anlass der Grundschuldbestellung von vornherein nicht nur die Sicherung einer bestimmten Forderung, sondern vielmehr aller künftigen Forderungen war. Er fügte in seiner Hilfsbegründung jedoch hinzu, dass der Geschäftsführer der GmbH, der die Zweckerklärung auch in dieser Eigenschaft abgegeben hat, zugleich persönlich haftender Gesellschafter der in den Sicherungskreis eingeschlossenen KG war. „*Bei dieser personellen Verflechtung aber war für die Beklagte als Sicherungsgeberin das in BGHZ 83, 56, 60 hervorgehobene Risiko fortlaufend von der Grundschuldhaftung erfaßter Kreditaufnahmen sowohl hinsichtlich der Kommanditgesellschaft als auch in Bezug auf den gemeinsamen Vertreter A.U.* (der Geschäftsführer, Anm. d. Verf.) *berechenbar und vermeidbar.*“[300]
Demgemäß entschied das OLG Köln in einer Entscheidung vom 2. August 1999,[301] dass die insoweit wirksame weite Sicherungszweckerklärung auch dann nicht hinfällig werde, wenn der Einfluss des Sicherungsgebers auf die Kreditaufnahme des Schuldners wegfalle, so durch Veräußerung von Geschäftsanteilen oder Abberufung als Geschäftsführer. Es sei dann Sache des Sicherungsgebers, eine Einschränkung seiner Haftung herbeizuführen, etwa durch Kündigung der Sicherungsabrede.[302]
Das Vorliegen eines Überraschungsmoments bejahte der BGH hingegen im Fall der Bürgenhaftung dann, wenn der Sicherungsgeber nur Minderheitsgesellschafter einer Schuldner GmbH ohne Geschäftsführungsbefugnis ist und auch nicht in anderer Weise sichergestellt ist, dass eine Erweiterung der Kreditverbindlichkeiten seiner Zustimmung bedarf.[303]

---

[299] BGHZ 100, 82 ff.
[300] BGHZ 100, 82, 86.
[301] OLG Köln ZIP 1999, 1840 ff.
[302] OLG Köln ZIP 1999, 1840, 1842.
[303] BGH NJW 1999, 3195 f.

Eine überraschende Klausel nimmt die Rechtsprechung auch dann an, wenn eine Gesellschaft für die Inanspruchnahme von Investitionskrediten Grundschulden bestellt und diese auch Privatverbindlichkeiten der einzelnen Gesellschafter absichern soll.[304] Zwar erstreckte sich in dem zu entscheidenden Fall die Sicherungszweckerklärung ausdrücklich auf alle gegenwärtigen und künftigen Verbindlichkeiten der Gesellschafter. Die private Kreditaufnahme durch einen Gesellschafter entziehe sich aber aus rechtlichen und tatsächlichen Gründen der Kontrolle durch die Gesamtheit der Gesellschafter. Die Haftung des Grundstückes für solche Privatverbindlichkeiten werde für die Gesellschafter als Sicherungsgeber zu einem unkalkulierbaren Risiko. Es handele sich daher um eine überraschende Klausel.
Als nicht ausreichend für den Ausschluss des Überraschungsmoments sieht der BGH auch allein die persönliche Verbundenheit mit dem Hauptschuldner an. So hat der BGH bereits in der Entscheidung vom 29. Januar 1982 angesichts der Tatsache, dass der Hauptschuldner Bruder des Sicherungsgebers war, nicht einmal erwogen, dass § 305 c Abs. 1 BGB ausgeschlossen sein könnte. Ausdrücklich bejahte er das Vorliegen eines Überraschungsmoments auch dann, wenn Sicherungsgeber der Ehegatte des Schuldners war: *„Die Ehe ist keine Solidargemeinschaft in dem Sinne, daß einem Ehegatten die Erwartung unterstellt werden könnte, mit seinem Vermögen über den Sicherungsanlaß hinaus notfalls für alle späteren Schulden des anderen Ehegatten einstehen zu müssen.“*[305]

Demgemäß lässt sich zusammenfassen, dass die weite Sicherungszweckerklärung in Fällen der Drittsicherung gegen das Verbot überraschender Klauseln verstößt, wenn die Sicherheitenbestellung anlässlich eines bestimmten Darlehens erfolgte, es sei denn, der Sicherungsgeber ist mit dem Darlehensnehmer persönlich und wirtschaftlich so verbunden, dass der Sicherungsgeber auf künftige Darlehensaufnahmen nicht nur einen tatsächlichen, sondern einen auf rechtlichen Möglichkeiten beruhenden Einfluss hat.

d. Ausräumung des Überraschungsmoments durch Aufklärung

Die Anforderungen, die an die Ausräumung des Überraschungsmomentes zu stellen wären, macht der BGH hingegen nicht deutlich. Diese scheinen nach dem, was der BGH als nicht ausreichend zur Ausräumung des Überraschungsmomentes bewertete, jedoch sehr hoch zu sein. Dies veranlasste *Wolfsteiner* dazu, bei der weiten Sicherungszweckerklärung in Drittsicherungsfällen von einer „Überraschungsfiktion“ auszugehen.[306] In der grundlegenden Entscheidung des BGH vom 29. Januar 1982 sollte das alleinige Verlesen des Vertragstextes nicht

304 BGHZ 102, 152, 156.
305 BGHZ 106, 19, 24.
306 Staudinger/Wolfsteiner, Vorbem § 1191, Rn. 44.

ausreichen, die überraschende Klausel voll zu erfassen.[307] Ob eine Belehrung dies bewirken könne, blieb dahingestellt. In der Folge konnte jedoch auch eine gesondert unterschriebene Erklärung[308] die Aufklärung über die weite Sicherungszweckerklärung nicht sicherstellen. Zumal letztere bei gerade einmal 11 Zeilen, jedoch ohne Fettdruck, dem BGH nicht geeignet erschien, in sinnerfassender Weise zur Kenntnis genommen zu werden.
Vor dem Hintergrund des Regelungszweckes des § 305 c Abs. 1 BGB kann diese Rechtsprechung des BGH nicht überzeugen. Wenn Regelungsgrund des § 305 c Abs. 1 BGB der Umstand ist, dass Allgemeine Geschäftsbedingungen meist nicht oder nur unzulänglich zur Kenntnis genommen werden und daher mittels der Einbeziehungskontrolle über § 305 c Abs. 1 BGB der Vertragspartner davor zu schützen ist, durch Einbeziehung bestimmter AGB-Klauseln überrascht zu werden,[309] muss ein Überraschungsmoment dann ausgeschlossen sein, wenn durch geeignete Maßnahmen sichergestellt ist, dass der Vertragspartner die Sicherungszweckerklärung in sinnerfassender Weise zur Kenntnis genommen hat. Bei einer gesondert unterschriebenen Erklärung als eigenständiges Sicherungszweckformular und dahingehender Belehrung muss davon auch angesichts der Bedeutung des Vertrages ausgegangen werden. Die von der Rechtsprechung statuierte „Überraschungsfiktion" in Drittsicherungsfällen ist daher mit dem Regelungszwecks des § 305 c Abs. 1 BGB nicht vereinbar.

3. Inhaltskontrolle

Ein Verstoß der weiten Sicherungszweckerklärung gegen das Verbot unangemessener Benachteiligung (§ 307 Abs. 1 und 2 BGB) wurde bislang nur in der Literatur erwogen.[310] Fraglich ist jedoch zunächst, ob für die weite Sicherungszweckerklärung eine uneingeschränkte Inhaltskontrolle überhaupt möglich ist, weil eine solche gemäß § 307 Abs. 3 BGB ausgeschlossen sein könnte. Dies wäre dann der Fall, wenn es sich bei der weiten Sicherungszweckerklärung um eine leistungsbeschreibende oder deklaratorische Klausel handeln würde.

a. Rechtsprechung

(1) Eine Inhaltskontrolle der weiten Sicherungszweckerklärung bei der Grundschuld führte der BGH bislang nicht durch. Ohne dies in aller Deutlichkeit aus-

---

[307] BGHZ 83, 56, 60.
[308] BGHZ 131, 55, 59.
[309] W/H/L, § 3 AGBG, Rn. 1 m.w.N.; BT-Drucks 7/3919, S. 19.
[310] Schmitz-Valckenberg, DNotZ 1996, 492, 496; Tiedke, ZIP 1997, 1949, 1950 ff.; Bülow, Recht der Kreditsicherheiten, Rn. 163; Weber, ZfIR 1999, 2 f.; Eickmann, ZIP 1989, 137, 139 nur bei Drittsicherung ohne Einflussnahmemöglichkeit.

zusprechen, geht der BGH hier von einem Ausschluss der Inhaltskontrolle gemäß § 307 Abs. 3 BGB aus.
Der BGH stellte zunächst allein auf das Fehlen rechtsnormativer Vorgaben ab. In seiner Entscheidung vom 20. Februar 1987 führte der V. Zivilsenat für den Fall der Drittsicherung aus: *„Die Vermutung des § 9 Abs. 2 Nr. 1 AGBG, wonach eines solche Benachteiligung im Zweifel dann anzunehmen ist, wenn eine Klausel von wesentlichen Grundgedanken der (dispositiven) gesetzlichen Regelung abweicht und mit dieser nicht zu vereinbaren ist, greift hier nicht ein. Denn Art und Umfang der schuldrechtlichen Zweckbindung einer Grundschuld sind nicht gesetzlich geregelt, sondern unterliegen – in den Grenzen der §§ 134, 138 BGB – freier Vereinbarung."*[311] Inwieweit daneben eine Vertragszweckgefährdung gemäß § 307 Abs. 2 Nr. 2 BGB vorliegen könnte oder die weite Sicherungszweckerklärung nach § 307 Abs. 1 BGB den Sicherungsgeber unangemessen benachteiligen könnte, lässt der BGH (zu Recht) ungeprüft.

Weiter erklärte der BGH, wenn auch nur am Rande, in seiner Entscheidung vom 10. November 1989: *„Demgemäß bezieht sich die Rechtsprechung des Senates zu dem Problemkreis immer auf formularvertragliche Sicherungszweckerklärungen zum Haftungsumfang von Sicherungsgrundschulden und damit auf die aus dem Sicherungsvertrag folgende Hauptleistungsbeschreibung."*[312]

(2) Eine andere Entwicklung nahm hingegen die Rechtsprechung zu weiten Sicherungszweckerklärung bei der Bürgschaft.

(a) BGH 9. Zivilsenat, Urteil vom 6.12.1984

In der Entscheidung des 9. Zivilsenats vom 6. Dezember 1984[313] stand die Zulässigkeit einer Globalbürgschaft des Ehemannes zur Sicherung eines Überziehungskredits seiner Ehefrau in Frage. Diese erfolgte ohne betragsmäßige Beschränkung zur Sicherung aller bestehenden und künftigen Ansprüche der Bank. Der BGH verneinte hier – wie auch bei der Grundschuld - die Möglichkeit einer Inhaltskontrolle, da eine Ergänzung der Klausel aus den dispositiven Regelungen der §§ 765 ff. BGB, wie sie § 6 Abs. 2 AGBG (§ 306 Abs. 2 BGB n.F.) vorschreibt, zu keinem abweichendem Ergebnis führen würde. Denn keine dieser Vorschriften, insbesondere nicht § 767 BGB, sehe die betragsmäßige Beschränkung einer Bürgschaft auf einen bestimmten Höchstbetrag vor, wenn die jederzeit kündbare Bürgschaft von vornherein für die künftig aus einer Geschäftsverbindung entstehenden Ansprüche übernommen worden sei. Der Klausel komme

[311] BGHZ 100, 82, 84; ebenso: BGHZ 114, 9, 15; für den Fall der Eigensicherung BGHZ 101, 29, 33.
[312] BGHZ 109, 197, 200.
[313] BGH NJW 1985, 848 f.

damit kein eigenständiger Regelungsgehalt zu und weiche nicht von Rechtsvorschriften ab bzw. ergänze solche. Daher sei die Inhaltskontrolle gemäß § 8 AGBG (§ 307 Abs. 3 BGB) ausgeschlossen.[314]

(b) BGH 9. Zivilsenat, Urteil vom 18.5.1995

In bewusster Abkehr von dieser Rechtsprechung entschied der 9. Zivilsenat mit Urteil vom 18. Mai 1995[315], dass, anders als bisher, dem § 767 Abs. 1 S. 3 BGB das Erfordernis der Begrenzung einer Bürgschaft zu entnehmen sei. Die weite Bürgschaftsverpflichtung beschreibe nicht nur eine Hauptleistungspflicht. Die Abrede, dass sich die Bürgschaft auch auf andere – bereits bestehende und künftig noch entstehende – Verbindlichkeiten des Hauptschuldners erstrecke, stelle eine formularmäßige Nebenabrede dar, für welche die Inhaltskontrolle zulässig sei. Dazu führt der BGH aus:
„Die weite Bürgschaftsverpflichtung beschreibt nicht lediglich eine Hauptleistungspflicht.(...) Dies träfe nur dann zu, wenn die Zweckerklärung unteilbar wäre. Angesichts der verschiedenen Forderungen für die danach gebürgt wird, kann davon nicht ausgegangen werden. Die Hauptleistung des Bürgen besteht in der Übernahme der Bürgschaft für die Forderung, deren Sicherung der Anlaß für die Eingehung der Bürgschaftsverpflichtung gebildet hat. Die Abrede, daß die Bürgschaft sich auch auf andere – bereits bestehende und künftig noch entstehende – Verbindlichkeiten des Hauptschuldners erstrecke, stellt eine formularmäßig getroffene Nebenabrede dar, welche die Hauptverpflichtung des Bürgen erweitert."[316]
Die Entscheidung steht in der Tradition des BGH die Abgrenzung kontrollfreier und kontrollunterworfener Klauseln im leistungsrelevanten Bereich nach Hauptleistungspflicht und Nebenabrede vorzunehmen.[317] Die Sicherungszweckerklärung sei danach in den Forderungskreis, der Anlass der Sicherheitenbestellung und den Forderungskreis, der über diesen Anlass hinaus gesichert werden soll, aufzuteilen, wobei dann ersterer die Hauptleistungspflicht des Vertrages und letzterer eine Nebenabrede darstellen soll.

(c) BGH 9. Zivilsenat, Urteil vom 28.10.1999

In dem zu entscheidenden Sachverhalt[318] war unstreitig objektiver Anlass der Bürgschaftsübernahme, das Limit des dem Hauptschuldner gewährten Kontokorrentkredits mittels einer Höchstbetragsbürgschaft zu erhöhen. Die Bürgin

314 BGH NJW 1985, 848 f.; ebenso BGH NJW 1986, 928, 929.
315 BGHZ 130, 19 ff.
316 BGHZ 130, 19, 32.
317 siehe oben § 3 II. 2.a.
318 BGH DNotZ 2000, 278 ff.

sollte hier nicht für eine nach Bürgschaftsübernahme entstandene Verbindlichkeit einstehen, sondern wegen einer damals schon bestehenden Kreditschuld. Folgerichtig war damit § 767 Abs. 1 S. 3 BGB nicht anwendbar. Dennoch nahm der BGH einen Verstoß gegen § 9 Abs. 1 AGBG (§ 307 Abs. 1 BGB) an: „*Aufgrund des vorliegenden Falles erweitert der Senat die Begründung seiner bisherigen Rechtsprechung dahin, dass die Klausel in einem Bürgschaftsformular, die die Haftung des Bürgen auf alle bestehenden Ansprüche des Gläubigers gegen den Hauptschuldner erstreckt, ohne die verbürgten Forderungen näher zu bezeichnen, grundsätzlich eine den Geboten von Treu und Glauben (§ 242 BGB) widersprechende, unangemessene Benachteiligung des Bürgen und deswegen gemäß § 9 Abs. 1 BGB unwirksam ist.*“ Der BGH begründet die unangemessene Benachteiligung sodann mit einem Verstoß gegen das Transparenzgebot.[319]

Für die weite Sicherungszweckerklärung bei der Grundschuld hingegen belässt es der BGH weiterhin bei dem diffusen Verweis auf das Fehlen rechtsnormativer Vorgaben und nimmt eine Inhaltskontrolle konsequent nicht vor.[320]

b. Literatur

Eine verbreitete Ansicht in der Literatur sieht dagegen in der weiten Sicherungszweckerklärung auch bei der Grundschuldbestellung einen Verstoß gegen § 307 BGB.[321] Die unangemessene Benachteiligung des Sicherungsgebers liege darin, dass er die Verbindlichkeiten des Schuldners, für die er sein Grundstück habe belasten wollen, tilge und dennoch mit dem Grundstück verhaftet bleibe.[322] Das in § 767 Abs. 1 S. 3 BGB formulierte Verbot der Fremddisposition sei nicht allein bürgenspezifisch, sondern Ausdruck eines allgemeinen Rechtsgedankens.[323] Zudem liege die unangemessene Benachteiligung nicht nur darin, dass keine Abweichung von einem gesetzlichen Leitbild nach § 307 Abs. 2 Nr. 1 BGB vorliege, sondern auch eine Gefährdung des Vertragszweckes gemäß § 307 Abs. 2 Nr. 2 BGB gegeben sei, da durch die weite Sicherungszweckerklärung wesentliche Rechte des Bankkunden auf Rückgewähr der Grundschuld weitgehend ausgeschlossen werden.[324]

---

319 BGH DNotZ 2000, 278, 280.

320 BGHZ 100, 82, 84; 101, 29, 33; 114, 9, 14 f.; BGH ZfIR 1997, 543, 544.

321 Schmitz-Valckenberg, DNotZ 1996, 492, 496; Tiedke, ZIP 1997, 1949, 1950 ff.; Bülow, Recht der Kreditsicherheiten, Rn. 163; Weber, ZfIR 1999, 2 f.; Eickmann, ZIP 1989, 137, 139 nur bei Drittsicherung ohne Einflussnahmemöglichkeit.

322 Bülow, Recht der Kreditsicherheiten, Rn. 163; Tiedke, ZIP 1997, 1949, 1951.

323 Bülow, Recht der Kreditsicherheiten, Rn. 163; a.A. Tiedke, ZIP 1997, 1949, 1951 ohne Umweg über § 767 Abs. 1 S. 3 BGB.

324 Schmitz-Valckenberg, DNotZ 1996, 492, 497.

Auf einen möglichen Ausschluss einer uneingeschränkten Inhaltskontrolle geht die Literatur überwiegend jedoch nicht ein.[325] Soweit dies in der kritischen Literatur zumindest ansatzweise nachvollzogen wird, erfolgt der Hinweis, dass die Regelungen zur Grundschuld ohnehin defizitär erfolgten und sich das Fehlen eines gesetzlichen Leitbildes und damit rechtsnormativen Vorgaben mit dem Verwies auf das Hypothekenrecht erklären lasse, wo die Problematik wenig virulent wird, da dort die gesicherte Forderung im Grundbuch einzutragen und somit zu bezeichnen ist[326] oder – anders gewendet – wenn schon die Grundschuldregelungen kein Leitbild bieten, so sei der Begriff des gesetzlichen Leitbildes nicht zu eng aufzufassen und ein solches im Bereich der Grundpfandrechte allgemein, namentlich der Hypothek zu suchen.[327]

c. Stellungnahme

Eine Inhaltskontrolle anhand des § 307 Abs. 1 und Abs. 2 BGB würde sich dann verbieten, wenn eine solche gemäß § 307 Abs. 3 BGB ausgeschlossen wäre, weil es sich bei der weiten Sicherungszweckerklärung um eine deklaratorische oder leistungsbeschreibende Klausel handelt.
Der BGH führt in seinen Entscheidungen zur weiten Sicherungszweckerklärung bei Grundschulden eine Inhaltskontrolle bewusst nicht durch,[328] vermeidet jedoch eine tiefergehende Auseinandersetzung mit § 307 Abs. 3 BGB. Zumindest stellt der BGH klar, dass es sich bei der weiten Sicherungszweckerklärung um eine aus dem Sicherungsvertrag folgende Hauptleistungsbeschreibung handelt.

Die Entscheidungen des BGH zum Ausschluss der Inhaltskontrolle bei Bürgschaftsverpflichtungen [329] waren in dieser Hinsicht bis zur Entscheidung des 9. Zivilsenates vom 28. Oktober 1999 [330] eindeutig: Die Bürgschaftsverpflichtung aus aktuellem Sicherungsbedarf stellt die Hauptleistungsverpflichtung, die darüber hinausgehende Erweiterung derselben auf bei Sicherheitenbestellung noch nicht absehbare künftige Forderungen, ist jedoch eine Nebenabrede, die als solche der uneingeschränkten Inhaltskontrolle unterworfen ist.
Insoweit steht jedoch auch die Entscheidung des BGH vom 28. Oktober 1999,[331] in der dieser trotz fehlender Erweiterung der Bürgschaftsverpflichtung über den

325 Eickmann, ZIP 1989, 137, 138 f.; Schmiz-Valckenberg, DNotZ 1996492, 494 ff.; C. Marburger, S. 94; Eine Auseinandersetzung mit dem Problem erfolgt bei: Rikken, Die Globalhaftung des Kreditbürgen, S. 69 ff.; Staudinger/Horn, § 765 Rn. 50 f. jeweils für die Bürgschaft; Staudinger/Wolfsteiner, Vor § 1191, Rn. 30 für die Grundschuld.
326 Bülow, Recht der Kreditsicherheiten, Rn. 163.
327 Schmitz-Valckenberg, DNotZ 1996, 492, 496 f.
328 BGHZ 100, 82, 84; 101, 29, 33; 114, 9, 14 f.; BGH ZfIR 1997, 543, 544.
329 BGH NJW 1985, 848 f.; BGH NJW 1986, 928, 929.
330 BGH DNotZ 2000, 278 ff.
331 BGH DNotZ 2000, 278 ff.

aktuellen Sicherungsbedarf hinaus einen Verstoß gegen § 9 Abs. 1 AGBG bejaht, nicht im Widerspruch zur bisherigen Rechtsprechung. Der BGH unterschied hier auch nicht zwischen einer Hauptleistungsbeschreibung und einer Nebenabrede, sondern sah die Bürgschaftsverpflichtung insgesamt als unangemessene Benachteiligung wegen Verstoßes gegen das Transparenzgebot an. Die Bürgschaftsverpflichtung hat sich jedoch auch als Beschreibung der Hauptleistungspflicht am Transparenzgebot zu messen. Zum Zeitpunkt der Entscheidung entsprach dies der herrschenden Meinung und ist mittlerweile in § 307 Abs. 3 S. 2 BGB ausdrücklich festgestellt.[332] Daher kam es hier überhaupt nicht auf die Eigenschaft der Bürgschaftsverpflichtung als Hauptleistungsbeschreibung oder das Fehlen rechtsnormativer Vorgaben an. Bedauerlich ist insoweit nur, dass der BGH, wie so oft, eine konkrete Aussage dahingehend vermeidet, dass die uneingeschränkte Inhaltskontrolle gemäß § 307 Abs. 3 S. 1 BGB ausgeschlossen ist, aber dennoch eine Transparenzkontrolle gemäß §§ 307 Abs. 3 S. 2 i.V.m. § 307 Abs. 1 BGB erfolgen kann. Es kann nur vermutet werden, dass der BGH damit seine prinzipielle Kontrollfreudigkeit gegenüber Allgemeinen Geschäftsbedingungen nicht untergraben will.

Der Rechtsprechung des BGH ist im Ergebnis jedenfalls zuzustimmen. Die Bürgschaftsverpflichtung wie auch die Grundschuldbestellung sind Hauptleistungen des Sicherungsvertrages. Die Sicherungszweckerklärung beschreibt demgemäß den Umfang dieser Hauptleistung und ist als solches von der uneingeschränkten Inhaltskontrolle freigestellt.
Leistungspflichten sind von der Inhaltskontrolle ausgenommen, weil sich für diese keine Maßstäbe im Gesetz finden lassen und ihre Vereinbarung originärster Ausdruck der Privatautonomie ist. Im Gegensatz zur Grundschuld hat sich der Gesetzgeber bei der Bürgschaft für ein Verbot der Fremddisposition entschieden. Gemäß § 767 Abs. 1 S. 3 BGB darf die Verpflichtung des Bürgen durch ein Rechtsgeschäft, das der Hauptschuldner nach Übernahme der Bürgschaft vornimmt, nicht erweitert werden. Hier existiert also ein rechtlicher Vergleichsmaßstab, dessen sich der Richter bedienen kann. Dies entspricht den Fällen in denen Leistung oder Entgelt bereits durch das Gesetz selbst einer Wertung unterzogen worden und dementsprechend festgelegt sind (beispielsweise die Gebührenordnung der freien Berufe, wie HOAI, GOÄ, RVG, StBGebV).

Eine solche gesetzgeberische Wertung enthält das Recht der Grundschuld nicht, da diese das Bestehen einer Forderung, ob gegenwärtig oder zukünftig, überhaupt nicht voraussetzt.
Soweit also der BGH die Leistungsrelevanz des Sicherungsumfanges der Grundschuld bejaht, diese jedoch auch für den anlassfremden Teil der Sicherung

332 siehe oben § 3 VI.

angenommen hat, erklärt sich das *„Übergehen von § 9 AGBG"*.[333] Ein solches beruht nicht etwa auf Ignoranz gegenüber dem schutzwürdigen Schuldner, sondern auf den verfassungsmäßigen Grenzen, die der Rechtsprechung durch den Grundsatz der Privatautonomie, die u.a. in § 307 Abs. 3 BGB ihren Ausdruck finden, auferlegt werden. Eine Trennung der Sicherungszweckerklärung bei der Grundschuld nach Maßgabe der §§ 756 Abs. 2, 767 Abs. 1 Nr. 3 BGB ist bei der Grundschuld nicht möglich. Da die Grundschuld überhaupt keine Forderung voraussetzt, existiert über den anlassfernen Bereich der Sicherung hinaus auch keine gesetzgeberische Wertung, die dem Richter eine Inhaltskontrolle ermöglichen würde.

Soweit vor diesem Hintergrund in der Literatur angesichts der defizitären Regelungen zur Grundschuld ein Rückgriff auf das Recht der Hypothek als Wertungsmaßstab erwogen wird,[334] sind dem jedoch zwei Erwägungen entgegenzuhalten: Zum einen erfolgte die Regelung zur Grundschuld in der Tat äußerst knapp und beruht in wesentlichen Teilen auf Verweisen in das Hypothekenrecht. Von den lediglich acht Paragrafen zur Grundschuld besagt aber immerhin § 1192 Abs. 2 BGB in einer auch der extensiven Gesetzesauslegung nicht zugänglichen Weise, dass die Vorschriften zur Hypothek nur insoweit entsprechend heranzuziehen sind, als sie eine Forderung nicht voraussetzen. Da die Forderungsunabhängigkeit somit erklärter Wille des Gesetzgebers ist, lassen sich für die Begrenzung des durch die Grundschuld gesicherten Forderungskreises aus der forderungsabhängigen Hypothek keine gesetzlichen Leitbilder für die Grundschuld ableiten. Selbst wenn man es dennoch täte, müssten zum anderen im Hinblick auf die Sicherung künftiger Forderung auch die Vorschriften zur Höchstbetragshypothek herangezogen werden.[335] Auch die Höchstbetragshypothek ermöglicht die Sicherung künftiger, noch unbestimmter Forderungen. Auch sie kann von einem vom Darlehensschuldner verschiedenen Eigentümer bestellt werden. Ein gesetzliches Leitbild, welches der weiten Sicherungszweckerklärung bei der Grundschuld entgegenstünde, ließe sich daher auch aus dem Recht der Hypothek nicht ableiten.

Die weite Sicherungszweckerklärung beschreibt den Umfang der vertraglich festgelegten Leistung. Insbesondere fehlen für die weite Sicherungszweckerklärung bei der Grundschuld normative Vorgaben, anhand derer eine Inhaltskontrolle uneingeschränkt möglich wäre. Eine solche ist daher gemäß § 307 Abs. 3 BGB ausgeschlossen. Dies folgt aus dem Umstand, dass die

---

333 Joswig, ZfIR 2000, 593, 595 f.

334 Schmitz-Valckenberg, DNotZ 1996, 492, 496 f.; Bülow, Recht der Kreditsicherheiten, Rn. 163.

335 so Volmer, WM 1998, 914, 918, der jedoch auf diese Weise zur Angemessenheit der weiten Sicherungszweckerklärung gelangt.

Grundschuld beispielsweise im Gegensatz zur Bürgschaft aufgrund ihrer Nichtakzessorietät das Bestehen einer Forderung nicht voraussetzt.
Gleiches gilt für die weite Sicherungszweckerklärung im Hinblick auf das abstrakte Schuldversprechen. Auch diese umschreibt den Umfang der vertraglich festgelegten Leistung. Rechtsnormative Vorgaben, anhand derer eine Inhaltskontrolle dieser Leistungsbeschreibung möglich wäre, existieren beim abstrakten Schuldversprechen nicht, da auch dieses als nichtakzessorische, abstrakte Sicherheit das Bestehen einer Forderung nicht voraussetzt. Die weite Sicherungszweckerklärung im Hinblick auf das abstrakte Schuldversprechen ist demgemäß allein im Hinblick auf das Transparenzgebot einer Inhaltskontrolle zugänglich, § 307 Abs. 3 S. 2 BGB. Im Übrigen ist eine solche ausgeschlossen, § 307 Abs. 3 S. 1 BGB.

§ 6 DIE VOLLSTRECKUNGSUNTERWERFUNG IN ALLGEMEINEN GESCHÄFTSBEDINGUNGEN

Die Befriedigung aus einem Sicherungsrecht hat der Gläubiger auf dem Wege des Zwangsvollstreckungsrechts zu suchen. Die Voraussetzung einer jeden Zwangvollstreckung ist gemäß §§ 704, 794 ZPO das Vorliegen eines Vollstreckungstitels. Die vollstreckbare notarielle Urkunde, welche die Unterwerfungserklärung des Schuldners enthält, ermöglicht dem Gläubiger die Zwangvollstreckung, ohne dass der zu vollstreckende Anspruch zuvor durch ein gerichtliches Urteil oder in einem sonstigen Verfahren festgestellt wird.
In der Praxis der Kreditsicherung durch Grundpfandrechte erfolgt die Vollstreckungsunterwerfung im Hinblick auf die dingliche Haftung des Grundstückeigentümers regelmäßig, da die Verwertung sowohl der Hypothek als auch der Grundschuld von der Klage auf Duldung der Zwangsvollstreckung (§ 1147 BGB) abhängig ist. Diese ist erfahrungsgemäß sehr zeitintensiv. Der Gläubiger des Darlehensrückzahlungsanspruches hat daher ein Interesse an einer schnellen und sicheren Verwertung seiner Sicherheiten auch gegen den Willen des Schuldners. Die Werthaltigkeit eines Kreditsicherungsmittels hängt schließlich auch entscheidend vom Aufwand und Risiko seiner Durchsetzbarkeit *(legal risk)* ab. Zinsen sind zu einem gewissen Anteil immer auch Prämienzahlungen für dieses *legal risk.* Die Durchsetzbarkeit des Darlehensrückzahlungsanspruches hat damit mittelbar Einfluss auch auf die Kreditkosten.[336]
Die Vollstreckungsunterwerfung hat aber auch Vorteile für den Schuldner. Soweit der Schuldner berechtigterweise in Anspruch genommen wurde, erspart er sich hierdurch Kosten, die durch ein vorangegangenes Mahn- bzw. Gerichtsverfahren entstanden und sodann von ihm zu tragen gewesen wären.[337]

Erfährt die Darlehensschuld neben der Grundschuld eine zusätzliche Sicherung durch ein abstraktes Schuldversprechen oder wird für dieses eine Hypothek bestellt, erfolgt auch diesbezüglich in aller Regel eine persönliche Vollstreckungsunterwerfung durch den Sicherungsgeber. Eine solche Unterwerfung ist im Hinblick auf die kausale Darlehensforderung selbst bei einer anfänglich noch nicht feststehenden Darlehenshöhe sowie bei wechselndem Kredit nicht möglich, da die Unterwerfung unter die sofortige Zwangsvollstreckung die Angabe eines be-

---

336 Freitag/Riemenschneider, WM 2004, 2470, 2471.

337 Sauer, Bestimmtheit und Bestimmbarkeit im Hinblick auf die vollstreckbare notarielle Urkunde, S. 1; Der BGH (NJW 2005, 415, 417) machte sich diese Argumentation jüngst zu eigen, als er über die rechtliche Nachteilhaftigkeit im Sinne des § 107 BGB zu befinden hatte: Der Erwerb eines mit einer Grundschuld mit Zwangsvollstreckungsunterwerfung des jeweiligen Eigentümers nach § 800 ZPO belasteten Grundstückes ist für einen Minderjährigen rechtlich nicht nachteilhaft, weil diesem im Falle der Zwangsvollstreckung insoweit keine weiteren Kosten der Vollstreckung auferlegt würden.

stimmten Anspruches erfordert. Daher erfolgt hier die Abgabe des abstrakten Schuldversprechens in Höhe der in Voraussicht genommen Darlehensverbindlichkeit.[338] Die Vorteile des Gläubigers liegen auch hier in der raschen Durchsetzbarkeit des persönlichen Anspruches. Außerdem ist der Gläubiger in der Verwertung der dinglichen Sicherung, auf das formalisierte Zwangsversteigerungsverfahren verwiesen. Aufgrund der damit verbundenen Zeitdauer ist ein rascher Zugriff auf das dingliche Vermögen nicht möglich. Ein Vollstreckungszugriff wegen vergleichsweise geringer Zahlungsrückstände wäre damit vollkommen unverhältnismäßig. Spiegelbildlich hierzu ergibt sich der Vorteil des Sicherungsgebers, der bei Zahlungsrückständen nicht gleich die Vollstreckung in das vielleicht sogar selbst genutzte Grundstück zu befürchten hat. Die Unterwerfung im Hinblick auf das abstrakte Schuldversprechen stellt daher oft die kosten- und eingriffsärmere Vollstreckungsvariante dar.[339]
In Entsprechung zu den Ausführungen zum abstrakten Schuldversprechen in Allgemeinen Geschäftsbedingungen erfolgt auch die Unterwerfungserklärung in der Kreditsicherung in der Regel formularmäßig. Die Zulässigkeit der Vollstreckungsunterwerfung bemisst sich daher auch nach den §§ 305 ff. BGB.

I. Vollstreckungsunterwerfung als Vertragsbedingung ?

Wenngleich von der Rechtsprechung ohne weiteres vorausgesetzt,[340] ist die Charakterisierung der Vollstreckungsunterwerfung als Allgemeine Geschäftsbedingung nicht unproblematisch.
Die Unterwerfungserklärung ist keine privatrechtliche, sondern eine ausschließlich auf das Zustandekommen eines Vollstreckungstitels gerichtete einseitige prozessuale Willenserklärung, die allein prozessrechtlichen Grundsätzen untersteht.[341]
§ 305 Abs. 1 BGB unterwirft Vertragsbedingungen der AGB-Kontrolle. Diese zeichnen sich dadurch aus, dass sie durch Willenseinigung mit dem Vertragspartner zustande gekommen sind. Da die Unterwerfungserklärung, eine einseitige Erklärung ist und zu ihrer Wirksamkeit insbesondere nicht der Annahme des Gläubigers bedarf, scheint sie damit auf den ersten Blick nicht von § 305 Abs. 1 BGB erfasst zu sein. Eine nicht unbeachtliche Literaturmeinung

[338] Alternativ wird in diesem Zusammenhang die Entbehrlichkeit des abstrakten Schuldversprechens in Verbindung mit der Grundschuld diskutiert, wenn dem prozessualen Anspruchsbegriff folgend, eine Unterwerfung wegen aller Ansprüche aus der Geschäftsverbindung als bestimmt genug angesehen wird, vgl. hierzu unter § 7 I. 1.b.
[339] Kümpel, WM 1978, 746, 747; Freitag/Riemenschneider, WM 2004, 2470, 2471.
[340] BGH NJW 2004, 839, 840; BGH ZfIR 2004, 61, 63; BGH BKR 2003, 103, 105; BGHZ 114, 9, 12; BGHZ 99, 274, 282.
[341] BGHZ 108, 376 f.; Stein/Jonas-Münzberg, § 794, Rn. 125.

sieht daher in der Vollstreckungsunterwerfung selbst keine Allgemeine Geschäftsbedingung.[342] Allein die eventuell im Darlehensvertrag abgegebene Verpflichtung des Schuldners zur Vollstreckungsunterwerfung könne nach dieser Maßgabe eine Allgemeine Geschäftsbedingung darstellen.[343] Die herrschende Meinung bejaht hingegen eine analoge Anwendung des § 305 Abs. 1 BGB, aufgrund des Schutzbedürfnisses des Schuldners und der einseitigen Gestaltungsmacht des AGB-Verwenders.[344]

Der Begriff der Vertragsbedingungen ist nach dem Schutzzweck der §§ 305 ff. BGB jedoch bereits angesichts der durch die AGB-Verwendung bedingte typische Gefährdung des Vertragsgleichgewichtes weit auszulegen.[345] Der Begriff der Vertragsbedingung bestimmt sich daher zunächst nur nach den äußeren Merkmalen ohne Rücksicht auf den Inhalt der Regelung.[346] Der Inhalt der Vertragsbedingung ist schließlich erst dann von Bedeutung, wenn es um die Frage geht, ob eine ein uneingeschränkte Inhaltskontrolle möglich ist, § 307 Abs. 3 BGB.[347] Ist der Begriff der Vertragsbedingung also weit auszulegen, stellt auch die Vollstreckungsunterwerfung als einseitige Erklärung eine Allgemeine Geschäftsbedingung i.S.d. § 305 Abs. 1 BGB dar. Einer analogen Anwendung des § 305 Abs. 1 BGB bedarf es dann nicht: Lässt man die rechtsgeschäftliche Implikation des Begriffes „Vertragsbedingung" einmal außer Betracht, so ist die Unterwerfungserklärung ohne weiteres als Bedingung des Vertrages für den Gläubiger zu qualifizieren, ohne die dieser den Vertrag im Ganzen nicht geschlossen hätte, unabhängig davon, ob für die Wirksamkeit der Unterwerfung allein seine Annahme nicht erforderlich war. Somit ist die Vollstreckungsunterwerfung auch nach dem äußeren Erscheinungsbild des Vertrages als „Begleitgeschäft"[348] zu qualifizieren und stellt eine notwendige, wenn auch nicht rechtsgeschäftliche, auf einer Einigung beruhende Bedingung des Vertrages dar, auf die die §§ 305 ff. BGB Anwendung finden.

Der Anwendbarkeit der §§ 305 ff. BGB steht auch nicht der Charakter der Unterwerfungserklärung als Prozesshandlung entgegen,[349] da die §§ 305 ff. BGB als Ausdruck des in den §§ 138 Abs. 1 und 242 BGB verankerten Prinzips von Treu und Glauben auch im Prozessrecht Geltung beanspruchen.[350]

---

[342] Dietlein, JZ 1977, 637 f.; Wolfsteiner, Die vollstreckbare Urkunde, Rn. 6.9.; ders., DNotZ 1990, 531, 547.

[343] Dietlein, JZ 1977, 673, 638; Wolfsteiner, DNotZ 1990, 531, 548.

[344] W/H/L, § 1 AGBG, Rn. 10; U/B/H, § 1 AGBG, Rn. 16.

[345] U/B/H, § 1 AGBG, Rn. 6.

[346] W/H/L, § 8 AGBG, Rn. 1.

[347] W/H/L, § 8 AGBG, Rn. 1.

[348] Münch, NJW 1991, 795, 798.

[349] so aber Wolfsteiner, NJW 1982, 2851, 2853.

[350] Münch, NJW 1991, 795, 798; Lindemeier, Die Unterwerfungserklärung in der vollstreckbaren notariellen Urkunde, S. 252; v. Rintelen, RNotZ, 2001, 22.

II. § 305 c Abs. 1 BGB – überraschende Klausel

Aufgrund der Beurkundungspflicht der Unterwerfungserklärung durch den Notar gemäß, § 794 Abs. 1 Nr. 5 ZPO, und der damit verbundenen notwendigen Belehrung, § 17 BeurkG, dürfte die Unterwerfungserklärung regelmäßig nicht überraschend im Sinne des § 305 c Abs. 1 BGB sein.[351] Entscheidend ist, dass der Sicherungsgeber die Vollstreckungsunterwerfung in sinnerfassender Weise zur Kenntnis nimmt. Dies dürfte allein durch das Verlesen durch den Notar zwar nicht der Fall sein.[352] Die mit der Beurkundung verbundene Belehrung, in der der Notar Inhalt und Konsequenzen dieser Klausel darzulegen hat, ist jedoch regelmäßig geeignet, das Überraschungsmoment beim Sicherungsgeber auszuräumen.[353]

III. Inhaltskontrolle

1. Beweislastumkehr, § 309 Nr. 12 BGB

In Allgemeinen Geschäftsbedingungen ist eine Bestimmung unwirksam, durch die der Verwender die Beweislast zum Nachteil des anderen Vertragspartners ändert, § 309 Nr. 12 BGB.
Nach heute herrschender Meinung[354] ändert die Vollstreckungsunterwerfung als einseitige Prozesshandlung die Beweislast jedoch nicht. Beweislastregeln haben ihren Ursprung im materiellen Recht. Die Vollstreckungsunterwerfung hat jedoch keinen Einfluss auf den materiell-rechtlichen Anspruch. Sie verändert allein die prozessuale Lage. Die Beweislastverteilung ist damit von der Parteirolle im Prozess unabhängig.[355]

Dass dies nicht immer Allgemeingut war, zeigte ein großer Teil der Rechtsprechung bis in das Jahr 2001.[356] Dabei wurde, ausgehend von einem Urteil des damaligen 3. Zivilsenates,[357] die Auffassung vertreten, dass der Schuldner im Rah-

---

351 Münch, NJW 1991, 795, 798.
352 W/H/L, § 3 AGBG, Rn. 79.
353 BGHZ 99, 274, 283; OLG München NJW-RR 1992, 125 f.; LG Waldshut-Tiengen NJW 1990, 192 f.
354 BGHZ 147, 203, 208 ff.; Lindemeier, Die Unterwerfungserklärung in der vollstreckbaren notariellen Urkunde, S. 256 f.; Schultheis, Rechtsbehelfe bei vollstreckbaren Urkunden, S. 86 f.; Münch, NJW 1991, 795, 801 ff.
355 BGHZ 147, 203, 208 ff.
356 BGH NJW 1981, 2756 f.; OLG Koblenz BauR 1988, 748 f.; LG Waldhut-Tiengen NJW 1990, 192, 193; LG Köln DNotZ 1990, 577, 579.
357 BGH NJW 1981, 2756.

men einer gegen eine vollstreckbare Urkunde gerichteten Vollstreckungsgegenklage auch die Beweislast für das Nichtvorliegen anspruchsbegründender Umstände trage. Die Beweislastumkehr liege im Wesen der Vollstreckungsgegenklage, die wegen des Erfordernisses der Rechtssicherheit einen Angriff gegen einen bestehenden Vollstreckungstitel nur in beschränktem Maße zulasse.[358] Der 3. Zivilsenat differenzierte insbesondere nicht danach, ob sich die Vollstreckungsgegenklage gegen ein Urteil oder eine notarielle Urkunde richtet. Auch die Verzichtsklausel in der Unterwerfungserklärung, mit der der Unterwerfungsschuldner regelmäßig auch auf den Nachweis der Entstehung und Fälligkeit des materiellen Anspruchs im Klauselerteilungsverfahren, § 726 ZPO, verzichtete, bekräftige lediglich, dass die Parteien rechtsgeschäftlich eine von dieser gesetzlichen Regelung abweichende Beweislastverteilung *nicht* haben treffen wollen.[359] Unter Berufung auf die ständige Rechtsprechung des BGH wurde gefolgert, dass die formularmäßige Vollstreckungsunterwerfung wegen der damit verbundenen Beweislastumkehr gegen § 309 Nr. 12 BGB n.F. (§ 11 Nr. 15 AGBG a.F.) verstoße und daher unwirksam sei.[360]

Die Rechtsprechung des BGH und die sich darin anschließenden Instanzurteile stießen in der Literatur[361] und der obergerichtlichen Rechtsprechung[362] auf massive Kritik. Über die Beweislast entscheide nicht die prozessuale Situation, sondern allein das materielle Recht. Eine Gleichsetzung der Vollstreckungsgegenklage gegen Urteile mit einer solchen gegen notarielle Urkunden komme nicht in Betracht, da nur mit letzteren das Bestehen eines Anspruches rechtskräftig festgestellt sei.[363] Es ergäben sich zudem Entscheidungswidersprüche zur negativen Feststellungsklage, bei der schließlich auch der Gläubiger die anspruchsbegründenden Umstände zu beweisen habe.[364] Selbst wenn die Vollstreckungsgegenklage eine Beweislastumkehr bewirken sollte, liege ein Verstoß gegen § 309 Nr. 12 BGB n.F. (§ 11 Nr. 15 AGBG a.F.) dennoch nicht vor, da die Beweislastumkehr nicht auf rechtsgeschäftlicher Vereinbarung, sondern auf der Anwendung eines gesetzlich anerkannten Rechtsinstitutes beruhe.[365]

Mit Urteil vom 3. April 2001 gab der BGH seine Rechtsprechung zur Beweislastverteilung bei der Vollstreckungsgegenklage ausdrücklich auf und schloss sich

---

358 BGH NJW 1981, 2756.

359 BGH NJW 1981, 2756, 2757.

360 LG Waldshut-Tiengen NJW 1990, 192, 193.

361 Wolfsteiner, NJW 1982, 2851 ff.; ders., DNotZ 1990, 531, 544 ff.; Münch, NJW 1991, 795, 796 f.

362 OLG Nürnberg DNotZ 1990, 564, 565 f.; OLG Celle NJW-RR 1991, 667 f.; OLG Düsseldorf NJW-RR 1997, 444 f.

363 Wolfsteiner, NJW 1982, 2851, 2852.

364 Schultheis, Rechtsbehelfe bei vollstreckbaren Urkunden, S. 84; Wolfsteiner, NJW 1982, 2851; Lindemeier, Die Unterwerfungserklärung in der vollstreckbaren notariellen Urkunde, S. 257.

365 OLG Celle NJW-RR1991, 667; Wolfsteiner, DNotZ 1990, 531, 546.

der insoweit herrschenden Meinung der Literatur und der Obergerichte an.[366] Es herrscht mittlerweile also auch in der Rechtsprechung Einigkeit dahingehend, dass der Gläubiger im Rahmen der Vollstreckungsgegenklage gegen notarielle Urkunden entsprechend den allgemeinen Beweislastregeln das Vorliegen der anspruchsbegründenden Umstände zu beweisen hat. Ein Verstoß gegen § 309 Nr. 12 BGB kommt nach alledem für die Unterwerfungserklärung nicht in Betracht.

2. Unangemessene Benachteiligung - § 307 Abs. 1 und 2 BGB

Als Generalklausel der Inhaltskontrolle verlangt § 307 Abs. 1 BGB eine mit Treu und Glauben nicht zu vereinbarende unangemessene Benachteiligung, wofür gemäß § 307 Abs. 2 Nr. 1 und 2 BGB eine Vermutung besteht, wenn die Allgemeinen Geschäftsbedingungen von wesentlichen Grundgedanken der gesetzlichen Regelung abweichen (Nr. 1) oder wenn eine Interessenabwägung ergibt, dass wesentliche Rechte und Pflichten, die sich aus der Natur des Vertrages ergeben, so eingeschränkt werden, dass die Erreichung des Vertragszweckes gefährdet ist (Nr. 2).

Nach *Stürner*[367] soll zumindest die persönliche Vollstreckungsunterwerfung für das abstrakte Schuldversprechen eine unangemessene Benachteiligung des Schuldners darstellen, da die Risiken und Lasten eines Rechtsstreites und der zwangsweisen Rechtsdurchsetzung entgegen dem gesetzlichen Regelfall – Erkenntnisverfahren vor Vollstreckung[368] – in beträchtlichem Maße auf den Vollstreckungsschuldner abgewälzt werden, also eine Abweichung von wesentlichen Grundgedanken der gesetzlichen Regelung vorliegt. Im Falle der Vollstreckungsunterwerfung trage der Schuldner die Prozessinitiative (§§ 797 Abs. 4, 767 ZPO), müsse die Kosten vorschießen und zur Abwehr der Zwangsvollstreckung unter Umständen Sicherheit leisten (§ 769 Abs. 1 ZPO). Zudem finde wegen Schäden aus nicht gerechtfertigter Zwangsvollstreckung § 717 Abs. 2 ZPO keine Anwendung.

Die herrschende Meinung[369] verneint demgegenüber eine unangemessene Benachteiligung des Vertragspartners durch die formularmäßige persönliche Vollstreckungsunterwerfung. Hierzu wird angeführt, dass es ein gesetzliches Leitbild

[366] BGHZ 147, 203, 208 ff.

[367] Stürner, JZ 1977, 431, 432 u. 639.

[368] Für ein gesetzliches Leitbild Erkenntnisverfahren vor Vollstreckungsverfahren auch U/B/H, Anh. §§ 9-11 AGBG, Rn. 285a; C. Marburger, S. 107 ff., eine unangemessene Benachteiligung müsse jedoch im Einzelfall festgestellt werden.

[369] BGHZ 99, 274, 283; OLG München NJW-RR 1992, 125 f.; Dietlein, JZ 1977, 637, 638; v. Westphalen, ZIP 1984, 1, 7; Michalski, ZIP 1995, 260, 271; Hahn, ZIP 1996, 1233, 1236; Eickmann, ZIP 1989, 137,141; Rainer, WM 1988, 1657, 1660 f.; Rastätter, DNotZ 1987, 459, 462; Freitag/Riemenschneider, WM 2004, 2470, 2473 f.

– Erkenntnisverfahren vor Vollstreckung – nicht gebe.[370] Eine Leitbildfunktion sei dem Vollstreckungsrecht nur insoweit zu entnehmen, als es schlechthin einen Titel fordere. Die in § 794 ZPO genannten Titel seien jedoch insoweit dem Urteil gleichgestellt.[371] Zudem werde der Schuldner auch darüber hinaus nicht unangemessen benachteiligt. Zum einen habe gerade der einseitig in Vorleistung tretende Darlehensgeber ein besonderes Sicherungsbedürfnis.[372] Zum anderen seien die Belange des Schuldners ausreichend durch die Rechtsbehelfe der Vollstreckung berücksichtigt, insbesondere durch die bei notariellen Urkunden gegenüber Urteilen erweiterten Verteidigungsmöglichkeiten gemäß §§ 797 Abs. 4, 767 Abs. 2 ZPO.[373]

Es ist zunächst nicht nachvollziehbar, wieso *Stürner* ein Abweichen von wesentlichen Grundgedanken der gesetzlichen Regelung allein bei der persönlichen Vollstreckungsunterwerfung annehmen will, ein solches jedoch im Hinblick auf die dingliche Haftung ausschließt, weil der Gegenstand der Vollstreckung hier allein auf das Grundstück beschränkt bleibe.
Sollte es ein Leitbild - Erkenntnisverfahren vor Vollstreckung - geben, ist nicht erklärbar, warum dieses dann nicht ebenso für die dingliche Vollstreckungsunterwerfung gelten soll. Denn auch hier wäre es danach grundsätzlich erforderlich, vor Vollstreckung im Erkenntnisverfahren ein Urteil auf Duldung der Zwangsvollstreckung zu erstreiten. Ein Abweichen hiervon müsste sich also auch für die dingliche Vollstreckungsunterwerfung in Allgemeinen Geschäftsbedingungen als unangemessene Benachteiligung darstellen. Eine Argumentation über § 307 Abs. 2 Nr. 1 BGB wegen Verstoßes gegen Grundgedanken der gesetzlichen Regelungen bei gleichzeitiger Zulassung der dinglichen Vollstreckungsunterwerfung ist damit in sich widersprüchlich.
In Betracht käme weiter eine unangemessene Benachteiligung nach § 307 Abs. 2 Nr. 2 BGB. Eine solche ist dann gegeben, wenn ein rechtlich anerkanntes Interesse des Vertragspartners beeinträchtigt wird und bei einer Interessenabwägung nicht durch berechtigte Interessen des Vertragspartners gerechtfertigt oder durch gleichwertige Vorteile ausgeglichen wird.[374] Für den Fall der persönlichen Vollstreckungsunterwerfung ist daher eine Interessenabwägung vorzu-

---

[370] Dietlein, JZ 1977, 637, 638; v. Westphalen, ZIP 1984, 1, 7; Michalski, ZIP 1995, 260, 271; Hahn, ZIP 1996, 1233, 1236; Eickmann, ZIP 1989, 137,141; Rainer, WM 1988, 1657, 1660 f.; Rastätter, DNotZ 1987, 459, 462; Freitag/Riemenschneider, WM 2004, 2470, 2473 f.

[371] Eickmann, ZIP 1989, 137,141.

[372] U/B/H, Anh. §§ 9-11 AGBG, Rn. 285a; C. Marburger, S. 107 ff. .

[373] BGHZ 99, 274, 283; v. Rintelen, RNotZ 2001, 2,25; Rainer, WM 1988, 1657, 1660 f.; Eickmann, ZIP 1989, 137, 141.

[374] BGHZ 82, 238, 240 f.; BGH NJW 1987, 2431.

nehmen, die sich an den mit der Vertragsklausel verbundenen Folgen zu orientieren hat.

Für den Sicherungsgeber des vollstreckbaren abstrakten Schuldversprechens ergeben sich aufgrund der Vollstreckungsunterwerfung folgende Nachteile:

(a) Der Sicherungsgeber trägt die Prozessinitiative. Es obliegt allein ihm im Klausel- oder Zwangsvollstreckungsverfahren Klage zu erheben. Damit hat er auch die Kosten des Verfahrens vorzuschießen.[375] Er trägt also das Prozessführungsrisiko.

(b) Außerdem kann er die Vollstreckung vor Urteilsverkündung nur durch einen Antrag nach § 769 ZPO und damit unter Umständen nur gegen Sicherheitsleistung verhindern, bevor ihm durch das Rechtsschutzsystem der Zwangsvollstreckung rechtliches Gehör gewährt wird. Soweit dem Antrag nach § 769 ZPO nicht stattgegeben wird, trägt der Schuldner bei ungerechtfertigter Vollstreckung das Insolvenzrisiko im Hinblick auf den vollstreckten Betrag. Ist der Gläubiger ein Kreditinstitut, ist das Insolvenzrisiko des Sicherungsgebers durch vorzeitige Vollstreckung der Bank jedoch als überaus gering zu gewichten.

Weitere Nachteile entstehen dem Sicherungsgeber aus der Vollstreckungsunterwerfung jedoch nicht.[376] Von der Prozessinitiative abgesehen, ist der nachgelagerte Rechtsschutz des Schuldners einer Vollstreckungsunterwerfung so umfassend wie ein vorangegangenes Erkenntnisverfahren und sogar umfassender als die Möglichkeiten des Sicherungsgebers nach einem vorangegangenen Urkundenverfahren.[377] Ein solches wäre mit dem urkundlichen abstrakten Schuldversprechen jedoch ohne weiteres möglich. Der Vollstreckungsschuldner ist mit seinen Einwendungen insbesondere auch nicht nach § 767 Abs. 2 ZPO präkludiert, § 797 Abs. 4 ZPO, da die Ansprüche des Sicherungsnehmers durch die notarielle Urkunde noch nicht rechtskräftig festgestellt sind.

Demgegenüber stehen die rechtlich anerkannten Interessen des Gläubigers an einer Vollstreckungsunterwerfung auch im Hinblick auf die persönliche Forderung: Der Darlehensgeber ist regelmäßig vorleistungspflichtig. Er trägt damit das In-

---

375 Der Nachteil der Pozessinitiative kann durch die Möglichkeit der Prozesskostenhilfe jedoch teilweise kompensiert werden.

376 Soweit *Stürner* als weiteren Nachteil für den Schuldner die Nichtanwendbarkeit des § 717 Abs. 2 ZPO auf vollstreckbare Urkunden anführt, kann dem nicht gefolgt werden, da dem Schuldner bei ungerechtfertigter Vollstreckung ein Schadensersatzanspruch gemäß § 280 BGB aus dem zugrunde liegendem Sicherungsvertrag zusteht. Im Falle der ungerechtfertigten Vollstreckung wird der Schuldner damit nicht kompensationslos gestellt. Der Nachweis eines solchen Schadens bliebe ihm dabei auch nicht über § 717 Abs. 2 ZPO erspart. Der Nachweis fehlenden Verschuldens dürfte der Bank auch nur dann gelingen, wenn sie davon ausgehen darf, dass ihr ein fälliger Anspruch zusteht, obwohl dies tatsächlich nicht der Fall ist.

377 Hierzu ausführlich: Freitag/Riemenschneider, WM 2004, 2470, 2473, die herausstellen, dass es dem Gläubiger auch offen stünde, mit Einschränkung des rechtlichen Gehörs für den Schuldner im Urkundenprozess oder Mahnverfahren vorzugehen.

solvenzrisiko des Schuldners bzw. Sicherungsgebers, welches er durch die Vollstreckungsunterwerfung im Vergleich zu einem langwierigen Klageverfahren, in dem sich ein Vermögensverfall unter Umständen vertiefen kann, einzudämmen versucht. Der Gläubiger wäre darüber hinaus bei alleiniger dinglicher Unterwerfung gezwungen, schon wegen verhältnismäßig geringer Zahlungsrückstände ein langwieriges und kostenträchtiges Versteigerungsverfahren anzustrengen.[378]
Es stehen sich hier also v.a. das Prozessführungsrisiko des Schuldners und das Insolvenzrisiko des Gläubigers gegenüber. Ein Vorrang der Interessen des Schuldners, der sich gegenüber der Berücksichtigung der Interessen des Gläubigers als eine unangemessene Benachteiligung darstellt, ist nicht zu erkennen. Vielmehr beruht gerade der Umstand, der eine Vollstreckung aus der notariellen Urkunde nötig macht, regelmäßig auf einer Vermögensverschlechterung des Schuldners. Das Risiko des Ausfalles der Darlehensforderung hat sich in diesem Fall realisiert. Es ist daher ein legitimes Interesse des vorleistungspflichtigen Darlehensgebers, sich in dieser Situation nicht einem zeitraubenden Erkenntnisverfahren auszusetzen.[379] Die schutzwürdigen Belange des Schuldners hingegen hat der Gesetzgeber durchaus erkannt und ihnen durch die Beurkundungspflicht der vollstreckbaren Unterwerfung und der damit verbundenen Belehrung sowie den erweiterten Verteidigungsmöglichkeiten verglichen mit denen bei Urteilen (§ 797 Abs. 4 ZPO) Rechnung getragen. Es verbleibt daher die dem Schuldner obliegende Prozessinitiative zur Wahrung seiner Rechte. Bei einer Bank als Beklagte ist jedenfalls der Kostenerstattungsanspruch im Fall des Obsiegens des Schuldners jedoch in aller Regel vollwertig.

Neben der Betrachtung der Interessen von Gläubiger und Schuldner ist auch eine Folgenbetrachtung im Hinblick auf eine Unzulässigkeit persönlicher Vollstreckungsunterwerfungen in Allgemeinen Geschäftsbedingungen aufschlussreich: Gerade institutionellen Kreditgebern ist es praktisch nicht möglich, Verträge zu schließen, die keine Allgemeinen Geschäftsbedingungen darstellen. Im Massengeschäft der Kreditvergabe mit jedem Kunden durch Individualvereinbarung zu kontrahieren, ist schlicht nicht möglich. In diesem Bereich würde das Institut der persönlichen Vollstreckungsunterwerfung also aufhören zu existieren. Merkwürdige Konsequenz der Unzulässigkeit formularmäßiger persönlicher Vollstreckungsunterwerfung wäre damit auch, dass gerade den Instituten, die der Bankaufsicht unterliegen, die Vollstreckungsunterwerfung verwehrt ist, während private Kreditgeber, ohne staatliche Aufsicht und gegebenenfalls, durch die allein praktische Möglichkeit der Individualvereinbarung weiterhin von ihr Gebrauch machen können.

---

[378] Kümpel, WM 1978, 746, 747.

[379] BGHZ 99, 274, 283; U/B/H, Anh. §§ 9-11 AGBG, Rn. 285a.

Nach alldem stellt sich die Vollstreckungsunterwerfung im Hinblick auf das abstrakte Schuldversprechen nicht als unangemessene Benachteiligung i.S.d. § 307 Abs. 1 und 2 BGB dar.

IV. Der Nachweisverzicht

Auch die Zwangsvollstreckung aus vollstreckbaren Urkunden erfordert das Vorliegen einer vollstreckbaren Ausfertigung, also die Erteilung einer mit einer Vollstreckungsklausel versehenen Ausfertigung der notariellen Urkunde durch den Notar, § 797 Abs. 2 ZPO, § 52 BeurkG. Hierfür hat der Gläubiger den Eintritt derjenigen Umstände zu beweisen, von denen nach der Urkundenprotokollierung Entstehung und Fälligkeit des materiellen Anspruches noch abhängen. Diesen Nachweis hat der Gläubiger mit öffentlichen oder öffentlich beglaubigten Urkunden zu führen, § 726 ZPO. Dies ist dem Gläubiger jedoch oftmals praktisch nicht möglich. Die Vollstreckungsunterwerfung wäre damit faktisch entwertet.[380] Die meisten Formulare enthalten daher die Erklärung, dem Gläubiger sofort eine vollstreckbare Ausfertigung zu erteilen oder – dem gleichgestellt – eine Nachweisverzicht, der es dem Notar ermöglicht, dem Sicherungsnehmer eine vollstreckbare Urkunde ohne den Nachweis des Entstehens oder der Fälligkeit des Anspruches zu erteilen.
Gegen die Zulässigkeit eines solchen Nachweisverzichts bestehen keine Bedenken.[381] Das Entstehen des abstrakten Schuldversprechens ist bereits mit Erklärung in der Urkunde und Vorlage derselben bewiesen. Dabei wäre es auch ohne weiteres möglich, dieses bereits in der Urkunde sofort fällig zu stellen. Das Problem der Zulässigkeit des Nachweisverzichtes stellte sich dann gar nicht erst.[382]
Insbesondere liegt in dem Nachweisverzicht keine unzulässige Beweislastumkehr gemäß § 309 Nr. 12 BGB.[383] Mit dem Nachweisverzicht entbindet der Schuldner den Gläubiger lediglich von der Führung des Nachweises des Entstehens und der Fälligkeit des Anspruches durch öffentliche oder öffentlich beglaubigte Urkunde, wie es § 726 ZPO vorsieht. Die Beweislast des Gläubigers für die anspruchsbe-

---

380 Clemente, Das Recht der Sicherungsgrundschuld, Rn. 367.

381 Es sei denn, § 3 MaBV ist im Einzelfall einschlägig. Danach ist der Bauträger verpflichtet, Vermögenswerte der Auftraggeber nur entsprechend dem Baufortschritt entgegenzunehmen. Der Leistung des Erwerbers soll also immer auch eine entsprechende Leistung des Bauträgers gegenüberstehen. Es geht hier jedoch nicht um die Frage einer möglichen Beweislastumkehr, sondern um die Sicherstellung der Zug-um-Zug-Leistung; hierzu: Lindemeier, Die Unterwerfungserklärung in der vollstreckbaren notariellen Urkunde, S. 258 ff.

382 Gaberdiel, Rn. 309, S. 151.

383 OLG Celle NJW-RR 1991, 667; LG München II NJW-RR 1990, 1465, 1466; Rastätter, NJW 1991, 392, 394; Wolfsteiner, DNotZ 1990, 531, 545; Münch, NJW 1991, 795, 801; Schultheis, Rechtsbehelfe bei vollstreckbaren Urkunden, S. 86 f.

gründenden Umstände bleibt in einem sich gegebenenfalls anschließenden Erkenntnisverfahren bestehen. Es werden also allein die Nachweisanforderung in einem bestimmten Verfahrensstadium - der Klauselerteilung - aufgehoben. Eine Beweislastumkehr kann sich also schon deshalb nicht ergeben, weil § 726 ZPO keine Beweislastregel aufstellt. Diese folgt vielmehr aus dem materiellen Recht. Lediglich die durch § 726 ZPO statuierten Anforderungen an die Form des Nachweises werden durch den Nachweisverzicht aufgehoben.[384]

Damit stellt sich auch der Nachweisverzicht in der Vollstreckungsunterwerfung im Hinblick auf das abstrakte Schuldversprechen nicht als unangemessene Benachteiligung dar.

384 Lindemeier, Die Unterwerfungserklärung in der vollstreckbaren notariellen Urkunde, S. 255 f.

§ 7 DAS ABSTRAKTE SCHULDVERSPRECHEN IN VERBINDUNG MIT DER GRUNDSCHULD

Von den drei Grundpfandrechten, die das BGB in den §§ 1113 ff., §§ 1191 ff. und §§ 1199 ff. zur Verfügung stellt,[385] hat sich in der Praxis allein die Grundschuld (§§ 1191 ff. BGB) durchgesetzt. Sie ist im Bereich des Realkredites, also im Rahmen der Darlehensvergabe, die durch ein Grundpfandrecht gesichert ist,[386] das Mittel der Wahl. Kreditinstitute lassen sich daher im Realkreditgeschäft fast ausschließlich Grundschulden bestellen. Die Grundschuld begründet jedoch – wie die Hypothek auch – nur eine dingliche Haftung, keine persönliche Schuld. Der Eigentümer ist damit allein verpflichtet, „aus dem Grundstück" zu zahlen bzw. die Zwangsvollstreckung in das Grundstück zu dulden (§ 1147 BGB).[387] Der Gläubiger ist, wenn er seine Forderungen aus der Grundschuld zu befriedigen sucht, auf das jeweils belastete Grundvermögen des Schuldners beschränkt.
Zusätzlich zur Grundschuld verlangen die Kreditinstitute in den überwiegenden Fällen vom Sicherungsgeber daher auch die Übernahme der persönlichen Haftung mit dem gesamten Vermögen. Die Übernahme der persönlichen Haftung im Rahmen der Grundschuldbestellung wird dabei gemeinhin als abstraktes Schuldversprechen qualifiziert.[388] Zur Erleichterung der Durchsetzung dieser Sicherungsrechte unterwirft sich der Sicherungsgeber dabei regelmäßig sowohl im Hinblick auf die Grundschuld als auch im Hinblick auf die persönliche Haftungsübernahme durch das abstrakte Schuldversprechen der sofortigen Zwangsvollstreckung.
Dem Kreditinstitut stehen damit gegenüber dem Darlehensnehmer, sofern dieser mit dem Sicherungsgeber identisch ist, drei unterschiedliche Forderungen zu: der kausale Darlehensrückzahlungsanspruch, der abstrakte dingliche Anspruch aus der Grundschuld und der abstrakte persönliche Zahlungsanspruch aus dem abstrakten Schuldversprechen.

Diese Sicherungspraxis der Kreditinstitute wird in der Literatur zunehmend kritisiert. Als problematisch wird zum einen die teilweise wenig reflektierte Ausle-

---

385 Zwar wird der Begriff „Pfandrecht" im Sachenrecht nur in den §§ 1204 ff. BGB für die Belastung von beweglichen Sachen und Rechten gebraucht, der Oberbegriff des „Grundpfandrechts" für die Grundstücksbelastungen Hypothek, Grundschuld und Rentenschuld hat sich jedoch durchgesetzt und ist nunmehr auch in die Gesetzessprache eingegangen, §§ 489 Abs. 1 Nr. 2, 492 Abs. 1a BGB, vgl. Staudinger/Wolfsteiner, Einl. zu §§ 1113 ff., Rn. 1.

386 vgl. Staudinger/Wolfsteiner, Einl. zu §§ 1113 ff., Rn. 17.

387 Zum rein dogmatischen Streit, ob die Grundschuld einen Zahlungsanspruch oder allein ein Verwertungsrecht begründet: vgl. Staudinger/ Wolfsteiner, Einl. §§ 1113 Rn. 24.

388 Zur historischen Entwicklung dieser Auslegung: C. Marburger, S. 117 ff.

gung der persönlichen Haftungsübernahme als abstraktes Schuldversprechen innerhalb einer Grundschuldbestellungsurkunde angesehen, die mittlerweile gewohnheitsrechtlich anerkannt zu sein scheint[389] (hierzu unter I. in diesem Kapitel).
Zum anderen herrscht gerade über das Verhältnis von Grundschuld und der persönlichen Haftungsübernahme große Unsicherheit. Wenngleich es als allgemeingültig angesehen wird, dass eine kumulative Vollstreckung sowohl in die Grundschuld als auch in das abstrakte Schuldversprechen nicht möglich sei,[390] sind die verschiedenen Begründungen hierfür alles andere als offenbar (hierzu unter II. in diesem Kapitel).
Eine besondere Situation ergibt sich für die Übernahme der persönlichen Haftung durch abstraktes Schuldversprechen weiterhin, wenn dieses im Rahmen einer Eigentümergrundschuldbestellung zugunsten eines insoweit noch nicht bekannten Gläubigers abgegeben wird (hierzu unter III. in diesem Kaptitel).

I. Auslegung der persönlichen Haftungsübernahme

Soweit sich nicht bereits aus dem Wortlaut der Grundschuldbestellungsurkunde oder der Sicherungszweckerklärung ergibt, dass die Begründung eines abstrakten Schuldverhältnisses gewollt ist,[391] muss die Erklärung des Sicherungsgebers ausgelegt werden. Erklärt dieser, er wolle für die Zahlung „des Grundschuldbetrages“[392] oder für einen Betrag „dessen Höhe der Grundschuld entspricht“[393] die persönliche Haftung übernehmen, ist hiermit noch nicht zwingend die Annahme eines abstrakten Schuldversprechens verbunden.
Es stellt sich dann die Frage, ob ein für die Begründung eines abstrakten Schuldversprechens erforderlicher Abstraktionswille vorliegt. Da die Abstrak-

---

389 BGH WM 1958, 1194; BGH NJW 1976, 567; BGHZ 98, 256, 259; BGHZ 99, 274, 278; BGHZ 114, 9, 12; BGH WM 1992, 132.

390 BGH WM 1988, 109, 110 f.; C. Marburger, S. 50 ff.; Clemente, ZfIR 2004, 497, 507; Gaberdiel, Rn. 297; Staudinger/Wolfsteiner, § 1191, Rn. 108; a.A. BGHZ 99, 274, 280 f.; Schmitz-Valckenberg, DNotZ 1988, 487, 489 ff.; Eickmann, ZIP 1989, 137, 142 f.

391 vgl. Mustergrundschuldformular der Bundesnotarkammer in DNotZ 2002, 84 ff.: „... - *nachstehend Schuldner genannt – verspricht dem Gläubiger die Zahlung eines Betrages in Höhe der Grundschuld samt Nebenleistungen in der Weise, dass das Versprechen die Verpflichtung selbständig begründen soll. Mehrere Personen haften als Gesamtschuldner. Wegen der vorstehenden Schuld unterwirft sich der Schuldner der soforitigen Zwangsvollstreckung aus dieser Urkunde.*“.

392 vgl. Grundschuldbestellungsformular Bank-Verlag Köln, Nr. 42.107 (bei Gaberdiel, Anhang 3).

393 Grundschuldbestellungsformular des Deutschen Sparkassen Verlages, Nr. 192 060.000 (bei Gaberdiel, Anhang 1) sowie des DG-Verlages, Nr. 220 410 (bei Gaberdiel, Anhang 4).

tion allein niemals Selbstzweck sein kann,[394] ist von einem Abstraktionswillen nur auszugehen, wenn die Abstraktion zur Erreichung des Vertragszweckes erforderlich ist.[395] Im Falle der Kreditsicherung durch Grundschulden muss die Schaffung einer zusätzlichen abstrakten persönlichen Verpflichtung des Sicherungsgebers also erforderlich sein, um dem berechtigten Sicherungsbedürfnis der Bank zu entsprechen.[396]

Während die Rechtsprechung in der Übernahme der persönlichen Haftung ohne weitere Prüfung vom Vorliegen eines abstrakten Schuldversprechens ausgeht,[397] mehren sich in der Literatur[398] in jüngster Zeit Bedenken gegen diese Auslegungspraxis.

Insbesondere nach *C. Marburger* sei die Auslegung der persönlichen Haftungsübernahme als abstraktes Schuldversprechen nicht zwingend, da die Abstraktion nicht erforderlich sei, um der Bank eine Vollstreckungsmöglichkeit in das gesamte Vermögen des Sicherungsgebers bzw. Darlehensnehmers zu eröffnen: Bestellt etwa der Darlehensnehmer selbst eine Grundschuld zur Sicherung nur des aufgenommenen Darlehens (einfache Sicherungszweckerklärung), genüge es, wenn er sich nur hinsichtlich dieses kausalen Darlehensrückzahlungsanspruches der sofortigen Zwangsvollstreckung in sein gesamtes Vermögen unterwirft.[399] Sollen auch zukünftige Forderungen im Rahmen einer laufenden Geschäftsverbindung durch den persönlichen Titel abgesichert werden (weite Sicherungszweckerklärung), sei es als ausreichend anzusehen, wenn sich der Darlehensnehmer allein im Hinblick auf einen festen Betrag der sofortigen Zwangsvollstreckung in sein gesamtes Vermögen unterwerfe. Dem Bestimmtheitserfordernis sei dann damit genüge getan, dass dem Begriff des „bestimmten Anspruches" gemäß § 794 Abs. 1 Nr. 5 ZPO nach prozessualen Verständnis der Streitgegenstandsbegriff zugrunde gelegt werde.[400]

Auch im Rahmen der Sicherung fremder Verbindlichkeiten sei die Auslegung der Übernahme der persönlichen Haftung als abstraktes Schuldversprechen keineswegs erforderlich, denn hier könne ebenso eine Bürgschaft oder ein Schuldbeitritt in Betracht kommen.[401] Entgegen der Rechtsprechung soll dies auch dann möglich sein, wenn eine weite Sicherungszweckerklärung vorliegt.[402]

---

394 siehe oben § 2 VI. 2.

395 C. Marburger, S. 38; Staudinger/Marburger, Vorbem §§ 780, Rn. 8; MüKo/Hüffer, § 780, Rn. 16.

396 siehe oben § 2 II. 2.

397 BGH WM 1958, 1194; BGH NJW 1976, 567; BGHZ 98, 256, 259; BGHZ 99, 274, 278; BGHZ 114, 9, 12; BGH WM 1992, 132.

398 C. Marburger, S. 124 ff.; Staudinger/Marburger, § 780, Rn. 32.

399 C. Marburger, S. 124 f.; ebenso: Staudinger/Marburger, § 780, Rn. 32.

400 C. Marburger, S. 127 ff.; in Ansätzen schon Stürner, ZZP 93 (1980), 233, 234.

401 C. Marburger, S. 131 ff.

402 C. Marburger, S. 135 f.; siehe oben § 5 II. 3.

Nachfolgend gilt es daher, sich mit den Argumenten dieser Auffassung auseinanderzusetzen, insbesondere im Hinblick auf die Erforderlichkeit des abstrakten Schuldversprechens für das legitime Sicherungsbedürfnis des Darlehensgläubigers.

1. Sicherung eigener Verbindlichkeiten

a. Einfache Sicherungszweckerklärung

In der Konstellation der Eigensicherung eines von vorneherein bestimmten Darlehens soll also die Auslegung der Übernahme der persönlichen Haftung als abstraktes Schuldversprechen schon deshalb nicht erforderlich sein, da dem berechtigten Sicherungsinteresse der Bank auch durch eine Unterwerfung des Schuldners hinsichtlich des kausalen Darlehensrückzahlungsanspruches entsprochen wäre. Diese genüge dem Bedürfnis nach einer bestimmten Geldsumme im Rahmen der Vollstreckungsunterwerfung gemäß § 794 Abs. 1 Nr. 5 ZPO. Allein die mit dem abstrakten Schuldversprechen einhergehende Beweislastumkehr entspräche nicht dem berechtigten Sicherungsbedürfnis der Bank.[403]

(1) Beweislastumkehr

Sollte durch das abstrakte Schuldversprechen allein eine Beweislastumkehr erzielt werden, ist in der Tat fraglich, ob dies einem berechtigtem Sicherungsbedürfnis der Bank entspricht, denn bereits *Kümpel* hat überzeugend herausgearbeitet, dass die Beweislastumkehr, die durch Abgabe des abstrakten Schuldversprechens eintritt, für die Banken als Darlehensgläubiger faktisch nicht gilt.[404]
§ 810 BGB begründet materiell-rechtlich einen Anspruch auf Einsichtnahme in solche Urkunden des Anspruchsgegners, die ein zwischen dem Anspruchssteller und dem Anspruchsgegner bestehendes Rechtsverhältnis beurkunden. Dies ist in den Handelsbüchern der Kreditinstitute der Fall. Kreditinstitute sind aufgrund ihrer Vollkaufmannseigenschaft gesetzlich verpflichtet, Bücher zu führen (§ 242 Abs. 1 HGB für die Handelbilanz) und in diesen ihre Handelsgeschäfte und die Lage ihres Vermögens nach den Grundsätzen ordnungsgemäßer Buchführung ersichtlich zu machen. Zu der gesetzlichen Buchführungspflicht gehört auch die Führung der Nebenbücher, hier insbesondere der des Kontokorrentbuches, in welchem für jeden Kunden gesondert Konten geführt werden (R. 5.2 (1) Einkommenssteuerrichtlinie). Auf diesen Konten sind sowohl die Kreditauszahlung als auch die Kreditrückzahlungen zu vermerken.
Der Darlehensnehmer kann daher begrenzt auf sein Darlehensverhältnis Einsichtnahme in die Handelsbücher der Bank verlangen. Dieser Anspruch auf Ein-

---

403 C. Marburger, S. 124 ff.; Staudinger/Marburger, § 780, Rn. 32.
404 Kümpel, WM 1978, 746, 749 f.

sichtnahme korrespondiert innerhalb eines laufenden Gerichtsverfahrens mit der prozessualen Vorlegungspflicht gemäß § 422 ZPO, die für die Handelsbücher über § 258 HGB sogar auf eine Vorlegungsanordnung von Amts wegen erweitert wird. Kommt das Kreditinstitut dieser Vorlegungspflicht nicht nach, so führt dies zu der in § 427 ZPO angeordneten Beweiserleichterung zugunsten des Darlehenschuldners, dessen substantiierte Behauptungen in diesem Fall als bewiesen angesehen werden können.

Soll daher mit dem abstrakten Schuldversprechen allein eine Beweislastumkehr herbeigeführt werden, kann dies noch nicht dem berechtigten Sicherungsbedürfnis der Bank entsprechen. Es ist daher weiter zu fragen, inwieweit nur die Abstraktion mittels des abstrakten Schuldversprechens gegenüber der Unterwerfung im Hinblick auf den kausalen Darlehensrückzahlungsanspruch dem berechtigten Sicherungsbedürfnis der Bank entspricht.

(2) Übersichtliche Formulargestaltung durch Abstraktion

Für die Erforderlichkeit des abstrakten Schuldversprechens wird teilweise angeführt, ein solches diene vorrangig der kurzen und übersichtlichen Formulargestaltung.[405] Dem ist zuzugeben, dass sich die abstrakte Verpflichtung wesentlich kürzer darstellen lässt als eine Klausel, die eine kausale Verpflichtung darstellt, zumal im Rahmen der Grundschuldbestellung zusätzlich durch Bezugnahmen auf den Grundschuldbetrag gearbeitet wird.[406] Die übersichtliche Gestaltung der Vertrags- und Bestellungsurkunde berührt jedoch nicht primär das Sicherungsbedürfnis der Bank, sondern ist ein allgemeines Gebot der Vertragsgestaltung. Die Erforderlichkeit einer abstrakten Verpflichtung im Hinblick auf das Sicherungsbedürfnis der Bank lässt sich daher nicht allein mit formalen Gesichtspunkten der Vertragsgestaltung begründen.

(3) Bestimmtheit oder Bestimmbarkeit des vollstreckbaren Anspruchs

Entscheidend dürfte letztlich das Erfordernis der Bestimmtheit oder Bestimmbarkeit des unterwerfungsfähigen Anspruches sein. Auch wenn § 794 Abs. 1 Nr. 5 ZPO n.F. die Vollstreckungsunterwerfung nicht mehr auf eine „bestimmte" Geldsumme beschränkt (§ 794 Abs. 1 Nr. 5 ZPO a.F.), hat sich durch die Aufnahme des Erfordernisses der Bezeichnung des Unterwerfungsanspruches nichts daran geändert, dass die vollstreckbare Urkunde, wie jeder andere Vollstreckungstitel auch, nach den allgemeinen Grundsätzen des Vollstreckungsrechtes nur wirksam ist, wenn sie hinreichend bestimmt ist.[407] Ist der An-

405 Heß, BWNotZ 1978, 1, 2.
406 hierzu § 7 II.
407 Wolfsteiner, Die vollstreckbare Urkunde, Rn. 14.21.

spruch des Gläubigers zu unbestimmt, ist die notarielle Urkunde mangels eines vollstreckbaren Inhalts als Titel ungeeignet, denn der Grundsatz der „Klarheit im Vollstreckungsrecht“ erfordert, dass der zu befriedigende Anspruch unzweideutig festgelegt ist.[408] Dies ist jedenfalls dann der Fall, wenn sich die geschuldete Geldsumme aus der Urkunde ergibt, also bestimmt ist, oder sich aus der Urkunde errechnen lässt, also zumindest bestimmbar ist.[409]
Im Hinblick auf den Darlehensrückzahlungsanspruch aus einem betragsmäßig feststehenden Darlehen ist dies zunächst unproblematisch der Fall. Dies gilt auch im Hinblick auf die Zinsen, soweit ein fester Zinssatz vereinbart wurde, sowie eine vereinbarte Bearbeitungsgebühr.
Problematisch ist dies jedoch bei Ansprüchen der Bank gegen den Darlehensnehmer, die sich aus der Urkunde nicht errechnen lassen. Allein die Tatsache, dass es sich um einen feststehenden Darlehensbetrag handelt, bedeutet noch nicht, dass sämtliche aus der Vertragsbeziehung entspringende, sicherungsfähige Ansprüche von Vorneherein bestimmt wären.

(a) Vorfälligkeitsentschädigung

Dies gilt zunächst für die Vorfälligkeitsentschädigung, die nunmehr in § 490 Abs. 2 S. 3 BGB gesetzlich definiert wird. Danach hat der Darlehensnehmer dem Darlehensgeber denjenigen Schaden zu ersetzen, der diesem aus der vorzeitigen Kündigung entsteht. Entsprechendes gilt auch bei vorzeitiger Beendigung durch Rückerstattung. Die Vorfälligkeitsentschädigung ist bedingt durch die vorzeitige Vertragsbeendigung und eine berechtigte Zinserwartung des Darlehensgebers.[410] Nun sind auch bedingte Ansprüche grundsätzlich unterwerfungsfähig. Die Höhe der Vorfälligkeitsentschädigung lässt sich jedoch weder der Vollstreckungsurkunde entnehmen, noch ist sie aus dieser zu errechnen. Auch eine pauschale Vereinbarung einer Vorfälligkeitsentschädigung ist nicht möglich, da diese der Parteidisposition entzogen ist.[411] Es handelt sich hier der Natur nach um einen Schadensersatzanspruch, so dass neben einer Vorteilsausgleichung nach § 249 BGB auch eine eventuelle Mitverursachung nach § 254 BGB zu ermitteln ist. Dabei berechnet sich die Vorfälligkeitsentschädigung zunächst grundsätzlich nach dem entgangenen Nettogewinn (Zinsmargenschaden) und dem darüber hinaus gehenden Zinsverschlechterungsschaden gemessen an einer Wiederanlage des Kapitals.[412] Im Prozess ist hier gemäß § 287 ZPO zu schätzen.

---

408 Sauer, Bestimmtheit und Bestimmbarkeit im Hinblick auf die notarielle Urkunde, S. 4.
409 Thomas/Putzo, § 794, Rn. 48 f.
410 Diem, Akquisitionsfinanzierungen, S. 125.
411 Mülbert, WM 2002, 465, 476.
412 Palandt/Putzo, § 490, Rn. 16; Diem, Akquisitionsfinanzierungen, S. 125.

Die Ermittlung der Höhe der Vorfälligkeitsentschädigung ist also nicht durch allgemein zugängliche Indizes möglich. Sie kann nur anhand von wertender Schätzung erfolgen und ist für die Vollstreckungsorgane nicht durchführbar. Die Titulierung der Vorfälligkeitsentschädigung durch Unterwerfung unter die sofortige Zwangsvollstreckung in einer notariellen Urkunde ist damit, auch wenn sie in der Darlehensurkunde ausdrücklich zumindest dem Grunde nach vereinbart ist, nicht möglich. Eine sofortige Vollstreckung des Betrages der Vorfälligkeitsentschädigung wäre damit nur durch Realisierung der dinglichen Haftung möglich. Dies ist kostenintensiv und regelmäßig unverhältnismäßig.
Hingegen dürfte die Vorfälligkeitsentschädigung vom Sicherungszweck des abstrakten Schuldversprechens umfasst sein. Dies soll nach der Entscheidung des OLG Hamm vom 6. Dezember 2004[413] auch dann gelten, wenn lediglich eine einfache Sicherungszweckerklärung vorliegt und somit nur die Forderungen aus einem konkret bezeichneten Kreditvertrag gesichert werden. Zwar ist die Vorfälligkeitsentschädigung eine spezifische Form des Schadensersatzes. Nach Ansicht des Gerichts handele es sich jedoch nicht um eine ungewisse, zukünftige Forderung, sondern um die modifizierte Form eines bereits im Zeitpunkt der Abgabe der Zweckerklärung bestehenden Zinsanspruches. Daher könne die Vorfälligkeitsentschädigung bereits unter dem Begriff der „Zinsen" subsumiert werden.[414]
Entsprechendes gilt für die Nichtabnahmeentschädigung, die dem Darlehensgeber dann zusteht, wenn der Darlehensnehmer die vereinbarte Darlehensvaluta gar nicht erst abnimmt.
Die Sicherung einer eventuellen Vorfälligkeits- und Nichabnahmeentschädigung entspricht dem berechtigten Sicherungsbedürfnis des Darlehensgebers aufgrund seiner rechtlich geschützten Zinserwartung. Eine sinnvolle Sicherung derselben ist daher nur durch eine persönliche Unterwerfung mittels eines abstrakten Schuldversprechens möglich, da diese im Hinblick auf einen bestimmten Betrag erfolgen kann. Die Übernahme der persönlichen Haftung durch abstraktes Schuldversprechen ist daher zur Sicherung auch der Vorfälligkeitsentschädigung erforderlich, um dem berechtigten Sicherungsbedürfnis der Bank zu entsprechen.

(b) Bereitstellungsprovision

Gleiches gilt für die von den Banken erhobene Bereitstellungsprovision. Dabei handelt es sich um ein Entgelt dafür, dass der Darlehensnehmer die Darlehensvaluta nach dem Zeitpunkt der Bereitstellung bzw. innerhalb der für den Abruf

[413] OLG Hamm WM 2005, 1265, 1266.
[414] OLG Hamm WM 2005, 1265, 1266; Rösler/Wimmer/Lang, Vorzeitige Beendigung von Darlehensverträgen, Rn. 73.

der Darlehensvaluta vereinbarten Frist jederzeit abrufen kann.[415] Sie bemisst sich in der Regel nach einem bestimmten Prozentsatzes des innerhalb des vereinbarten Zeitraums nicht abgerufenen Darlehensbetrages.[416] Auch hier ist der zu bezeichnende Anspruch mit Hilfe der in der Unterwerfungsurkunde enthaltenen Angaben nicht bezifferbar, da aus der Urkunde nicht hervorgehen kann, ob und in welcher Höhe das Darlehen abgerufen wurde.
Möglich ist hier wiederum die Sicherung durch ein abstraktes Schuldversprechen, welches einen von der Darlehensforderung unabhängigen, bestimmten und damit vollstreckungsfähigen Anspruch darstellt. Die Bereitstellungsprovision ist auch im Rahmen einer einfachen Sicherungszweckerklärung durch das abstrakte Schuldversprechen gesichert, da es sich insoweit um einen Primäranspruch aus dem Darlehensvertrag handelt.
Die Unterwerfung im Hinblick auf das abstrakte Schuldversprechen erfolgt stets in Höhe eines bestimmten Betrages. Die persönliche Sicherung auch solcher Nebenansprüche des Darlehensgebers entspricht einem berechtigtem Sicherungsbedürfnis. Das abstrakte Schuldversprechen ist damit erforderlich, um diesem Sicherungsbedürfnis zu entsprechen.

(c) Variabler Zinssatz

Soweit Darlehensnehmer und Darlehensgeber eine Festzinsvereinbarung getroffen haben, gilt für die gesamte Laufzeit des Vertrages dieser Zinssatz. Dem Erfordernis der Bezeichnung des Zinsanspruches ist mit der Angabe des jeweiligen Prozentsatzes genügt. Die Zinsen sind für die Vollstreckungsorgane unproblematisch aus der notariellen Urkunde errechenbar. Die Übernahme der persönlichen Haftung durch abstraktes Schuldversprechen ist insoweit nicht erforderlich, da hier in der Tat die Unterwerfung unter den kausalen Darlehensrückzahlungsanspruch ausreichend ist.
Anders sieht es hingegen aus, wenn die Parteien einen variablen Zins vereinbart haben. Hier ist zu differenzieren zwischen echten Zinsgleitklauseln, bei denen die Entwicklung des Vertragszinssatzes fest an eine vereinbarte, veränderliche Bezugsgröße gekoppelt ist[417] und Zinsanpassungsklauseln, die dem Kreditinstitut das Recht geben, den Zinssatz durch einseitige Gestaltungserklärung gemäß § 315 BGB anzupassen.[418] Möglich sind auch Kombinationen aus Festzinsdarlehen und solchen mit variablem Zinssatz.[419] Regelmäßige Bezugsgrößen der echten Zinsgleitklauseln sind Refinanzierungsparameter der Kredit-

[415] Wand, WM 2005, 1932, 1936; Diem, Akquisitionsfinanzierung, S. 135.
[416] vgl. Musterdarlehensvertrag bei Wand, WM 2005, 1932, 1944; Diem, Akquisitionsfinanzierung, S. 135.
[417] Staudinger/ Blaschczok, § 246, Rn. 146; Diem, Akquisitionsfinanzierung, S. 47 f.
[418] Staudinger/ Blaschczok, § 246, Rn. 147; Diem, Akquisitionsfinanzierung, S. 51.
[419] Staudinger/ Blaschczok, § 246, Rn. 150.

institute.[420] Wenngleich es sich hier für den variablen Zinssatz um ermittelbare Parameter handelt (bspw. EURIBOR, SFR-Satz, LIBOR[421]), muss bezweifelt werden, dass diese von der Rechtsprechung aus Sicht der Vollstreckungsorgane für offenkundig gehalten werden können, mit der Folge, dass die Zinsansprüche aus der vollstreckbaren Urkunde selbst errechenbar wären. Soweit die Bank ein einseitiges Leistungsbestimmungsrecht nach billigem Ermessen hat, scheidet eine Berechnung von vorneherein aus. Gleiches gilt für Zinsanpassungen aufgrund von Veränderungen des Kreditrisikos.
Variable Zinsvereinbarungen sind damit nicht unterwerfungsfähig. Ihre persönliche Sicherung durch sofortige Vollstreckbarkeit ist allein durch Vereinbarung eines abstrakten Schuldversprechens möglich.

Das abstrakte Schuldversprechen ist damit auch bei Vereinbarung eines betragsmäßig bestimmten Darlehens erforderlich, um dem berechtigtem Sicherungsinteresse des Darlehensgebers zu entsprechen: Die Sicherung soll nämlich nicht nur den nominellen Darlehensrückzahlungsanspruch betreffen, sondern auch solche Ansprüche, die mit diesem im Zusammenhang stehen oder die sich aus diesem ergeben können. Eine eventuelle Vorfälligkeitsentschädigung, die Bereitstellungsprovision sowie gegebenenfalls eine variable Zinszahlungsverpflichtung des Darlehensnehmers können mangels Bestimmbarkeit von einer Unterwerfung unter den Anspruch auf Darlehensrückzahlung nicht erfasst werden.
Diese Ansprüche der Bank sind jedoch vom Sicherungszweck des abstrakten Schuldversprechens auch im Rahmen einer einfachen Sicherungszweckerklärung erfasst. Im Hinblick darauf ist die Unterwerfung unter die sofortige Zwangsvollstreckung möglich, da diese wegen eines bestimmten Betrages einschließlich der in Voraussicht genommenen Zinserwartung ergänzt um einen Sicherheitszuschlag erfolgen kann.

b. Weite Sicherungszweckerklärung

Wenn die Grundschuld nun nicht nur der Sicherung eines bestimmten Darlehens, sondern von vorneherein durch Abgabe einer weiten Sicherungszweckerklärung der Absicherung der gesamten Geschäftsverbindung des Schuldners oder eines Kontokorrentkredites dienen soll, kommt die Unterwerfung unter die sofortige Zwangsvollstreckung im Hinblick auf die Darlehensforderung mangels Bestimmbarkeit des Darlehensrückzahlungsanspruches nicht in Betracht. Dennoch wird auch hier die Begründung eines abstrakten Schuldverhältnisses nicht für erforderlich gehalten, um dem berechtigten Sicherungsbedürfnis der Bank zu entsprechen. Es solle vielmehr genügen, wenn sich der Darlehensnehmer hin-

[420] vgl. Wand, Musterdarlehensvertrag, WM 2005, 1932, 1943.
[421] Diem, Akuisitionsfinanzierung, S. 46 f.

sichtlich eines bestimmten Betrages der sofortigen Zwangsvollstreckung in sein gesamtes Vermögen unterwirft.[422] Dies soll dann möglich sein, wenn man in Anlehnung an eine im Vordringen befindlichen Lehre dem Anspruchsbegriff aus § 794 Abs. 1 Nr. 5 ZPO allein prozessuale Bedeutung im Sinne des Streitgegenstandsbegriffes beimisst. Damit soll die Angabe eines Betrages in der Vollstreckungsurkunde, dem der in Aussicht genommene Darlehensrückforderungsanspruch ungefähr entspricht, genügen.[423]
Um die Konsequenzen eines allein prozessualen Verständnisses des vollstreckbaren Anspruches für das abstrakte Schuldversprechen in der Kreditsicherung zu beleuchten, seien hier zunächst die beiden zum vollstreckbaren Anspruch im Wesentlichen vertretenen Auffassung kurz gegenübergestellt.

Als Gegenstand der Unterwerfungserklärung verstand man - wenngleich ohne nähere Ausführungen - traditionell den materiellen Anspruch im Sinn des § 194 Abs. 1 BGB. Ausgehend von *Wolfsteiner* und weiterführend durch *Münch* entwickelte sich jedoch eine Lehre, die den Anspruch gemäß § 794 Abs. 1 Nr. 5 ZPO dem des § 253 Abs. 2 Nr. 2 ZPO als prozessualen Anspruch im Sinne des Streitgegenstande gleichstellt.[424] Anspruch im Sinne des § 794 Abs. 1 Nr. 5 ZPO ist damit nicht der (materiell) rechtliche Grund der Leistungsverpflichtung, sondern die abstrakte Leistungsverpflichtung des Schuldners unmittelbar, die bei der vollstreckbaren Urkunde in gleicher Weise tituliert wird, wie bei einem vorläufig vollstreckbaren Urteil.[425] Dem prozessualen Anspruchsbegriff folgend liegt der Leistungsverpflichtung des Schuldners ein Antrag in bestimmter Höhe nebst dem entsprechenden Lebenssachverhalt zugrunde.[426]
Die herrschende Meinung folgt demgegenüber dem materiellen Anspruchsbegriff.[427] Ein praktisches Bedürfnis der Funktionen des prozessualen Anspruchsbegriffes bestünde für das Rechtsinstitut der Vollstreckungsunterwerfung nicht.[428] Zur letztendlichen Individualisierung des vollstreckbaren Anspruches sei auch die prozessuale Lehre auf den materiellen Anspruch angewiesen.[429]
Die Unterschiede dieser Ansätze zeigen sich beispielhaft bei der Höchstbetragshypothek: Die Höchstbetragshypothek ist eine streng akzessorische

---

422 C. Marburger, S. 128 f.; Stürner, ZZP 93 (1980), 233, 234.
423 C. Marburger, S. 128 f.; Stürner, ZZP 93 (1980), 233, 234.
424 Wolfsteiner, Die vollstreckbare Urkunde (1. Auflage, 1978), Rn. 14.4 (fortgeführt in der 2. Aufl., Rn. 14.4 ff.); Münch, Vollstreckbare Urkunde und prozessualer Anspruch, S. 414 ff.
425 Wolfsteiner, Rn. 14.5 f.
426 Wolfsteiner, Rn. 14.5; Münch, ZIP 1991, 1041, 1043.
427 Gaul, FS Lüke, S. 81, 102 mit Rechtsprechungsnachweisen; Kopp, Die vollstreckbare Urkunde, S. 136 ff.; Lindemeier, Die Unterwerfungserklärung in der vollstreckbaren notariellen Urkunde, S. 77 ff.; Hornung, NJW 1991, 1649, 1651.
428 Gaul, FS Lüke, S. 96.
429 Gaul, FS Lüke, S. 104.

Buchhypothek, bei der nur der Höchstbetrag, bis zu dem das Grundstück haften soll, bestimmt, im Übrigen aber die Feststellung der (zukünftigen, materiellen) Forderung vorbehalten wird, § 1190 Abs. 1 S. 1 BGB. Die Unbestimmtheit gehört damit zum Wesen der Höchstbetragshypothek.[430] Für die Vertreter der herrschenden materiellen Lehre ist die Höchstbetragshypothek an sich damit nicht unterwerfungsfähig und nur insoweit eine Ausnahme möglich, als es um eine bereits ziffernmäßig bestimmte Teilsumme innerhalb der Höchstbetragshypothek geht.[431]
Die Vertreter der prozessualen Lehre stellen demgegenüber darauf ab, dass es zur Vollstreckung der Bestimmung des materiellen Anspruches nicht bedarf, ausreichend sei vielmehr die Bestimmung des Lebenssachverhaltes im Sinne des Streitgegenstandsbergriffes, also im Falle der Höchstbetragshypothek der Umstand der dinglichen Haftung.[432] Auch die Höhe des vollstreckbaren Anspruches ergebe sich nach prozessualem Verständnis aus der Urkunde, denn bis zu diesem Betrag darf der Gläubiger vollstrecken.[433] Daher sei die Höchstbetragshypothek in vollem Umfang unterwerfungsfähig.

Vor dem Hintergrund dieser bestehenden Lehrmeinungen[434] wurde der prozessuale Anspruchsbegriff nutzbar gemacht, um mit einem solchen das abstrakte Schuldversprechen zumindest für den mit dem Kreditschuldner identischen Sicherungsgeber entbehrlich zu machen und so die für den Schuldner nachteilhafte Beweislastumkehr zu vermeiden.[435] In Reaktion auf die Schrift *Wolfsteiners*, in der dieser die Lehre vom prozessualen Anspruchsbegriff begründete, führte zunächst *Stürner* zustimmend aus, dass selbst zur Individualisierung der gesicherten Forderung der materielle Anspruch nicht zu bemühen sei. Der prozessuale Anspruch sei im Hinblick auf die Kreditsicherung durch die Unterwerfung bezüglich eines festen Geldbetrag wegen aller Ansprüche „aus der Geschäftsverbindung" mit dem Schuldner sowohl betragsmäßig als auch im Hinblick auf den zugrunde liegenden Lebenssachverhalt genau bestimmt.[436] Demnach bedürfe es auch, wenn die Darlehenssumme noch nicht feststehe bzw. die Sicherung aller bestehenden und künftigen Ansprüche der Bank gegen den Darlehensnehmer aus der Geschäftsverbindung im Raum stehe, nicht der Konstruktion eines abstrakten Schuldversprechens, da es genüge, wenn sich der Darlehensnehmer al-

430 Münch, Vollstreckbare Urkunde und prozessualer Anspruch, S. 287 f.
431 Hornung, NJW 1991, 1649, 1651.
432 Münch, Vollstreckbare Urkunde und prozessualer Anspruch, S. 293 f.
433 Münch, Vollstreckbare Urkunde und prozessualer Anspruch, S. 291 f.
434 Es muss in der Tat von einem reinen Gelehrtenstreit gesprochen werden, da die Rechtsprechung ohne Begründung vom materiellen Anspruchsbegriff ausgeht; BGH DNotZ 1991, 529, 530.
435 Stürner, ZZP 93 (1980), S. 233, 234; C. Marburger, S. 127 ff.
436 Stürner, ZZP 93 (1980), S. 233, 234.

lein wegen eines bestimmten Betrages der sofortigen Zwangsvollstreckung in sein gesamtes Vermögen unterwirft.
C. *Marburger* führt in seiner Untersuchung zur persönlichen Haftungsübernahme weiter aus, dass durch § 1 Abs. 1 S. 2 KWG, der die Bankgeschäfte definiert, der Begriff der „Geschäftsverbindung" fest umrissen und der Rahmen der Entstehungstatbestände künftiger Ansprüche festgelegt sei.[437] Dem Vollstreckungsorgan sei aus der Urkunde der Vollstreckungsbetrag ziffernmäßig ersichtlich. Die Existenz eines materiellrechtlichen Anspruches werde erst im möglichen Vollstreckungsgegenklageverfahren festgestellt.[438]

Die Schlussfolgerungen aus der prozessualen Lehre für die persönliche Haftungsübernahme im Rahmen der Grundschuldbestellung können jedoch nicht überzeugen, da sie letztlich auch den Boden des prozessualen Anspruchbegriffes verlassen. Der zweigliedrige prozessuale Anspruch in Anlehnung an § 253 Abs. 2 S. 2 ZPO setzt sich zusammen aus einem „Antrag" in bestimmter Höhe und dem zugrunde liegenden Lebenssachverhalt.[439] Dem Erfordernis der betragsmäßigen Bestimmtheit würde durch die Angabe des vollstreckbaren Betrages zwar ohne weiteres gerecht. Problematisch ist hingegen die Bestimmung des zugrunde liegenden Lebenssachverhaltes, des Anspruchsgrundes. Denn aus diesem muss sich zweifelsfrei ermitteln lassen, welchen Unterwerfungsgegenständen jeweils welcher Anspruchsgrund zuzuordnen ist, um Überschneidungen auszuschließen.[440] Es kann einerseits nicht dem Schuldner überlassen bleiben, die zur Identifizierung notwendigen Angaben erst im Prozess nachzuschieben und damit jede vollstreckbare Urkunde zu Fall bringen zu können, indem er sie auf einen materiell nicht bestehenden Anspruch beziehen würde. Andererseits kann es nicht dem Gläubiger überlassen bleiben, ein und dieselbe vollstreckbare Urkunde nacheinander zur Sicherung verschiedener Forderung benutzen zu können.[441] Es ist den Parteien schon prozessual verwehrt, Forderungen eines Titels mit nicht titulierten Forderungen auszutauschen, insoweit unter Missachtung der Beurkundungsvorschriften.[442]
Die globale Angabe „Ansprüche aus der Geschäftsverbindung" ist nicht geeignet, den Lebenssachverhalt in einer selbst dem prozessualen Anspruchsbegriff genügenden Weise zu individualisieren. Es steht hier zwar ein Dauerlebenssachverhalt in Frage. Jedoch können aus diesem in Gestalt verschiedener Dauerrechtsverhältnisse die unterschiedlichsten Geldforderungen entstehen. Auch der Verweis auf § 1 Abs. 1 S. 2 KWG, der die möglichen Bankgeschäfte bestimmt,

437 C. Marburger, S. 128.
438 C. Marburger, S. 129.
439 Münch, Vollstreckbare Urkunde und prozessualer Anspruch, S. 282 f.
440 Münch, Vollstreckbare Urkunde und prozessualer Anspruch, S. 286.
441 Wolfsteiner, Die vollstreckbare Urkunde, Rn. 18.4.
442 Stein/Jonas-Münzberg, § 794, Rn. 118 f.

ist wenig ertragreich. Diese reichen vom Girogeschäft über das Diskont-, Effekten-, Investment- und Garantiegeschäft bis zum Kreditgeschäft (vgl. § 1 Abs. 1 KWG), welche ihrerseits die unterschiedlichsten rechtlichen Gestaltungen aufweisen können.
Selbst wenn man die „Geschäftsverbindung“ als gesetzliches Schuldverhältnis begreift,[443] resultieren aus diesem keine primären Leistungspflichten.[444] Es ist allein Grundlage für eine Vertrauenshaftung bei Verletzung der durch die Aufnahme der Geschäftsverbindung begründeten Rechte und Pflichten.[445]
Der Begriff der Geschäftsverbindung ist daher zu weit, um einen abgrenzbaren Lebenssachverhalt zu umreißen.[446] Ein beliebiger Austausch von Forderungen aus der Geschäftsverbindung ohne Beurkundung wäre möglich. Eine derart globale Unterwerfung kann vernünftiger Weise von niemanden erwartet werden.
Auch der Verweis *C. Marburgers*[447] auf die von *Münch* angedachte Möglichkeit der Unterwerfung im Hinblick auf den Höchstbetrag des Anspruches aus einer Höchstbetragshypothek[448] lässt sich nicht auf die Unterwerfungen für persönliche Forderungen übertragen. Individualisierungsmerkmal für den zugrunde liegenden Lebenssachverhalt ist hier das dingliche Recht, denn es handelt sich insoweit um die Haftung aus einem ganz bestimmten Grundstück, nicht jedoch um im Einzelnen noch völlig unbestimmte persönliche Ansprüche.
Die Unterwerfung im Hinblick auf eine wechselnde bzw. unbestimmte Darlehensforderung unter Zugrundelegung der Geschäftsverbindung zwischen Bank und Darlehensnehmer ist also auch mittels des prozessualen Anspruchsverständnisses nicht möglich. Soweit eine Sicherung aller bestehenden und künftigen Ansprüche der Bank gegen den Darlehensnehmer aus der Geschäftsverbindung erfolgen soll, bedarf es für einen persönlichen Vollstreckungstitel weiterhin der Konstruktion eines abstrakten Schuldversprechens.

2. Sicherung fremder Verbindlichkeiten

Auch und erst recht bei der Sicherung fremder Verbindlichkeiten soll das abstrakte Schuldversprechen nicht erforderlich sein, um dem berechtigtem Sicherungsbedürfnis der Bank zu entsprechen. In allen Fällen der persönlichen Dritt-

443 Canaris, Bankvertragsrecht, 1. Teil, Rn 12 ff., Kümpel, Bank- und Kapitalmarktrecht, Rn. 2.765; Schmidt, Handelsrecht, § 20 I 3, S. 603; a.A. Claussen, Bank- und Börsenrecht, § 5, Rn. 8.
444 Canaris, Bankvertragsrecht, 1. Teil, Rn 12 ff., Schmidt, Handelsrecht, § 20 I 3, S. 603.
445 Canaris, Bankvertragsrecht, 1. Teil, Rn 14.
446 Münch, Vollstreckbare Urkunde und prozessualer Anspruch, S. 293.
447 so aber C. Marburger, S. 130, Fn. 442.
448 Münch, Vollstreckbare Urkunde und prozessualer Anspruch, S. 287 ff.

sicherung böte sich vielmehr die Personalsicherheit der Bürgschaft oder des Schuldbeitrittes an.[449]

a. Einfache Sicherungszweckerklärung

Bestellt also ein Dritter an seinem Grundstück eine Grundschuld zur Sicherung eines vom Darlehensnehmer aufgenommenen bestimmten Kredites und übernimmt zugleich die persönliche Haftung, so kommt insbesondere nach *C. Marburger* die Auslegung der persönlichen Haftungsübernahme als abstraktes Schuldversprechen nicht in Betracht. Vielmehr ergäbe die Auslegung, dass in diesen Fällen entweder eine selbstschuldnerische Bürgschaft oder ein Schuldbeitritt gewollt sei.[450] In Betracht zu ziehen ist demgegenüber jedoch auch die Auslegung der persönlichen Haftungsübernahme als Garantieversprechen.

(1) Bürgschaft

Durch Annahme einer selbstschuldnerischen Bürgschaft ließe sich eine Vollstreckungsmöglichkeit in das gesamte Vermögen des Sicherungsgebers erreichen. Dem berechtigten Sicherungsbedürfnis der Bank wäre entsprochen, ohne, dass es zu einer Umkehr der Beweislast käme. Zudem kämen dem Sicherungsgeber die Bürgenschutzvorschriften zugute, §§ 768, 774 BGB. Auch der Wortlaut der persönlichen Haftungsübernahme stünde einer Auslegung als Bürgschaft nicht entgegen. Zwar erscheint das Haftungsobjekt durch Bezugnahme auf den Grundschuldbetrag nicht als Verbindlichkeit eines anderen, sondern als die eigene Duldungspflicht des Sicherungsgebers. In Übereinstimmung mit *Huber*[451] sei diese Beschränkung jedoch dahingehend zu lösen, dass der drohende Schaden des Gläubigers nicht eigentlich im Ausfall der Grundschuld, sondern darin bestünde, das er wegen der gesicherten Forderung keine Befriedigung erlange und somit eigentlich eine persönliche Sicherheit für die Forderung aus dem Darlehensvertrag erstrebt werde.[452]
Fraglich ist jedoch auch hier, ob die Bürgschaft in gleicher Weise wie das abstrakte Schuldversprechen geeignet ist, dem berechtigten Sicherungsinteresse der Bank zu entsprechen, denn nur, wenn die Abstraktion nicht erforderlich ist, um diesen Zweck zu erreichen, ist schon das Vorliegen eines Abstraktionswillens zweifelhaft.[453] Dem Gläubiger ist durch die persönliche Haftungsübernahme des Sicherungsgebers in erster Linie an der Schaffung eines hinreichend bestimmten persönlichen Vollstreckungstitels gelegen. Allein die mit dem abstrakten

449 C. Marburger, S. 131.
450 C. Marburger, S. 131 ff.
451 Huber, Die Sicherungsgrundschuld, S. 42.
452 C. Marburger, S. 132.
453 siehe oben § 2 IV. 2.

Schuldversprechen erzielbare Beweislastumkehr kann hier nicht im Vordergrund stehen, da diese, wie gezeigt, im Prozess aufgrund der Vorlegungspflicht der Banken faktisch keine Auswirkungen hat.[454]
Auch im Hinblick auf die Bürgschaftsverpflichtung ist die Unterwerfung unter die sofortige Zwangsvollstreckung möglich.[455] Es handelt sich hier um einen bestimmten unterwerfungsfähigen Anspruch gegen den Unterwerfungsschuldner. Zur Schaffung eines persönlichen Vollstreckungstitels gegen den vom Darlehensschuldner verschiedenen Sicherungsgeber ist die Bürgschaft daher grundsätzlich geeignet.

Problematisch ist jedoch die Auslegung der persönlichen Haftungsübernahme als selbstschuldnerische Bürgschaft.[456] Denn es ist fraglich, woraus sich alleine bei der Übernahme der persönlichen Haftung der Verzicht auf die Einrede der Vorausklage nach § 773 Abs. 1 Nr. 1 BGB ergeben soll. Der Sicherungsgeber hat sich weder ausdrücklich als Selbstschuldner verbürgt, noch bestehen irgendwelche anderen Anhaltspunkte für einen konkludenten Verzicht auf die Einrede der Vorausklage. Von einem solchen ist im Zweifel nämlich nicht auszugehen.[457] In Betracht käme zwar die Heranziehung der in einigen Grundschuldbestellungsurkunden enthaltenen weiten Sicherungszweckerklärung, wonach die Bank aus der Haftungsübernahme auch *„schon vor Vollstreckung aus dem Grundstück“*[458] vorgehen können soll. Diese Regelung betrifft jedoch nicht das Verhältnis von Haupt- und Bürgenschuld, das sich insbesondere wegen der Einrede der Vorausklage durch Subsidiarität auszeichnen, sondern das Verhältnis verschiedener Sicherungsmittel gegenüber einem Sicherungsgeber. Sie lässt daher keine Rückschlüsse für einen eventuell auch konkludenten Verzicht auf die Einrede der Vorausklage zu.

Die Übernahme der persönlichen Haftung in der Grundschuldbestellungsurkunde ließe auch Raum für eine Auslegung der Erklärung als Ausfallbürgschaft, bei der sich der Ausfallbürge verpflichtet, dem Gläubiger nur für den endgültigen Ausfall der Hauptforderung einzustehen, also für das, was er durch die Verwertung anderer Sicherheiten nicht erlangen kann.[459] Mit dieser Auslegung müsste der Gläubiger nicht nur zunächst Befriedigung beim Darlehensschuldner suchen, sondern zunächst alle anderen Sicherheiten, so auch die

---

454 siehe oben § 7 I. 1. a. (1).

455 Wolfsteiner, Die vollstreckbare Urkunde, Rn. 16.3.

456 so aber C. Marburger, S. 131.

457 Staudinger/Horn, § 773, Rn. 2.

458 vgl. Grundschuldbestellungsformular: Bank-Verlag Köln, Nr. 42.107 (bei Gaberdiel, Anhang 3); Deutscher Sparkassen Verlag, Nr. 192 060.000 (bei Gaberdiel, Anhang 1) sowie DG-Verlag, Nr. 220 410 (bei Gaberdiel, Anhang 4).

459 Staudinger/Horn, § 771, Rn. 11.

Grundschuld, verwerten. Dies bereitet vor allem dann Schwierigkeiten, wenn nur wegen relativ geringfügigen Zahlungsrückständen zu vollstrecken wäre. Eine solche Auslegung wäre überdies ohnehin ausgeschlossen, wenn die Erklärung, wie in vielen Formularen üblich, zusätzlich die Erweiterung enthielte, dass ein Vorgehen aus der persönlichen Haftungsübernahme auch schon vor Vollstreckung in die Grundschuld möglich sein soll.[460]
Die üblichen Formulare ließen sich daher allenfalls als Bürgschaft ohne Verzicht auf die Einrede der Vorausklage auslegen.

(2) Garantie

In Betracht käme weiter die Auslegung der persönlichen Haftungsübernahme als Garantie. Eine Garantie ist das selbstständige Versprechen, einem anderen dafür einzustehen, dass ein bestimmter tatsächlicher oder rechtlicher Erfolg eintritt oder die Gefahr eines künftigen bestimmten Schadens sich nicht verwirklicht.[461] Eine solche Auslegung scheitert nicht schon daran, dass nicht davon auszugehen wäre, dass der Sicherungsgeber durch die persönliche Haftungsübernahme unbedingt haften wolle, also ohne die Möglichkeit, Einwendungen gegen die gesicherte Forderung geltend machen zu können.[462] Entscheidend für das Vorliegen einer Garantie ist der Wille des Garantiegebers zur Begründung einer selbstständigen, nichtakzessorischen Verpflichtung, also der Begründung einer Sicherung unabhängig vom Bestand der gesicherten Forderung. Dem Wortlaut allein der persönlichen Haftungsübernahme ist jedoch nicht zu entnehmen, dass gerade ein solches Einstehen nicht gewollt ist. Vielmehr bezieht sich die Übernahme der persönlichen Haftung auf den Grundschuldbetrag. Die Grundschuld wiederum ist vom Bestand des gesicherten Darlehensrückzahlungsanspruches unabhängig. Gleiches müsste dann für die Übernahme der persönlichen Haftung gelten. Die Auslegung der persönlichen Haftungsübernahme als Garantie kommt daher durchaus in Betracht. Durch die Bezugnahme auf die nichtakzessorische Grundschuld liegt eine solche Auslegung auch näher als die Annahme einer Bürgschaft.

(3) Schuldbeitritt

Ausgehend von der Interessenlage der Vertragsparteien könnte die Übernahme der persönlichen Haftung auch als Schuldbeitritt auszulegen sein.[463] Hier wird

---

460 vgl. Grundschuldbestellungsformular: Bank-Verlag Köln, Nr. 42.107 (bei Gaberdiel, Anhang 3); Deutscher Sparkassen Verlag, Nr. 192 060.000 (bei Gaberdiel, Anhang 1) sowie DG-Verlag, Nr. 220 410 (bei Gaberdiel, Anhang 4).

461 BGHZ 90, 287, 290 ff.; Staudinger/Horn, Vorbem zu §§ 765 ff., Rn. 194.

462 so aber C. Marburger, S. 134.

463 C. Marburger, S. 133.

der Sicherungsgeber zusätzlicher Schuldner der schon bestehenden gesicherten Forderung durch Begründung eines Gesamtschuldverhältnisses, §§ 421 ff. BGB.[464] Wie die Bürgschaft bewirkt der Schuldbeitritt jedoch keine Beweislastumkehr, verschafft der Bank aber dennoch einen Vollstreckungstitel über das gesamte Vermögen des dritten Sicherungsgebers. Der Beitretende schuldet primär und nicht, wie bei der Bürgschaft, subsidiär. Gemäß § 425 BGB wirken andere Tatsachen als Erfüllung, Erlass und Gläubigerverzug nur für und gegen den Gesamtschuldner in dessen Person sie eintreten. Die Verbindlichkeit des Beitretenden gegen den Gläubiger ist daher nur teilweise akzessorisch.[465] Problematisch ist jedoch auch hier die Auslegung des insoweit unklaren Wortlautes. Ergibt sich nämlich nicht bereits aus dem Wortlaut zweifelsfrei, dass der Sicherungsgeber ein Gesamtschuldverhältnis mit dem Darlehensschuldner begründen wollte, müssen gegenüber der Bürgschaft besondere Anhaltspunkte vorliegen, da sich die Formvorschriften der Bürgschaft ansonsten leicht umgehen ließen. Anhaltspunkte für einen Schuldbeitritt sind in erster Linie ein Eigeninteresse des Beitretenden an der Erfüllung des Hauptvertrages zwischen Schuldner und Gläubiger[466] oder der Umstand, dass die Vertragsparteien bei Vertragsschluss nicht mit einer Erfüllung durch den Schuldner gerechnet haben.[467] Liegen derartige Umstände nicht vor, kommt eine Auslegung der persönlichen Haftungsübernahme als Schuldbeitritt nicht in Betracht.

Die Auslegung der persönlichen Haftungsübernahme im Rahmen der einfachen Sicherungszweckerklärung und zur Sicherung fremder Verbindlichkeit als abstraktes Schuldversprechen ist letztlich nicht zwingend. Soweit der Wortlaut der Erklärung nicht eindeutig die Begründung einer abstrakten Verbindlichkeit nahe legt, kommt mangels eines zwingenden Abstraktionsbedürfnisses auch die Auslegung der persönlichen Haftungsübernahme als Bürgschaft oder Garantie in Betracht.

Maßgeblich dürfte damit der hypothetische Parteiwille bei Abschluss des Vertrages sein[468], also die Auslegungsalternative, die die Parteien bei Bedenken gerade zu dieser fraglichen Klausel wahrscheinlich getroffen hätten. Jedoch lässt sich auch dieser nicht zuverlässig feststellen, denn wenn die Parteien bereits über diesen fraglichen Punkt streiten, werden hierzu regelmäßig gegensätzliche Behauptungen aufgestellt.[469] Daher ist auch entscheidend, wie die Verkehrsan-

---

464 Bülow, Recht der Kreditsicherheiten, Rn. 1579.
465 Bülow, Recht der Kreditsicherheiten, Rn. 1580.
466 Bülow, Recht der Kreditsicherheiten, Rn. 1583.
467 BGH NJW 1986, 580 (I. 3.).
468 Medicus, AT § 25 III 2.b), Rn. 343.
469 Medicus, AT § 25 III 2.b), Rn. 343.

schauung diesen fraglichen Punkt beurteilt. Es ist also auch nach der Üblichkeit einer jeweiligen Regelung zu fragen.[470]
Nach dieser Maßgabe ist die Übernahme der persönlichen Haftung im Rahmen der Grundschuldbestellung wiederum als abstraktes Schuldversprechen auszulegen, denn es entspricht der ständigen Rechtsprechung, dass die Übernahme der persönlichen Haftung im Rahmen der Grundschuldbestellung ein abstraktes Schuldversprechen darstellt. In einigen Grundschuldbestellungsformularen lässt zudem auch der Wortlaut keinen Zweifel, dass die Übernahme der persönlichen Haftung durch abstraktes Schuldversprechen zu erfolgen hat.[471] Nach der Verkehrsanschauung handelt es sich bei persönlichen Haftungsübernahme also um ein abstraktes Schuldversprechen, auch wenn es zunächst befremdlich erscheint, auf der einen Seite diese äußerst unreflektierte Auslegung der Rechtsprechung zu konstatieren, um schließlich die damit begründete Verkehrssitte in die Auslegung einfließen zu lassen.

Etwas anderes gilt jedoch dann, wenn – wie regelmäßig – die Übernahme der persönlichen Haftung im Formularvertrag erfolgt und demgemäß die §§ 305 ff. BGB Anwendung finden. Während sich die Auslegung Allgemeiner Geschäftsbedingungen zwar grundsätzlich nach den allgemeinen Regeln richtet,[472] ist für unklare Klauseln in § 305 c Abs. 2 BGB normiert, dass diese ausdrücklich zu Lasten des Verwenders auszulegen sind. Dies beruht auf der Formulierungsverantwortung des AGB-Verwenders, dem es obliegt für eindeutige und verständliche Klauseln zu sorgen.[473] Maßgeblich ist damit die kundengünstigste Auslegungsalternative, also diejenige die dem Kunden die meisten Rechten belässt bzw. die wenigsten Pflichten auferlegt. Dies dürfte hier die Auslegung der persönlichen Haftungsübernahme als Bürgschaft darstellen. Dem Sicherungsgeber obliegt hier zunächst nicht die Beweislast für die fehlende Entstehung oder Fälligkeit des zu sichernden Anspruches und er verfügt über die spezifischen Bürgenschutzrechte (§§ 768 Abs. 1 und 2, 771, 774 Abs. 1 BGB). In Allgemeinen Geschäftsbedingungen wäre daher aufgrund des unklaren Wortlautes der persönlichen Haftungsübernahme von dem Vorliegen einer Bürgschaft auszugehen.

b. Weite Sicherungszweckerklärung

Soweit der vom Darlehensnehmer verschiedene Sicherungsgeber im Rahmen einer weiten Sicherungszweckerklärung die persönliche Haftung für den Grund-

---

470 Medicus, AT § 25 III 2.b), Rn. 343.

471 vgl. Mustergrundschuldformular der Bundesnotarkammer, DNotZ 2002, 84 ff.

472 W/H/L, § 5 AGBG, Rn. 1; Palandt/Heinrichs, § 305 c, Rn. 15; MüKo/Basedow, § 5, Rn. 1.

473 W/H/L, § 5 AGBG, Rn. 24.

schuldbetrag übernimmt, ist nach Ansicht *C. Marburgers* die Annahme eines abstrakten Schuldversprechens nicht erforderlich, da auch hier die formularmäßige Übernahme einer Bürgschaft möglich sei. *C. Marburger* setzt sich hier bewusst in Widerspruch zur Rechtsprechung des BGH, der die weite Sicherungszweckerklärung im Bürgschaftsvertrag in Allgemeinen Geschäftsbedingungen als unangemessene Benachteiligung ansieht, da dies nicht mit dem gesetzlichen Leitbild des § 767 Abs. 1 S. 3 BGB vereinbar sei.[474] Zwar sei durch die Bürgschaft auch die Absicherung künftiger Forderungen möglich, eine solche Sicherungszweckerklärung sei jedoch dann unwirksam, wenn diese künftigen Forderungen nicht absehbar waren, weil sie auf künftigen Verträgen oder künftigen Vertragsänderungen beruhen. Die allgemeine Anlassrechtsprechung des BGH ist bei der Bürgschaft also noch verschärft durch die Annahme einer unangemessenen Benachteiligung.[475]
Die Rechtsprechung des BGH verstößt nach Auffassung *C. Marburgers* gegen den eindeutigen Wortlaut des § 765 Abs. 2 BGB, wonach eine Bürgschaft auch für künftige Verbindlichkeiten übernommen werden kann.[476]
Zu beanstanden ist an der weiten Sicherungszweckerklärung jedoch nicht die Tatsache, dass es sich um zukünftige Forderungen handelt, sondern dass diese der Höhe nach ungewiss und damit unbegrenzt sind. Die Bürgschaftsverpflichtung darf jedoch gemäß § 765 Abs. 1 S. 3 BGB nicht durch ein Rechtsgeschäft, dass der Schuldner nach Übernahme der Bürgschaft vornimmt, erweitert werden. Entgegen *C. Marburger* lässt sich die Zulässigkeit der Globalbürgschaft daher nicht mit § 765 Abs. 2 BGB begründen.
Mit der Auslegung der persönlichen Haftungsübernahme in der weiten Sicherungszweckerklärung als Globalbürgschaft führt dies also regelmäßig zur Unwirksamkeit der Klausel wegen Verstoßes gegen § 307 Abs. 2 Nr. 1 BGB, während die Annahme eines abstrakten Schuldversprechens eine solche Unwirksamkeit nach dem derzeitigen Stand der Rechtsprechung nicht begründet, da der BGH eine Inhaltskontrolle mangels rechtsnormativer Vorgaben, wie des § 767 Abs. 1 S. 3 BGB, insoweit nicht vornimmt.[477]

Zu dem gleichen Ergebnis gelänge man auch, wenn man die Übernahme der persönlichen Haftung speziell als Höchstbetragsbürgschaft auslegen würde. Eine solche Auslegung liegt durch die Bezugnahme der persönlichen Haftungsübernahme auf den Grundschulbetrag auch nahe. Der BGH hat die von ihm entwickelten Grundsätze zur Unzulässigkeit der Globalbürgschaft in Allgemeinen Ge-

474 hierzu ausführlich § 4 II. 2.
475 BGHZ 132, 6; hierzu § 4 II. 2.
476 C. Marburger, S. 135 f.
477 hierzu § 4 II. 2.

schäftsbedingungen entgegen seiner früheren Rechtsprechung nunmehr jedoch auch auf die Höchstbetragsbürgschaft übertragen.[478]

In Allgemeinen Geschäftsbedingungen käme es damit zu dem paradoxen Ergebnis, dass sich die nach Maßgabe des § 305 c Abs. 2 BGB als kundenfreundlichste Auslegungsalternative ergebende Bürgschaft gleichzeitig inhaltlich gemäß § 307 Abs. 2 Nr. 1 BGB zu missbilligen wäre, während die kundenfeindlichere Auslegungsalternative, die Auslegung der persönlichen Haftungsübernahme als abstraktes Schuldversprechen, bisslang keine inhaltliche Missbilligung durch die Rechtsprechung des BGH erfahren hat.[479]
Die Anforderungen an eine klare und transparente Gestaltung des abstrakten Schuldversprechens können hier also gar nicht hoch genug eingeschätzt werden.

II. Das Verhältnis von Grundschuld und abstraktem Schuldversprechen

Erfolgt die Kreditsicherung durch Grundschulden in Verbindung mit der Übernahme der persönlichen Haftung durch abstraktes Schuldversprechen, stehen dem Sicherungsnehmer gegen den mit dem Darlehensschuldner identischen Sicherungsgeber drei Forderungen zu: der gesicherte persönliche kausale Darlehensrückzahlungsanspruch, das persönliche abstrakte Schuldversprechen und der dingliche abstrakte Duldungsanspruch aus der Grundschuld. Ist die Grundschuld nicht zu Entstehung gelangt, gemäß § 91 ZVG erloschen oder übersteigt der Darlehensrückzahlungsanspruch die Ansprüche jeweils aus der Grundschuld und dem abstrakten Schuldversprechen, stellt sich die Frage nach dem Verhältnis der beiden Sicherungsrechte zueinander: Sichert das abstrakte Schuldversprechen die Zahlung aus der Grundschuld oder vielmehr die Darlehensforderung? Diese Frage gilt es v.a. vor dem Hintergrund der üblichen Grundschuldbestellungsmuster zu beantworten, in denen der Sicherungsgeber regelmäßig erklärt, er übernehme *„für die Zahlung eines Geldbetrages in Höhe des Grundschuldbetrages und der vereinbarten Grundschuldzinsen“* oder auch nur *„für die Zahlung des Grundschuldbetrages“* die persönliche Haftung.
In diesem Zusammenhang stellt sich dann auch die Frage, ob eine kumulative Verwertung beider Sicherungsrechte, also *sowohl* der Grundschuld *als auch* des abstrakten Schuldversprechens möglich ist oder, ob allein eine alternative Verwertung beider Sicherungsrechte, also *entweder* der Grundschuld *oder* des abstrakten Schuldversprechens in Betracht kommt?

---

478 BGH NJW 1996, 1470, 1472; BGH NJW 1996, 2369, 2370.
479 siehe oben § 3.

1. Die Rechtsprechung

a. BGH-Urteil v. 18.12.1986

In seiner Entscheidung vom 18. Dezember 1986[480] hatte sich der IX. Zivilsenat des BGH mit dem Verhältnis von Grundschuld und abstrakten Schuldversprechen zu befassen. Den dort in Frage stehenden Grundschuldbestellungsurkunden waren formularmäßige Sicherungszweckerklärungen beigefügt, nach denen die Grundschulden und die abstrakten Schuldversprechen der Sicherung aller bestehenden und künftigen – auch bedingten und befristeten – Ansprüche der Bank aus der Geschäftsverbindung dienen. Der IX. Zivilsenat kam hier zu dem Ergebnis, dass nach der Zweckerklärung das abstrakte Schuldversprechen nicht den Grundschuldbetrag, sondern ebenso wie die anderen in den notariellen Urkunden bestellten Sicherungsrechte die Darlehensverbindlichkeiten des Schuldners aus der bankmäßigen Geschäftsverbindung sichere. Das abstrakte Schuldversprechen sei also ein selbstständiges Sicherungsmittel neben anderen für sämtliche Kreditforderungen der Klägerin gegen die Schuldner. Die Darlehensschuldner und Sicherungsgeber können aus der Sicherungsabrede oder aus § 812 BGB Verzicht auf die Rechte aus dem Schuldanerkenntnis fordern, sobald dieses nach Erlöschen der bankmäßigen Geschäftsbeziehung zur Sicherung der Kreditverbindlichkeiten nicht mehr erforderlich sei.[481] Das Urteil führt weiter aus: „... *so kann sie* (die Klägerin) *weiterhin bis zu ihrer vollen Befriedigung die Rechte aus dem Schuldanerkenntnis geltend machen, ohne daß die Schuldner oder die Beklagte als Anfechtungsgegnerin einwenden könnten, gerade diese Forderung sei durch vollständige Befriedigung der in derselben Urkunde bestellten Grundschuld erloschen oder dürfte wegen des Wegfalls des Sicherungszwecks nicht mehr geltend gemacht werden.*“[482]

b. BGH-Urteil v. 3.12.1987

Anders entschied jedoch der III. Senat in seinem Urteil vom 3. Dezember 1987.[483] In dem zugrunde liegenden Sachverhalt bestimmte die Sicherungszweckerklärung ebenfalls, dass Grundschuld und abstraktes Schuldversprechen der Sicherung aller gegenwärtigen und zukünftigen Ansprüche aus der bankmäßigen Geschäftsverbindung dienen. Der III. Senat kam hier jedoch zu dem Ergebnis, dass der Schuldner, der sich unter Anerkennung einer der Höhe nach mit dem Grundschuldsumme übereinstimmenden Schuld der sofortigen Zwangsvollstreckung unterwirft, in einem solchen Fall davon ausgehen dürfe, *„daß dadurch*

[480] BGHZ 99, 274 ff.
[481] BGHZ 99, 274, 280 f.
[482] BGHZ 99, 274, 280 f.
[483] BGH WM 1988, 109 ff.

seine Haftung für die Grundschuldsumme nur gegenständlich über den belasteten Grundbesitz hinaus auf sein gesamtes Vermögen erweitert, nicht aber betragsmäßig verdoppelt wird. Wenn der Schuldner die beiden Sicherheiten in Höhe des Grundschuldbetrages kumulativ nebeneinander bestellen und sich in doppelter Höhe der Zwangvollstreckung unterwerfen soll, muss dies im Urkundentext oder zumindest mündlich bei der Erörterung des Erklärungsinhalts – klarer zum Ausdruck gebracht werden oder sich wie bei der Entscheidung BGHZ 99, 274, 280/281 (Urteil des III. Zivilsenates v. 3. Dezember 1987, unter a., Anm. d. Verf.) – *aus besonderen Umständen des Einzelfalles ergeben.* "[484] Unergründlich bleibt hier, worin denn in der Entscheidung des IX. Zivilsenates vom 3. Dezember 1987 die besonderen Umstände des Einzelfalles gelegen haben. Die Sicherungszweckerklärung war in beiden Fällen nahezu gleichlautend. Im Übrigen vermied der BGH eine konkrete Aussage zur Frage, was das abstrakte Schuldversprechen besichert, die Grundschuld oder den Darlehensbetrag.

c. OLG Celle, Urteil v. 12.07.1989

Einen anderen Aspekt brachte das OLG Celle in seiner Entscheidung vom 12. Juli 1989[485] in die Diskussion: Das OLG Celle nahm ausdrücklich an, dass allein die Grundschuld und nicht die zugrunde liegende Darlehensforderung als Rechtsgrund für die Übernahme der persönlichen Haftung anzusehen sei. Dies folge nicht zuletzt daraus, dass die durchaus üblichen Haftungsklauseln selbst davon sprächen, dass der Schuldner infolge der persönlichen Haftungsübernahme *„ohne vorherige Zwangsvollstreckung in das belastete Grundeigentum in Anspruch genommen werden"* könne. Dies würde bei einem vernünftigen und redlichen Durchschnittsschuldner zu der Auffassung führen, dass es dem Gläubiger vornehmlich darauf ankäme, seine rechtlichen Möglichkeiten aus der Grundschuld, die kraft Gesetztes allein auf eine Vollstreckung in das Grundstück beschränkt sind, dahin auszuweiten, dass der Schuldner ohne weiteres auch persönlich im Wege der Zwangsvollstreckung wegen des Grundschuldbetrages in Anspruch genommen werden kann. Dem OLG Celle zufolge wäre eine derartige Formulierung wohl nicht erforderlich, wenn das abstrakte Schuldversprechen den Darlehensanspruch habe sichern sollen.

d. BGH-Urteil v. 2.10.1990

Mit Verweis auf die Rechtsprechung des III. Senats[486] entschied der XI. Zivilsenat des BGH am 2. Oktober 1990[487], dass die Bank aus dem abstrakten Schuld-

[484] BGH WM 1988, 109, 110 f.
[485] OLG Celle WM 1989, 1870, 1872 f.
[486] BGH WM 1988, 109 ff.
[487] BGH ZIP 1990, 1390 ff.

versprechen zwar nicht mehr vorgehen könne, wenn sie aus der Grundschuld Zahlung und Befriedigung erhält, auch wenn ihr weitere Forderungen gegen den Schuldner zustehen. Dies bedeute aber nicht, dass auch dann, wenn die Grundschuld in der Zwangsvollstreckung erlischt, ohne dass es zu einer Befriedigung des Gläubigers kommt, der Rechtsgrund für das abstrakte Schuldversprechen wegfalle. Das erkennbare Ziel der persönlichen Haftung, nämlich dem Grundschuldgläubiger eine zusätzliche Sicherung zu verschaffen, würde nicht erreicht, wenn diese Haftung ausgerechnet dann entfallen sollte, falls sich die Grundschuld in der Zwangsversteigerung als nicht werthaltig erweist. Nur eine schuldrechtliche Sicherungsabrede, die der Bank die Möglichkeit ließe, bis zur Befriedigung ihrer Ansprüche in Höhe des Grundschuldbetrages auch noch aus dem abstrakten Schuldversprechen vorzugehen, entspräche dem Interesse und dem Willen beider Parteien im Zeitpunkt des Vertragsschlusses.
Die gleiche Annahme traf der XI. Zivilsenat für den Fall, dass eine Eintragung der Grundschuld nicht erfolgt, denn eine unterschiedliche Behandlung zu dem Fall, dass die Grundschuld befriedigungslos erlischt, sei nicht gerechtfertigt. Das Schuldversprechen finde seinen Rechtsgrund nicht im Grundschuldanspruch, sondern stünde als zusätzliche Sicherung der Kreditforderung selbstständig neben der Grundschuld.[488]

Der Standpunkt des BGH lässt sich daher wie folgt zusammenfassen: Das abstrakte Schuldversprechen sichert zwar den Darlehensanspruch und steht demgemäß als zusätzliche Sicherung selbstständig neben der Grundschuld, der Gläubiger kann jedoch den in der Urkunde angegebenen Betrag nur einmal fordern und vollstrecken (alternative Vollstreckungsmöglichkeit).

2. Der Sicherungszweck des abstrakten Schuldversprechens

Maßgeblich für die Frage, ob eine Vollstreckung des abstrakten Schuldversprechens nur alternativ zur Grundschuld oder auch kumulativ neben der Grundschuld möglich sein soll, ist zunächst der Sicherungszweck des abstrakten Schuldversprechens. Wenn die Auslegung der Sicherungsvereinbarung ergibt, dass das abstrakte Schuldversprechen die Grundschuld sichert, ist es vom Bestand der Grundschuld über die entsprechende Sicherungsabrede abhängig. Soweit die Grundschuld erlischt bzw. gar nicht erst entsteht, hätte der Gläubiger damit das abstrakte Schuldversprechen zurück zu gewähren. Wenn die Auslegung hingegen ergibt, dass das abstrakte Schuldversprechen den Darlehensrückzahlungsanspruch sichert, wäre selbiges unabhängig vom Bestand der Grundschuld allein auf den Bestand der Darlehensforderung angewiesen.

[488] BGH WM 1992, 132, 133.

Die Rechtsprechung scheint eine eindeutige Beantwortung dieser Frage zu vermeiden. Festgestellt wird lediglich, dass eine kumulative Vollstreckungsmöglichkeit jedenfalls nicht gewollt sei.[489] Allein in der Entscheidung des XI. Zivilsenats vom 10. Dezember 1991 zeichnet sich ab, dass der BGH eher die Darlehensforderung als gesichert ansehen möchte.[490]

Die Auslegungsschwierigkeiten im Hinblick auf das Verhältnis von Grundschuld und persönlicher Haftungsübernahme sind durchaus den üblichen Formulierungen des abstrakten Schuldversprechens und der Sicherungszweckerklärung geschuldet. Der Schuldner erklärt in diesen Formularen das abstrakte Schuldversprechen dergestalt, dass er *„für die Zahlung eines Geldbetrages, dessen Höhe der vereinbarten Grundschuld entspricht“*[491] oder auch *„für die Zahlung in Höhe des Grundschuldbetrages“*[492] die persönliche Haftung übernehme. Weiter formulieren die durchaus üblichen Schuldversprechen aus, dass *„der jeweilige Gläubiger ihn schon vor Vollstreckung in den Grundbesitz in Anspruch nehmen“* könne.[493]
Demgegenüber steht – soweit vorhanden – die ebenso übliche weite Sicherungszweckerklärung, wonach *„die Grundschuld, die Übernahme der persönlichen Haftung sowie die Abtretung der Rückgewähransprüche der Sicherung aller bestehenden, künftigen und bedingten Ansprüche der Bank aus der bankmäßigen Geschäftsverbindung mit dem Sicherungsgeber“* dienen.[494]
Während nun die Erklärung der Übernahme der persönlichen Haftung durch die Bezugnahme auf den Grundschuldbetrag den Eindruck erwecken könnte, dass hier allein eine Sicherung der Grundschuld gewollt sei, lässt die Sicherungszweckerklärung vermuten, dass allein das Darlehen durch das abstrakte Schuldversprechen in Form der Übernahme der persönlichen Haftung besichert sei. Die Erklärungen sind daher auszulegen.
Da das abstrakte Schuldversprechen sowie die Sicherungszweckerklärung in aller Regel formularmäßig erfolgen, hat die Auslegung entsprechend den für die Auslegung von Allgemeinen Geschäftsbedingungen entwickelten Grundsätzen zu erfolgen. Dabei gilt zunächst das gleiche wie für die Auslegung von sonsti-

---

[489] BGH WM 1988, 109, 111.
[490] BGH WM 1992, 132; a.A. OLG Celle WM 1989, 1870, 1872; OLG Hamm WM 1991, 783, 785.
[491] Gundschuldbestellungsformular: DG-Verlag, Nr. 220 410 (bei Gaberdiel, Anhang 4).
[492] Grundschuldbestellungsformular: Bank-Verlag Köln, Nr. 42.107 (bei Gaberdiel, Anhang 3).
[493] vgl. Grundschuldbestellungsformular Bank-Verlag Köln, Nr. 42.107 (bei Gaberdiel, Anhang 3); Deutscher Sparkassen Verlag, Nr. 192 060.000 (bei Gaberdiel, Anhang 1); DG-Verlag, Nr. 220 410 (bei Gaberdiel, Anhang 4).
[494] nahezu wortgleiche Sicherungszweckerklärungsformulare: Deutscher Sparkassen Verlag, Nr. 192 240.000 (bei Gaberdiel, Anhang 6); Bank-Verlag Köln, Nr. 42.110 (bei Gaberdiel, Anhang 9); DG-Verlag, Nr. 220 060 (bei Gaberdiel, Anhang 10).

gen Rechtsgeschäften, §§ 133, 157 BGB.[495] Aufgrund des überindividuellen, typisierenden Charakters Allgemeiner Geschäftsbedingungen hat die Auslegung jedoch objektiv unter Außerachtlassung der besonderen Umstände des Einzelfalles zu erfolgen. AGB-Klauseln sind damit ausgehend von den Verständnismöglichkeiten eines Durchschnittskunden einheitlich so auszulegen, wie sie von verständigen und redlichen Vertragsparteien und bei Abwägung der Interessen der normalerweise beteiligten Kreise verstanden werden.[496]

a. Auslegung des abstrakten Schuldversprechens in der Bestellungsurkunde

(1) „für die Zahlung des Grundschuldbetrages" oder „für einen Betrag in Höhe des Grundschuldbetrages

Der BGH deutete in einer frühen Entscheidung an, dass eine Auslegung der Haftungsübernahmeerklärung, welche die Formulierung *„für die Zahlung Grundschuldbetrages"* enthielt, dahingehend in Betracht käme, dass diese nicht die Darlehensforderung, sondern die Grundschuld in Bezug nähme.[497]
Dies veranlasste im Schrifttum vereinzelt zu der Annahme, streng nach dem Wortlaut des abstrakten Schuldversprechens zu differenzieren. Erfolge die Haftungsübernahme *„für den Grundschuldbetrag"*, sichere das abstrakte Schuldversprechen den dinglichen Anspruch auf Zwangsvollstreckung. Erfolge die Haftungsübernahme *„für einen Geldbetrag in Höhe des Grundschuldbetrages"*, sichere es den Darlehensrückzahlungsanspruch.[498] Diese Auslegung wurde jedoch zu Recht überwiegend abgelehnt, da eine solche Formulierung des abstrakten Schuldversprechens wohl eher willkürlich, ohne eine solch feinsinnige Differenzierung erfolgte und daher keinen Schluss auf den wirklichen Willen der Parteien zulässt.[499]
Auch Sinn und Zweck der Bezugnahme auf den Grundschuldbetrag sprechen dafür, dass nicht unbedingt die Sicherung allein der Grundschuld beabsichtigt ist, denn die Bezugnahme auf den Grundschuldbetrag dient der Bestimmung des Vollstreckungsbetrages für den Titel aus § 794 Abs. 1 Nr. 5 ZPO.[500] Danach ist eine Zwangsvollstreckung aus einer Urkunde nur möglich, wenn sie über einen Anspruch in Geld errichtet ist, der die Zahlung einer bestimmten Geldsumme zum Gegenstand hat. Eine Übernahme der persönlichen Haftung *„für den Eingang der Darlehenssumme"* wäre nicht unterwerfungsfähig. Denn zum einen

[495] Palandt/Heinrichs, § 133, Rn. 12; § 305 c, Rn. 15.
[496] Palandt/Heinrichs, § 305 c, Rn. 15.
[497] BGH ZIP 1981, 158, 160.
[498] Rehbein, JR 1989, 157, 158; ders., WuB I F 3-3.87; Jürgen Schröter, Anm. zu BGH Urteil vom 26. Juni 1987, WuB I F. 3.–1.88.
[499] Eickmann, ZIP 1989, 137, 142; C. Marburger, S. 45.
[500] C. Marburger, S. 49 f.

muss die Darlehenssumme nicht schon zwangsläufig feststehen. Damit wird die Unabhängigkeit des abstrakten Schuldversprechens auch im Hinblick auf die Einbeziehung künftiger Forderungen zum Ausdruck gebracht.[501] Zum anderen ergibt sich die bestimmte Geldsumme hier nicht aus der notariellen Urkunde selbst, sondern aus dem Darlehensvertrag. Eine Bezugnahme auf die Darlehensforderung würde auch nicht die Kosten der Vollstreckung berücksichtigen. Die Bezugnahme auf den Grundschuldbetrag samt der damit verbundenen Grundschuldzinsen hingegen schon. Die unterschiedlichen Formulierungen dienen damit allein der Bestimmung des Vollstreckungsbetrages und lassen noch keinen Rückschluss darauf zu, dass das abstrakte Schuldversprechen allein die Grundschuld sichern soll.
Zudem vermittelt gerade auch die Bezugnahme auf den Grundschuldbetrag dem durchschnittlichen Schuldner, dass er den entsprechenden Betrag selbst dann zu zahlen habe, wenn mit der Grundschuld *„irgendetwas nicht stimmt"*[502], also die Haftung aus der Grundschuld gar nicht erst entstanden oder befriedigungslos erloschen ist.

(2) Vollstreckung des abstrakten Schuldversprechens auch schon vor Eintragung der Grundschuld

Fraglich ist, ob die Bestimmung in der Grundschuldbestellungsurkunde, wonach die Vollstreckung aus dem abstrakten Schuldversprechen auch schon vor Eintragung der Grundschuld zulässig sein soll, [503] Rückschlüsse auf den Sicherungszweck des abstrakten Schuldversprechens zulässt, wie sie in der Entscheidung des OLG Celle vom 12. Juli 1989 erörtert wurden.[504]
Auch das OLG Hamm vertrat in seiner Entscheidung vom 9. Januar 1991[505] die Ansicht, dass das abstrakte Schuldversprechen in seiner Wirksamkeit von der Grundschuld abhänge und damit alleine diese sichere. Dies folge daraus, dass ausdrücklich eine Regelung für den Zeitraum zwischen persönlicher Haftungsübernahme und Eintragung der Grundschuld getroffen worden sei. Würden abstraktes Schuldversprechen und Grundschuld selbstständig nebeneinander stehen, wäre eine solche Regelung überflüssig.[506] Vielmehr müsse dem entnommen werden, dass die Beteiligten hier von einem Regelungsbedarf ausgingen, weil

---

501 C. Marburger, S. 50.
502 C. Marburger, S. 47.
503 vgl. Grundschuldbestellungsformular Bank-Verlag Köln, Nr. 42.107 (bei Gaberdiel, Anhang 3); Deutscher Sparkassen Verlag, Nr. 192 060.000 (bei Gaberdiel, Anhang 1); DG-Verlag, Nr. 220 410 (bei Gaberdiel, Anhang 4).
504 OLG Celle WM 1989, 1870, 1872 f.; siehe oben § 7 II. 1. c.
505 OLG Hamm WM 1991, 783 ff.; zuvor schon in Ansätzen: OLG Celle, WM 1989, 1870, 1872.
506 OLG Hamm WM 1991, 783, 785.

ohne diese Bestimmung bis zur Eintragung der Grundschuld eine Inanspruchnahme aus der persönlichen Haftungsübernahme nicht zulässig gewesen wäre. Die Auslegung des OLG Celle und des OLG Hamm berücksichtigt jedoch nicht, dass der so getroffenen Regelung nicht zwangsläufig konstitutive Wirkung beizumessen ist, sondern dass eine ausdrückliche Regelung insbesondere für den Zeitraum vor Eintragung der Grundschuld vielmehr allein aus Gründen der Klarstellung erfolgt sein könnte. Einen Rückschluss auf den Sicherungszweck des abstrakten Schuldversprechens ist aufgrund dieser Regelung nicht ohne weiteres möglich. So entschied denn auch der BGH in der Revision des Urteils des OLG Hamm, dass die ausdrückliche Bestimmung, die persönliche Haftung gelte auch schon vor Eintragung der Grundschuld im Grundbuch, nicht gegen den Willen des Schuldners spräche, eine selbstständig neben der Grundschuld stehende Verpflichtung zu begründen. Eine solche Bestimmung sei vielmehr Ausdruck eines solchen Willens.[507]

b. Die Sicherungszweckerklärung

Die im Zusammenhang mit der Grundschuldbestellung abgegebene Sicherungszweckerklärung ist eine im Rahmen des Gesamtvertrages erteilte und damit in die Auslegung einzubeziehende Erklärung.[508] Die üblichen Formulierungen der Sicherungszweckerklärung lauten wie folgt: *„Die Grundschuld, die Übernahme der persönlichen Haftung sowie die Abtretung der Rückgewähransprüche dienen der Sicherung aller bestehenden, künftigen oder bedingten Ansprüche der Bank aus der bankmäßigen Geschäftsverbindung mit dem Sicherungsgeber"*.[509] Die Sicherungszweckerklärung bestimmt maßgeblich das Verhältnis der Sicherungsrechte zueinander, denn allein aus dem Versprechen einen bestimmten Geldbetrag zu schulden, ergibt sich noch kein eigener Sicherungszweck. Die Sicherungszweckerklärung in ihrer üblichen Formulierung lässt jedoch den Schluss zu, dass das abstrakte Schuldversprechen die Ansprüche aus der bankmäßigen Geschäftsverbindung, mithin die Darlehensrückzahlungsansprüche sichert. Schließlich ist die Aufzählung der Sicherheiten in den üblichen Formularen durch ein *„und"* bzw. ein *„sowie"* verbunden, was gerade nicht für ein alternatives Verhältnis der Sicherungsrechte untereinander spricht.

507 BGH WM 1992, 132, 133.

508 C. Marburger, S. 45.

509 Sicherungszweckerklärungsformulare: Deutscher Sparkassen Verlag, Nr. 192 240.000 (bei Gaberdiel, Anhang 6); Bank-Verlag Köln, Nr. 42.110 (bei Gaberdiel, Anhang 9); DG-Verlag, Nr. 220 060 (bei Gaberdiel, Anhang 10).

c. Interessenlage der Parteien

Die im Rahmen der Auslegung zu berücksichtigen Umstände umfassen auch die Interessenlage der Parteien,[510] denn gerade die Abwägung der Interessen der Vertragsbeteiligten ist geeignet, den in einer Willenserklärung nur unvollkommen zum Ausdruck gebrachten wirklichen Willen zu ermitteln, § 133 BGB.[511]
Die Interessen der kreditgebenden Bank liegen eindeutig. Der Bank ist an einer möglichst umfassenden Sicherung ihrer Kreditforderung gelegen. Eine solche Sicherung würde durch das abstrakte Schuldversprechen nicht erreicht, wenn dieses mit Erlöschen der Grundschuld kondizierbar wäre. Es wäre geradezu sinnlos, sich die Zahlung eines Betrages in Höhe der Grundschuldsumme versprechen zu lassen, wenn dieses Versprechen im Fall des Nichtenstehens oder Erlöschens der Grundschuld, also gerade dann, wenn das Sicherungsbedürfnis akut wird, nicht durchsetzbar wäre.[512]
Aber auch die Interessenlage des Schuldners deutet auf eine von der Grundschuld unabhängige Sicherung durch das abstrakte Schuldversprechen hin, denn gerade aus Schuldnerschutzerwägung verbietet sich die Annahme, das abstrakte Schuldversprechen fände seinen Rechtsgrund in der wiederum abstrakten Grundschuld. Bedeutsam wird dies für den Fall, dass zwar die Grundschuld eingetragen und nicht erloschen, aber das Darlehen nicht ausgezahlt wurde.[513] Eine bereicherungsrechtliche Kondiktion nur des abstrakten Schuldversprechens wäre hier ausgeschlossen. Der Sicherungsgeber müsste daher zunächst die Grundschuld kondizieren, wenn der Sicherungszweck des abstrakten Schuldversprechens allein in der Sicherung in der Grundschuld läge, um über deren Erlöschen das abstrakte Schuldversprechen zurückzufordern.

d. Zwischenergebnis

Das abstrakte Schuldversprechen ist ein selbstständiges Sicherungsmittel und besichert als solches den Darlehensrückzahlungsanspruch. Daher wird die Vollstreckung aus dem abstrakten Schuldversprechen auch nicht unzulässig, wenn die Grundschuld in der Zwangsversteigerung befriedigungslos erlischt oder eine Eintragung der Grundschuld in das Grundbuch nicht erfolgt.

3. Kumulative oder alternative Vollstreckung

Unabhängig davon, ob die Auslegung der Grundschuldbestellungs- und Sicherungszweckformulare ergibt, dass die Grundschuld oder aber der Darlehens-

---

510 Palandt/Heinrichs, § 133, Rn. 18.
511 BGHZ 21, 319, 328.
512 BGH ZIP 1990, 1390 ff.
513 vgl. OLG München ZfIR 2001, 689 ff.

rückzahlungsanspruch als vom abstrakten Schuldversprechen gesichert angesehen werden, vertritt die wohl überwiegende Auffassung in Rechtsprechung und Literatur, dass durch das abstrakte Schuldversprechen die Haftung für die Grundschuldsumme jedenfalls nur gegenständlich über den belasteten Grundbesitz hinaus auf sein gesamtes Vermögen erweitert, nicht aber betragsmäßig verdoppelt werde, mit anderen Worten, dass eine Vollstreckung nur in Höhe des einfachen Sicherheitenwertes von Grundschuld und persönlicher Haftungsübernahme erfolgen könne.[514] Die Begründung hierfür ist meist unklar. Das Verbot kumulativer Vollstreckung ergäbe sich entweder aus der Auslegung der Haftungsübernahme[515] oder sei stillschweigend vereinbarter Inhalt des Sicherungsvertrages.[516] Gemeinsam ist beiden Auffassungen letztlich, dass eine kumulative Vollstreckung nur in Betracht käme, wenn sich dies ausdrücklich aus der Urkunde ergäbe. Die üblichen Formulierungen begründen allein eine alternative Vollstreckungsmöglichkeit.

Eine andere Auffassung vertrat der IV. Zivilsenat des BGH noch in dem bereits besprochenen Urteil vom 18. Dezember 1986. Danach müsse sich gerade die Abhängigkeit von Grundschuld und abstrakten Schuldversprechen in der Vollstreckung aus der Urkunde ergeben, ansonsten könne der Schuldner bis zur Erfüllung seiner Ansprüche die Rechte aus dem abstrakten Schuldversprechen geltend machen, auch wenn die Grundschuld bspw. durch vollständige Befriedigung erloschen sei.[517]
Maßgeblich ist eine solche Unterscheidung zwischen alternativer und kumulativer Vollstreckungsmöglichkeit insbesondere dann, wenn beide Sicherungsmittel eine Geschäftsverbindung absichern sollen, deren Forderungskreis den einfachen Sicherheitenwert von Grundschuld und abstraktem Schuldversprechen übersteigt.

Letztgenannter Auffassung des BGH ist zu folgen: Soweit sich durch Auslegung ermitteln lässt, dass das abstrakte Schuldversprechen die Darlehensforderung sichert und nicht die Grundschuld, ergibt sich hieraus zwingend, dass Grundschuld und abstraktes Schuldversprechen unabhängig voneinander die Darlehensforderung besichern. Wenn beide als Sicherheit der Hauptschuld dienen, folgt hieraus zunächst, dass eine Vollstreckung auch bis zur doppelten Höhe des jeweils einfachen Sicherheitenwertes möglich ist, soweit die Hauptschuld den

---

514 BGH WM 1988, 109, 110 f.; 1992, 132, 133; C. Marburger, S. 50 ff.; Clemente, ZfIR 2004, 497, 507; Gaberdiel, Rn. 297; Staudinger/Wolfsteiner, § 1191, Rn. 108; a.A. BGHZ 99, 274, 280 f.; Schmitz-Valckenberg, DNotZ 1988, 487, 489 ff.; Eickmann, ZIP 1989, 137, 142 f.

515 BGH WM 1988, 109, 110 f.; C. Marburger, S. 50 ff.

516 Staudinger/Wolfsteiner, § 1191, Rn. 108.

517 BGHZ 99, 274, 280 f.

Grundschuldbetrag übersteigt[518] und der persönlichen Haftungsübernahme eine entsprechende weite Sicherungszweckerklärung zugrunde liegt.
Von dieser grundsätzlichen Schlussfolgerung zu trennen, ist die Frage, ob eine solche kumulative Vollstreckungsmöglichkeit auch in formularmäßigen Grundschuldbestellungsurkunden vor dem Hintergrund der §§ 305 ff. BGB Bestand hat.[519]
C. Marburger vertritt demgegenüber die Auffassung, dass die Schlussfolgerung, dass zwei selbstständig nebeneinander stehende Sicherheiten zunächst zwangläufig eine kumulative Vollstreckungsmöglichkeit begründen, gerade nicht in Betracht käme.[520] Allein durch den Hinweis auf das Schuldnerinteresse wird jedoch nicht klar, warum trotz Sicherung der Darlehensforderung und dementsprechend über die Sicherungsabrede hergestellter Abhängigkeit vom Darlehen, dennoch eine wechselseitige Beziehung zur Grundschuld bestehen soll, wenn nicht einmal die entsprechenden Sicherungszweckerklärungen einen Anhaltspunkt hierfür bieten.
Zudem führt *C. Marburger* an, dass gerade das Grundschuldbestellungsformular der *Deutschen Genossenschaftsbank* zeige, dass nicht alle Kreditinstitute die Bestellung einer Grundschuld und die Übernahme der persönlichen Haftung als Vollstreckungsmöglichkeit in doppelter Höhe des Urkundsbetrages verstünden, wenn der dortigen Klausel der Zusatz folgt *„Aus der unter 1. bestellten Grundschuld und der Übernahme der persönlichen Haftung darf sich die Gläubigerin nur einmal in Höhe des Betrages der Grundschuld nebst Zinsen, Nebenleistungen und Kosten befriedigen.“*[521]
Soweit aus der Vertragsgestaltungspraxis des *Deutschen Genossenschaftsverlages*[522] überhaupt generelle Schlussfolgerungen für den Vollstreckungsumfang von abstrakten Schuldversprechen und Grundschuld gezogen werden können, dürfte gerade diese geeignet sein, regelmäßig von einer kumulative Vollstreckung auszugehen. Wenn nämlich von dem Grundsatz auszugehen wäre, die Vollstreckung werde nur gegenständlich erweitert, nicht jedoch betragsmäßig verdoppelt und die Möglichkeit einer kumulativen Vollstreckung müsse sich im Gegensatz zur alternativen Vollstreckung eindeutig und ausdrücklich aus der Urkunde ergeben, wäre eine solche Zusatzvereinbarung schlicht überflüssig. Sie würde allein dann Sinn machen, wenn entsprechend der Auffassung des IV. Zivilsenats, sich allein die Abhängigkeit des abstrakten Schuldversprechen von der Grundschuld aus der Urkunde ergeben müsste, ansonsten aber von einer kumulativen Vollstreckungsmöglichkeit auszugehen wäre. Vielmehr dürfte diese Zu-

[518] Eickmann, ZIP 1989, 137, 142.
[519] hierzu unter § 7 I. 4.
[520] C. Marburger, S. 53 ff.
[521] C. Marburger, S. 55 f.
[522] Grundschuldbestellungsformular des DG-Verlages Nr. 220 410 (bei Gaberdiel, Anhang 4).

satzvereinbarung durch AGB-rechtliche Bedenken der kumulativen Vollstreckung von Grundschuld und abstraktem Schuldversprechen motiviert sein. Grundsätzlich ist daher eine kumulative Vollstreckung von abstraktem Schuldversprechen und Grundschuld in Höhe des doppelten in der Urkunde genannten Betrages möglich, da das abstrakte Schuldversprechen die Darlehensforderung unabhängig von der Grundschuld sichert. Sollte eine alternative Vollstreckung, also in einfacher Höhe des in der Urkunde genannten Betrages und mit einer wechselseitigen Beziehung der Sicherungsrechte gewollt sein, so müssen sich hierfür Anhaltspunkte in den Erklärungen der Vertragsparteien finden lassen. Als Beispiel gerade hierfür kann dann wiederum das Mustergrundschuldformular des *Deutschen Genossenschaftsverlages* dienen.

4. Die Zulässigkeit kumulativer Vollstreckung in Allgemeinen Geschäftsbedingungen

Soweit die Auslegung ergibt, dass das abstrakte Schuldversprechen den Darlehensbetrag sichert und damit nach hier vertretener Auffassung grundsätzlich von einer kumulativen Vollstreckungsmöglichkeit auszugehen ist (es sei denn, die Abhängigkeit des abstrakten Schuldversprechens ergibt sich aus den Parteierklärungen), stellt sich die Frage, ob eine solche kumulative Vollstreckungsmöglichkeit gegen die §§ 305 ff. BGB verstößt.

a. Mehrdeutige Klausel, § 305 c Abs. 2 BGB

Gemäß § 305 c Abs. 2 BGB gehen Zweifel bei der Auslegung von Allgemeinen Geschäftsbedingungen zu Lasten des Verwenders.

Die Auslegung der Schuldnererklärung unter Berücksichtigung der Interessenlage und der Sicherungszweckerklärung ergab, dass das abstrakte Schuldversprechen als selbstständiges Sicherungsrecht neben der Grundschuld und unabhängig von dieser die Darlehensforderung besichert. Soweit sich dieses Ergebnis noch nicht allein aus der Grundschuldbestellungsurkunde ergibt, ist die Sicherungszweckerklärung dagegen eindeutig, ebenso die Interessenlage der Parteien. Die Anwendung der Unklarheitenregel des § 305 c Abs. 2 BGB kommt damit nicht in Betracht. Denn diese ist nicht etwa eine Auslegungsregel, sondern setzt eine abgeschlossene Auslegung voraus, die zumindest zu einem *non liquet* der Auslegungsalternativen geführt haben muss.[523] Eine solche Situation ist in Anbetracht der Sicherungszweckerklärung und Interessenlage der Parteien nicht gegeben. Zwar bestehen in Literatur und gerade in der Rechtsprechung der Oberlandesgerichte durchaus Auslegungsdifferenzen,[524] die eine eindeutige Entscheidung nicht eben vorhersehbar erscheinen lassen. Solche Auslegungs-

---

[523] Schneider, WuB I F 3.-3.90; W/H/L § 5 Rn. 28.

[524] siehe oben § 7 II. 1.

differenzen begründen jedoch per se keine Unklarheit im Sinne des § 305 c Abs. 2BGB.[525]
Auch soweit *Clemente* das Verbot der kumulativen Vollstreckung von Grundschuld und abstrakten Schuldversprechen an § 305 c Abs. 2 BGB festmachen will,[526] kann dem nicht gefolgt werden, denn die Möglichkeit einer kumulativen Ausnutzung von Grundschuld und abstraktem Schuldversprechen besteht überhaupt erst dann, wenn das abstrakte Schuldversprechen die Darlehensforderung sichert und setzt damit bereits zwingend ein Auslegungsergebnis voraus.

b. Überraschende Klausel, § 305 c Abs. 1 BGB

Durch eine mögliche kumulative Vollstreckung von Grundschuld und abstraktem Schuldversprechen kommt zunächst ein Verstoß gegen das Verbot überraschender Klauseln nach § 305 c Abs. 1 BGB in Betracht, welches Bestimmungen in Allgemeinen Geschäftsbedingungen betrifft, die nach den Umständen, insbesondere nach dem äußeren Erscheinungsbild des Vertrages, so ungewöhnlich sind, dass der Vertragspartner des Verwenders mit ihnen nicht zu rechnen braucht.
In den üblichen Formularen steht die Bestellung der Grundschuld im Vordergrund. Verstärkt wird dieser Eindruck durch die textliche Bezugnahme des abstrakten Schuldversprechens auf die Grundschuld. Für den Sicherungsgeber, der zunächst allein mit einer dinglichen Haftung rechnet, also für den am Kreditverhältnis unbeteiligten Drittsicherungsgeber, könnte sich die kumulative, also neben der Grundschuld bestehende Vollstreckungsmöglichkeit als überraschend erweisen.
Der Darlehensschuldner selbst muss hingegen wissen, dass er mit seinem ganzen Vermögen für die Darlehensverbindlichkeit einzustehen hat und dies nicht zwangsläufig nur in Höhe des Grundschuldbetrages. Das Verbot überraschender Klauseln im Hinblick auf eine kumulative Vollstreckungsmöglichkeit steht daher allein beim vom Darlehensschuldner verschiedenen Drittsicherungsgeber zur Diskussion.
Da das abstrakte Schuldversprechen ebenso wie die dingliche Haftung in aller Regel sofort vollstreckbar gestellt wird, erfolgt im Rahmen seiner Abgabe eine notarielle Belehrung. Hierbei hat der Notar den Schuldner gemäß § 17 BeurkG grundsätzlich über die rechtliche Tragweite des abzuschließenden Geschäftes zu belehren. Soweit eine solche Belehrung erfolgt ist, könnte zunächst auch nach der Rechtsprechung des BGH von einer überraschenden Klausel nicht mehr auszugehen sein, denn auch der III. Zivilsenat stellte in seiner Entscheidung vom 3. Dezember 1987 klar: „*Wenn der Schuldner die beiden Sicherheiten in Höhe des Grundschuldbetrages kumulativ nebeneinander bestellen und sich in doppelter*

[525] W/H/L,§ 5, Rn. 29 m.w.N.
[526] Clemente, ZfIR 2004, 497, 507.

Höhe der Zwangsvollstreckung unterwerfen soll, muss dies – im Urkundentext oder zumindest mündlich bei der Erörterung des Erklärungsinhaltes – klarer zum Ausdruck gebracht werden ..."[527].

Zu beurkunden ist jedoch letztlich allein die Grundschuldbestellungsurkunde bzw. in dieser auch die dingliche sowie die persönliche Unterwerfung unter die sofortige Zwangsvollstreckung. Eine Beurkundung der oftmals von der Grundschuldbestellung getrennten Sicherungsvereinbarung und der darin enthaltenen Sicherungszweckerklärung erfolgt jedoch regelmäßig nicht und damit auch keine dahingehende Belehrung. Der Sicherungszweck des abstrakten Schuldversprechens ergibt sich jedoch nicht aus der Grundschuldbestellungsurkunde und der dort enthaltenen Übernahme der persönlichen Haftung. Eine Belehrung zur grundsätzlich kumulativen Vollstreckungsmöglichkeit der Grundschuld und des abstrakten Schuldversprechens erfolgt damit aufgrund der üblichen Vertragsgestaltung regelmäßig nicht.

Die Anforderungen an einen anderweitigen Ausschluss des Überraschungsmoments durch Aufklärung außerhalb der notariellen Belehrung des Vertragspartners dürften demgegenüber hoch sein. So ist nach der Rechtsprechung des BGH zur weiten Sicherungszweckerklärung in Drittsicherungsfällen sogar von einer „Überraschungsfiktion" auszugehen.[528] Auch eine gesondert unterschriebene Erklärung des Sicherungsgebers war dort nicht zur Ausräumung des Überraschungsmoments geeignet.[529] Gleiches dürfte erwartungsgemäß für die kumulative Vollstreckung von abstraktem Schuldversprechen und Grundschuld gelten. Dem durchschnittlichen Drittsicherungsgeber, der in der Hauptsache eine Grundschuld bestellen will, ist es auch tatsächlich schwer vermittelbar, dass er nach Inanspruchnahme aus der Grundschuld aufgrund weiterer gesicherter Verbindlichkeiten die Inanspruchnahme seines persönlichen Vermögens zu erwarten hat.

Die kumulative Vollstreckung von Grundschuld und abstraktem Schuldversprechen kann in Drittsicherungsfällen daher nur durch Individualvereinbarung begründet werden. Im Bereich der Allgemeinen Geschäftsbedingungen stellt sie sich als überraschend im Sinne des § 305 c Abs. 1 BGB dar.

c. Verstoß gegen das Transparenzgebot

In Betracht kommt für die übliche Vertragsgestaltung darüber hinaus und letztlich auch nur überdies ein Verstoß gegen das Transparenzgebot gemäß

---

[527] BGH WM 1988, 109, 110 f.

[528] BGHZ 83, 56, 60; 131, 55, 59; Staudinger/Wolfsteiner, Vor § 1191, Rn. 44.

[529] BGHZ 131, 55, 59.

§ 307 Abs. 1 S. 2 BGB. Dieses verpflichtet den Verwender Allgemeiner Geschäftsbedingungen, die Rechte und Pflichten des Vertragspartners möglichst klar und durchschaubar darzustellen.[530] Zwar wird die Transparenz der Vertragsgestaltung schon im Rahmen der Einbeziehungskontrolle durch § 305 c Abs. 1 BGB verlangt. Das Transparenzgebot besitzt jedoch gegenüber dem Verbot überraschender Klauseln einen eigenständigen Anwendungsbereich. Während die Transparenz bei der Einbeziehung durch § 305 c Abs. 1 BGB der Ermöglichung selbstbestimmter Entscheidung beim Vertragsschluss dient, will die Transparenz bei der Inhaltskontrolle dies vor allem auch in der Vertragsabwicklung sicherstellen. Wenn also eine Belehrung geeignet ist, die grundsätzliche Einbeziehung einer Klausel herbeizuführen, ist damit noch nicht sichergestellt, dass sich der Vertragspartner dieser Belehrung auch noch bei der Vertragsabwicklung erinnert.[531] Den Überraschungseffekt einer Klausel kann der Verwender schon dann beseitigen, wenn er dem Vertragspartner vor oder bei Vertragsschluss Kenntnis von der Klausel verschafft oder zumindest die Voraussetzungen dafür schafft, dass der Vertragspartner mit ihr rechnen muss. Das inhaltliche Transparenzgebot erfordert jedoch die Transparenz der jeweiligen Klausel selbst, ohne zusätzliche Erörterungen und Belehrungen der Klausel, die dem Vertragspartner später in der Vertragsabwicklung ohnehin nicht zur Verfügung stehen. Soweit das Transparenzgebot also eine möglichst klare und durchschaubare Darstellung der Rechte und Pflichten des Vertragspartners erfordert, muss die Klausel die mit ihr verbundenen wirtschaftlichen Nachteile so weit erkennen lassen, wie dies nach den Umständen gefordert werden kann.
Dies ist bei den üblichen Formularen der Kreditinstitute nicht der Fall. Entscheidend ist hierbei nicht die textliche Bezugnahme auf den Grundschuldbetrag. Diesen als Bestimmungsgröße zu definieren, macht die Klausel noch nicht intransparent. Entscheidend ist vielmehr die Stellung der persönlichen Haftungsübernahme innerhalb der Grundschuldbestellung. Diese verschleiert in erheblichem Maße den selbstständigen Charakter des abstrakten Schuldversprechens sowohl in seiner Begründung als auch letztlich in der Vollstreckung. Im Vordergrund dieser Formularpraxis steht die Grundschuldbestellung. An dieser ist der Bank auch am meisten gelegen. Durch die untergeordnete Stellung des abstrakten Schuldversprechens im Vertragswerk der Grundschuld wird der Eindruck vermittelt, vollstreckt werde nur wegen des ziffernmäßig genannten Betrages. Eine doppelte Vollstreckung zu befürchten, gibt die Gestaltung solcher Bestellungsurkunden keinen Anlass, da die Stellung des abstrakten Schuldversprechens innerhalb der Grundschuldbestellungsurkunde nicht eben den Eindruck vermittelt, es werde zusätzlich und unabhängig von der Grundschuld ein selbstständiges Sicherungsrecht bestellt. Selbst wenn die persönliche Haftungsübernahme in der Grundschuldbestellungsurkunde den ausdrücklichen

530 BGHZ 106, 42, 49.
531 W/H/L, § 9, Rn. 144.

Zusatz enthielte, dass eine Vollstreckung des abstrakten Schuldversprechens unabhängig von einer solchen in die Grundschuld und damit in doppelter Höhe des urkundlich genannten Betrages möglich sei, dürfte der Umstand, dass die persönliche Haftungsübernahme schon rein äußerlich in der Grundschuldbestellungsurkunde eine untergeordnete Stellung einnimmt, den Vorwurf der Intransparenz begründen, da hierdurch seine Bedeutung als selbstständiges Sicherungsmittel und Grundlage der Vollstreckung verschleiert wird.

Auch der Fettdruck der Überschrift zur persönlichen Haftungsübernahme in der Grundschuldbestellungsurkunde durch die üblichen Vertragsgestaltungen ist für sich allein nicht geeignet, die Intransparenz zu beseitigen, denn auch die Überschriften der anderen Klauseln innerhalb der Grundschuldbestellungsurkunde (Begründung der dinglichen Haftung, Abtretung der Rückgewähransprüche u.s.w.) weisen diesen Fettdruck auf. Die besondere Bedeutung des abstrakten Schuldversprechens wird hierdurch nicht herausgestellt.

Hiervon zu trennen ist die Frage, ob sich der Schuldner in der gleichfalls abgeschlossenen Sicherungsvereinbarung oder im Darlehensvertrag dennoch wirksam zur Abgabe eines abstrakten Schuldversprechens verpflichten kann. Der BGH hat dies für den Fall der Abgabe des abstrakten Schuldversprechens in der Grundschuldbestellungsurkunde aufgrund einer wegen Art. 1 § 1 RBerG i.V.m. § 134 BGB nichtigen Vollmacht bejaht.[532] Die Verpflichtung zur Abgabe eines abstrakten Schuldversprechens begründete jedoch in keinem Fall die sofortige Vollstreckung des abstrakten Schuldversprechens, gleich ob kumulativ oder alternativ.

Aufgrund der üblichen vertraglichen Gestaltung der persönlichen Haftungsübernahme ist eine Vollstreckung in doppelter Höhe des urkundlich genannten Betrages nicht möglich. Erforderlich ist vielmehr die Übernahme der persönlichen Haftung und diesbezüglicher Vollstreckungsunterwerfung in einer gesonderten Urkunde, um den selbstständigen Charakter des abstrakten Schuldversprechens auch im Hinblick auf die Vollstreckung klar und durchschaubar darzustellen.
Die Unterwerfung im Hinblick auf das abstrakte Schuldversprechen in einer getrennten Urkunde würde auch keine zusätzlichen Kosten verursachen, denn

---

[532] Eine Berufung auf die Nichtigkeit der Vollmacht zur Abgabe der persönlichen Vollstreckungsunterwerfung verstößt gegen Treu und Glauben, wenn sich der Sicherungsgeber im Sicherungs- oder Darlehensvertrag wirksam zur Abgabe der entsprechenden Erklärung verpflichtet hat; st. Rspr.: BGH WM 2006, 853, 855; BGH WM 2005, 1698, 1701; BGH WM 2005, 828, 830. Letztlich beruht diese Rechtsprechung auch auf Gründen der Prozessökonomie, denn es ist schwer einzusehen, dass der Schuldner den Titel mit der Vollstreckungsklage zu Fall bringen könnte, den sich der Gläubiger sodann im Erkenntnisverfahren aufgrund der abgegebenen Verpflichtung erneut beschaffen müsste.

wenn eine kumulative Haftung gewollt ist, würde es sich kostenrechtlich ohnehin um zwei verschiedene Gegenstände handeln, unabhängig davon, ob Grundschuld und abstraktes Schuldversprechen in einer Urkunde bestellt und abgegeben werden, § 44 Abs. 2 a KostO, während bei alternativer Vollstreckung und gleichzeitiger Beurkundung von Grundschuld und abstraktem Schuldversprechen nur eine Gebühr erhoben werden würde, § 44 Abs. 1 KostO.[533]

5. Übersicherung, § 138 BGB

Der Differenzierung von alternativem und kumulativem Vollstreckungsumfang ist im Ergebnis jedoch relativ wenig Bedeutung beizumessen, wenn man sich die Konsequenzen der Nichtakzessorietät von Grundschuld und abstraktem Schuldversprechen vor Augen führt. Wird von der Vertragsgestaltung die Absicherung einer gesamten Geschäftsverbindung verlangt, bei der das Forderungsvolumen noch nicht konkret absehbar ist, so liegt es grundsätzlich voll und ganz in der Disposition der Parteien bei nur alternativer Vollstreckungsmöglichkeit von Grundschuld und abstrakten Schuldversprechen die Grundschuldsumme entsprechend höher zu veranschlagen. Eine höhere Grundschuldsumme macht die Grundschuld als Sicherheit im Ergebnis zwar nicht werthaltiger, denn der Nominalbetrag eines Grundpfandrechtes sagt rein gar nichts über seine Realisierbarkeit aus.[534] Mit dem erwartungsgemäß nicht realisierbaren Teil des Grundschuldbetrages ließe sich jedoch auf dem Boden der jetzigen Rechtsprechung und herrschenden Literatur[535] durch das abstrakte Schuldversprechen weiter in das übrige Vermögen vollstrecken, denn schließlich würde hier der, wenn auch erhöhte, Grundschuldbetrag nur einmal vollstreckt. Damit würde also faktisch über eine schlichte Erhöhung der Grundschuldsumme das gleiche Ergebnis erzielt, welches mit kumulativer Vollstreckungsmöglichkeit zu erreichen wäre. Die entscheidende Frage hat also sowohl bei der alternativen wie bei der kumulativen Vollstreckung von Grundschuld und abstraktem Schuldversprechen vielmehr zu lauten: Liegt im konkreten Fall eine Übersicherung vor?

Sicherungsverträge können wegen der Kumulation verschiedener Sicherheiten oder wegen anfänglicher Übersicherung gegen die guten Sitten verstoßen und deshalb nichtig sein.[536]

Die Gefahren einer Übersicherung, die sich allein schon aus der Grundschuldbestellung selbst ergeben können, sei es im Hinblick auf Zinsen und Nebenleistung, sei es im Hinblick auf die Abtretung des Rückgewähranspruches sollen

---

533 Korintenberg u.a., KostO-Komm., § 44, Rn. 31.

534 vgl. Göbel, Übersicherung und Freigabeklauseln, S. 44.

535 siehe oben § 7 II. 3.

536 vgl. nur exemplarisch zur Übersicherung: Bülow, Recht der Kreditsicherheiten, Rn. 1106 ff.

hier nicht näher thematisiert werden.[537] Allein untersucht werden soll hier, inwieweit sich die Abgabe des abstrakten Schuldversprechens neben der Grundschuldbestellung im Falle des alternativen oder kumulativen Vollstreckungsumfangs als Übersicherung darstellt.

Da die Sicherungsvereinbarungen mit den Banken fast ausschließlich in Allgemeinen Geschäftsbedingungen abgeschlossen werden, kann sich eine eventuelle Übersicherung sowohl als Verstoß gegen § 307 BGB, als auch als solcher gegen § 138 BGB darstellen.[538] Nach der hier vertretenen Ansicht ist das abstrakte Schuldversprechen als leistungsumschreibende Klausel von der Inhaltskontrolle freigestellt.[539] Für das Problem der anfänglichen Übersicherung stellt sich schlechthin die Frage nach Art und Umfang der zu bestellenden Sicherheit im Zeitpunkt des Vertragsschlusses angesichts der erwarteten Darlehensverbindlichkeiten und damit nach der Leistungspflicht des Sicherungsgebers.[540] Die Frage, ob eine Übersicherung vorliegt, lässt sich daher nur am Maßstab des § 138 BGB beantworten.

Auch wenn nach ständiger Rechtsprechung Beurteilungsmaßstab des § 138 BGB das *„Anstandsgefühl aller billig und gerecht Denkenden"* darstellt[541], entzieht sich § 138 BGB einer eindeutigen Definition, da hierbei nur ein unbestimmter Rechtsbegriff durch einen anderen ersetzt würde.[542] Deshalb hat die Rechtsprechung zur praktischen Anwendbarkeit des § 138 BGB zahlreiche Fallgruppen entwickelt, bei deren Vorliegen regelmäßig Sittenwidrigkeit anzunehmen ist. Die Fallgruppe der Übersicherung als sittenwidrige Benachteiligung des Vertragspartners soll dann vorliegen, wenn ein Vergleich des Wertes der eingeräumten Sicherheiten mit der Höhe der jeweiligen Kreditforderung ergibt, dass der Wert der Sicherheiten die Höhe der Kreditforderung auf Dauer in einem ungerechtfertigten Maße übersteigt und der Kreditgeber sein Sicherungsinteresse somit in unzulässiger Weise zu Lasten der Interessen des Sicherungsgebers durchgesetzt hat.[543]

---

[537] vgl. hierzu Clemente/Lenk, ZfIR 2002, 337 ff.; Göbel, Übersicherung und Freigabeklauseln, S. 207 ff.

[538] vgl. zum Verhältnis von § 307 BGB zu § 138 BGB: Göbel, Übersicherung und Freigabeklauseln, S. 56 ff.

[539] siehe § 3 III.

[540] Göbel, Übersicherung und Freigabeklauseln, S. 74.

[541] vgl. Palandt/Heinrichs, § 138, Rn. 1 mit zahlreichen Rechtsprechungsnachweisen.

[542] vgl. hierzu Becker, Maßvolle Kreditsicherung, S. 227.

[543] Göbel, Übersicherung und Freigabeklauseln, S. 2; Bülow, Recht der Kreditsicherheiten, Rn. 1106; Becker, Maßvolle Kreditsicherung, S. 243.

a. Alternative Vollstreckungsmöglichkeit

Eine anfängliche Übersicherung wird bei alternativer Vollstreckungsmöglichkeit von Grundschuld und abstraktem Schuldversprechen erst dann vorliegen, wenn der Sicherungsnehmer einen deutlich höheren Grundschuldnominalbetrag und - durch die Bezugnahme auf den Grundschuldbetrag - einen entsprechend hohen Betrag des abstrakten Schuldversprechens fordert, als dem der seiner Kreditforderung entspricht.[544] Der Grundschuldbetrag darf jedoch zunächst auch höher sein als die aktuelle Darlehensverbindlichkeit, wenn etwa ein Spielraum für einen künftigen Kreditbedarf geschaffen werden soll[545] (weite Sicherungszweckerklärung). Zudem ist auch ein Aufschlag für die möglichen Kosten einer Rechtsverfolgung gerechtfertigt.[546] Soweit demgemäß durch die Höhe des Grundschuldbetrages allein eine Übersicherung nicht herbeigeführt wird, kann eine solche auch nicht durch die zusätzliche Abgabe eines abstrakten Schuldversprechens eintreten, wenn die Vollstreckung nur alternativ zu dem Grundschuldbetrag erfolgen soll. Der Sicherungswert wird hier nicht quantitativ erhöht, sondern durch die sofortige Zugriffsmöglichkeit auch auf das persönliche Vermögen nur qualitativ verbessert.

b. Kumulative Vollstreckungsmöglichkeit

Anders verhält es sich jedoch bei der kumulativen Vollstreckung von Grundschuld und abstraktem Schuldversprechen. Die Gefahr einer Übersicherung besteht hier, wenn der abstrakte Vollstreckungsbetrag aus Grundschuld und abstrakten Schuldversprechen die Darlehensforderung auf Dauer deutlich übersteigt. Dies ist jedenfalls dann der Fall, wenn schon allein die Grundschuldsumme die Darlehensforderung abdeckt. Dabei kann allerdings nicht einfach auf einen bei Vereinbarung der Sicherungszweckerklärung vorhandenen Forderungsbestand abgestellt werden. Zu berücksichtigen ist auch hier das voraussichtliche gesamte zukünftig zu erwartende Forderungsvolumen.[547] Entgegen der Ansicht *Göbels* kann es dabei auch keinen Unterschied machen, ob Kreditschuldner und Sicherungsgeber identisch sind oder nicht. *Göbel* vertritt die Auffassung, dass sich bei Personenidentität von Grundstückseigentümer und Darlehensschuldner die persönliche Haftung des Schuldners bereits aus dem Darlehensvertrag ergäbe und der Sicherungsumfang daher nicht quantitativ erhöht werde, sondern allein die Durchsetzung des Rückzahlungsanspruches erleichtert werde. Im Übrigen stünde dem Schuldner die Einrede aus § 821 BGB zur Ver-

---

544 BGHZ 124, 371, 372; Staudinger/Wolfsteiner, Vorbem §§ 1191, Rn. 61; Gaberdiel, Rn. 658.

545 Gaberdiel, Rn. 277.

546 Göbel, Übersicherung und Freigabeklauseln, S. 44.

547 Gaberdiel, Rn. 658.

fügung. Wohingegen beim vom Kreditschuldner verschiedenen Grundstückseigentümer die persönliche Haftungsübernahme dem Sicherungsgeber eine weitere ihm bisher nicht zugängliche Vermögensmasse eröffne.[548] Diese Auffassung lässt jedoch unberücksichtigt, dass das abstrakte Schuldversprechen ebenso wie die Grundschuld zunächst grundsätzlich unabhängig von der Darlehensforderung besteht.
Der Bank stehen hier zwei persönliche Ansprüche, einmal aus Darlehensgewährung sowie zusätzlich und zunächst unabhängig hiervon ein vollstreckbarer persönlicher Anspruch aus abstraktem Schuldversprechen, zu. Die Übernahme der persönlichen Haftung durch Abgabe des abstrakten Schuldversprechens ergibt sich gerade nicht aus dem Darlehensvertrag. Auch bei Personenidentität zwischen Darlehensnehmer und Sicherungsgeber wird daher mit Abgabe des abstrakten Schuldversprechens eine zusätzliche Sicherheit gewährt, aufgrund derer der Sicherungsnehmer zunächst unabhängig vom Bestand der Darlehensforderung vollstrecken kann. Bei kumulativer Vollstreckung wird damit der Sicherungsumfang nicht nur qualitativ verbessert, sondern auch quantitativ erhöht. Der Darlehensschuldner wird durch die zusätzliche dingliche Haftung ebenso in seiner wirtschaftlichen Bewegungsfreiheit gestört, wie ein Drittsicherungsgeber. Das Argument, der Darlehensnehmer hafte ohnehin für die Erfüllung seiner Verbindlichkeiten, kann vor dem Hintergrund der Übersicherungsproblematik dann nicht überzeugen, wenn diese bereits durch eine Sicherheit vollständig abgedeckt ist.
Dem Schuldner steht zwar die Einrede des § 821 BGB zur Verfügung.[549] Diese steht jedoch auch dem schuldnerfremden Sicherungsgeber zur Verfügung. Die Möglichkeit einer solchen Einrede rechtfertigt daher keine Unterscheidung zwischen Drittsicherungsgeber und Darlehensnehmer. Die Übersicherungsgefahr allein für den Drittsicherungsgeber durch das abstrakte Schuldversprechen liegt auch nicht darin begründet, dass im Falle der Personenverschiedenheit eine vollkommen andere Haftungsmasse neben der dinglichen Haftung aufgetan wird, sondern in der quantitativen Erhöhung des Sicherungsumfanges. Dies gilt jedoch auch für den Darlehensnehmer selbst.

Sollte sich die zusätzliche Vereinbarung eines abstrakten Schuldversprechens mit kumulativer Vollstreckungsmöglichkeit von Grundschuld und abstraktem Schuldversprechen nach den oben genannten Maßstäben als Übersicherung darstellen, kann auch eine eventuell vereinbarte Freigabeklausel hieran nichts ändern, da es sich um eine anfängliche planmäßige Übersicherung handelt.[550] Der Freigabeanspruch bei nachträglicher Übersicherung ergibt sich bei fiduziarischen Sicherheiten, wie sie Grundschuld und abstraktes Schuldversprechen dar-

---

548 Göbel, Übersicherung und Freigabeklauseln, S. 209.
549 so Göbel, Übersicherung und Freigabeklauseln, S. 212.
550 Göbel, Übersicherung und Freigabeklauseln, S. 212.

stellen, ohnehin bereits aus der Sicherungsabrede und muss nicht klauselmäßig vereinbart werden.[551]
Die kumulative Vollstreckungsmöglichkeit birgt jedenfalls immer die Gefahr der anfänglichen Übersicherung. Ist also abzusehen, dass der kumulative Sicherungsumfang das absehbare Forderungsvolumen deutlich und auf Dauer übersteigt, ist das alternative Verhältnis des abstrakten Schuldversprechens und der Grundschuld für den Vollstreckungsumfang ausdrücklich zu vereinbaren.

III. Abstraktes Schuldversprechen und Eigentümergrundschuld

Beliebtes, weil flexibles Sicherungsmittel ist die Eigentümergrundschuld als sogenannte Vorratsgrundschuld. Sie wird durch einseitige Erklärung des Eigentümers, dass eine Grundschuld für ihn eingetragen werden soll, und die anschließende Eintragung in das Grundbuch bestellt, § 1196 Abs. 2 BGB. Diese Eigentümergrundschuld kann der Eigentümer sodann zu Zwecken der Kreditsicherung an zukünftige Darlehensgläubiger abtreten.
Bedeutung erlangte die Eigentümergrundschuld vor allem im Rahmen der Zwischenfinanzierung,[552] jedoch bietet sie auch darüber hinaus die allgemeine Möglichkeit kurzfristiger Sicherheitenbestellung. Häufig wird dabei eine Kette von Vorratsgrundschulden zum Zweck ihrer späteren Abtretung bestellt. Dabei ist der Spielraum der Verfügbarkeit umso größer, je kleiner gestückelt die Grundschulden sind.[553]
Auch wenn § 1197 Abs. 1 BGB anordnet, dass die Zwangsvollstreckung aus der Eigentümergrundschuld nicht betrieben werden kann, ist die Unterwerfungsfähigkeit im Hinblick auf die Eigentümergrundschuld mittlerweile allgemein anerkannt.[554] Die dingliche Unterwerfung gemäß § 800 ZPO wird insoweit als wirksam angesehen, als es sich bei der zugrunde liegenden Forderung schon vor der Umwandlung in eine Fremdgrundschuld um einen gegenwärtig bestimmten, wenn auch durch § 1197 Abs. 1 BGB in der Durchsetzung gehemmten Anspruch handelt.[555]
Problematisch wird es jedoch, wenn die Eigentümergrundschuldbestellung zusätzlich die Übernahme der persönlichen Haftung durch abstraktes Schuldver-

[551] BGHZ 124, 371, 373; BGH WM 1994, 1161, 1162.
[552] v.a. in der Baufinanzierung: vor Auszahlung des Darlehens durch den Bauendfinanzierer wird die Eigentümergrundschuld außerhalb des Grundbuches zur Sicherung des Zwischenfinanzierers an diesen abgetreten.
[553] Reithmann, DNotZ 1982, 67, 83.
[554] BGH NJW 1975, 1356; KG MittBayNot 1975, 271.
[555] Die Frage, ob § 1197 Abs. 1 BGB bereits die Klauselerteilung ausschließt oder erst bei Beginn des Vollstreckungsverfahrens durch das Vollstreckungsorgan zu beachten ist, kann hier dahinstehen; vgl. hierzu Lindemeier, S. 297 f.

sprechen des Eigentümers und eine diesbezügliche Zwangsvollstreckungsunterwerfung enthält.[556] Zum einen stellt die Übernahme der persönlichen Haftung durch abstraktes Schuldversprechen des Eigentümers einen Vertrag dar, der, wenn auch nur einseitig verpflichtend, der Annahme eines Gläubigers bedarf. Ein solcher ist bei der Eigentümergrundschuld naturgemäß noch nicht vorhanden. Zum anderen erfordert die diesbezügliche Unterwerfung unter die sofortige Zwangsvollstreckung die Angabe eines Gläubigers, auch wenn die Erklärung selbst eine einseitige ist.

Während in der Praxis und Teilen der Literatur,[557] von einer grundsätzlichen Zulässigkeit der Übernahme der persönlichen Haftung und diesbezüglicher Vollstreckungsunterwerfung im Rahmen der Eigentümergrundschuldbestellung ausgegangen wird, steht der wohl überwiegende Teil der Literatur dieser Konstruktion skeptisch gegenüber.[558] Insbesondere *Wolfsteiner* führt zur Begründung seiner ablehnenden Haltung an, man gerate so an eine abstrakte, nicht auf einen bestimmten Gläubiger bezogene, aber verkehrsfähige persönliche Vollstreckungsunterwerfung, also sozusagen an ein Zwangsvollstreckungsunterwerfungspapier. Eine solche persönliche Vorrats-Zwangsvollstreckungsunterwerfung sei dem deutschen Recht aber fremd.[559]

Für die Untersuchung der Zulässigkeit solch einer persönlichen Vorratsunterwerfung sind die Fragen der materiellen Begründung des abstrakten Schuldversprechen und der prozessualen Durchsetzung desselben sinnvoller Weise zu

---

556 vgl. Kersten/Bühling-Wolfsteiner, § 84, Rn. 701 Formulierungsvorschlag für die persönliche Unterwerfung zur Eigentümergrundschuld (in dieser Eindeutigkeit jedoch die Ausnahme, vgl. dagegen BGH DNotZ 1958, 579 ff.):

„*Persönliche Haftungsübernahme zur Eigentümergrundschuld mit Zwangsvollstreckungsunterwerfung*
Ich biete demjenigen, dem ich diese Grundschuld erstmals abtrete, den Abschluss eines Vertrags an, durch den ich mich ihm gegenüber zur Zahlung eines Geldbetrages in Höhe des Kapitalbetrags der Grundschuld und zur Zahlung von Zinsen hieraus wie die Grundschuldzinsen verpflichte. Wegen meiner hierdurch im Falle der Annahme des Angebots entstehenden Zahlungsverpflichtungen unterwerfe ich mich der sofortigen Zwangsvollstreckung aus dieser Urkunde; zur Erteilung einer vollstreckbaren Ausfertigung bedarf es nicht des Nachweises, daß der Grundschuldzessionar das Angebot angenommen hat. Dem Zessionar dürfen Ausfertigungen dieser Urkunde erteilt werden.".

557 Zawar, NJW 1976, 1823, 1824; Hieber, DNotZ 1958, 582 f.; Lichtenberger, MittBayNot 1976, 109, 112 f.; Lindemeier, Die Unterwerfungserklärung in der vollstreckbaren notariellen Urkunde, S. 297 f.

558 Wolfsteiner, Die vollstreckbare Urkunde, Rn. 28.72. f., ders., MittBayNot 1976, 35; v. Rintelen RNotZ 2001, 2, 5; Stein/Jonas–Münzberg, § 794, Rn. 118; Reithmann, DNotZ 1982, 67, 85 f.

559 Wolfsteiner, MittBayNot 1976, 35.

trennen: Wie wird das abstrakte Schuldversprechen selbst zwischen Schuldner und dem bei Grundschuldbestellung noch nicht bekannten Gläubiger begründet? Kann sich der Schuldner diesbezüglich der Zwangsvollstreckung unterwerfen?

1. Materielle Begründung des abstrakten Schuldversprechens

Auch im Rahmen der Eigentümergrundschuldbestellung erklärt der Eigentümer regelmäßig, er übernehme für die Zahlung des Grundschuldbetrages oder für einen Betrag der dem Grundschuldbetrag entspricht[560] die persönliche Haftung. Einigkeit besteht in der Rechtsprechung und weitestgehend auch in der Literatur, dass es sich hierbei um die Abgabe eines abstrakten Schuldversprechens handelt.[561] Dieses bedarf als einseitig verpflichtender Vertrag jedoch der Annahme des Gläubigers. Eine solche findet im Rahmen der Eigentümergrundschuldbestellung jedoch naturgemäß nicht statt. Dementsprechend war die Behandlung der persönlichen Haftungsübernahme auch in der Rechtsprechung zunächst unklar. Gegenüber standen sich hier die Auffassung, die darin die – unzulässige – Abtretung eines „In-Sich-Schuldversprechens" sah und der BGH, der die Abgabe des abstrakten Schuldversprechens bei Eigentümergrundschuldbestellung als Angebot für den Abschluss eines abstrakten Schuldvertrages ansieht.

a. OLG Düsseldorf, Urteil v. 26.04.1957

Erstmals äußerte sich das OLG Düsseldorf mit Urteil vom 26. April 1957 zur persönlichen Haftungsübernahme im Rahmen der Eigentümergrundschuldbestellung.[562] Dem Urteil lag folgender Sachverhalt zugrunde: Mit notarieller Urkunde vom 23. Mai 1953 bestellte sich die Klägerin als Grundstückseigentümerin an ihren Grundstücken eine Eigentümergrundschuld in Höhe von 5.000 DM nebst 10 % Zinsen und unterwarf sich sowie den jeweiligen Eigentümer der sofortigen Zwangsvollstreckung in die Grundstücke. In derselben Urkunde übernahm die Klägerin für den Eingang des Grundschuldbetrages die persönliche Haftung und unterwarf sich auch insoweit der sofortigen Zwangsvollstreckung mit der Maßgabe, dass diese schon vor Vollstreckung in die Grundstücke zulässig sein soll. Im Anschluss hieran erklärte die Klägerin in einer weiteren notariellen Urkunde unter Bezugnahme auf die Grundschuld, dass sie *„diese Forderung"* an die Beklagte abtrete. Im Januar 1956 wurde der Kaufmann M. Eigentümer der Grundstücke. In Vollstreckung der notariellen Urkunde vom 23. Mai 1953 in Verbindung mit der notariellen Abtretungserklärung ließ die Beklagte bei der Klägerin aufgrund der persönlichen Vollstreckungsunterwerfung eine Mobiliarpfändung vornehmen. Die Klägerin hielt ihre

[560] siehe oben § 7 II.
[561] siehe oben § 7 I.
[562] OLG Düsseldorf DNotZ 1958, 420 f.

Erklärung in der notariellen Urkunde, wonach sie persönlich für den Eingang des Grundschuldbetrages haftet, für nichtig, da hierin eine Bürgschaft für sie selbst liege und beantragte, die Zwangsvollstreckung aus dem Grundschuldbrief nebst persönlicher Haftung für unzulässig zu erklären.
Nach Auffassung des OLG Düsseldorfs bestand ein Anspruch gegen die Klägerin aus persönlicher Haftungsübernahme nicht. Die Begründung einer Verbindlichkeit aufgrund eines schuldrechtlichen Vertrages setze begrifflich die Beteiligung mehrerer Personen voraus. In der notariellen Urkunde, in der die Klägerin die persönliche Haftung für den Eingang des Grundschuldbetrages übernommen habe, sei sie jedoch als alleinhandelnde Person aufgetreten. Sie habe damit im Hinblick auf die Haftung einen Vertrag mit sich selber geschlossen. Ein abstraktes Schuldversprechen sei damit nicht gültig zustande gekommen. Selbst wenn die Klägerin eine vertragliche Forderung hätte begründen können, wäre diese nicht wirksam abgetreten und von der Beklagten erworben worden, denn aus der Fassung der Abtretungsurkunde, in der sich die Klägerin zunächst auf die angeblich eingetragene Grundschuld bezieht und sodann erklärt, sie träte *„diese Forderung"* an die Beklagte ab, ergäbe sich nicht mit der für die Abtretung erforderlichen Eindeutigkeit, dass hiermit nicht nur die Grundschuld selbst gemeint gewesen sei.[563]

b. BGH-Urteil v. 19.05.1958

In der Revision dieses Urteils wurde wiederum dem BGH erstmals die Möglichkeit gegeben, zu diesem Problem Stellung zu nehmen.
Der BGH hob das Urteil des OLG Düsseldorf auf, da seine Auslegung rechtlich und tatsächlich nicht möglich gewesen sei.[564] Es sei kein Grund erkennbar, dass die Klägerin die Erklärung zur persönlichen Haftungsübernahme an sich selbst gerichtet habe. Die Erklärung der Beklagten sei vielmehr als ein Angebot auf Abschluss eines Vertrages anzusehen, in dem die Klägerin sich zur Zahlung eines der Grundschuld entsprechenden Betrages selbständig verpflichten wollte (§ 780 BGB). Dieses Angebot sei an die Beklagte gerichtet gewesen und dieser mit Ausfertigung der Urkunde zugegangen. Mit der Annahme dieses Antrages durch die Beklagte, die auch formlos und stillschweigend geschehen könne, sei zwischen den Parteien ein Vertrag nach Maßgabe des Angebots wirksam zustande gekommen. Die Annahme liege hier in der widerspruchslosen Entgegennahme der Urkunde, spätestens jedoch in der Erteilung des Vollstreckungsauftrages.[565]

---

563 OLG Düsseldorf DNotZ 1958, 420, 421.
564 BGH DNotZ 1958, 579 ff.
565 BGH DNotZ 1958, 579, 581.

An dieser soeben beschriebenen Auslegung hält der BGH seit dieser Entscheidung fest:[566] Die Erklärung des abstrakten Schuldversprechens in der Grundschuldbestellungsurkunde ist als konkludentes Angebot auf Abschluss eines Vertrages anzusehen, in dem sich der Eigentümer zur Zahlung eines der Grundschuld entsprechenden Betrages selbstständig verpflichten will. Dieses Angebot geht dem Zessionar der Grundschuld als Empfänger des Grundschuldbriefes zu, §§ 145, 130 BGB. Die Annahme durch den Gläubiger liegt in der widerspruchslosen Entgegennahme der Ausfertigung der notariellen Urkunde, gegebenenfalls dem Antrag auf Erteilung der Vollstreckungsklausel oder aber in der Erteilung des Vollstreckungsauftrages. Jedenfalls wird auf den Zugang der Annahme stillschweigend verzichtet, § 151 BGB.[567]

c. Stellungnahme

Die Abtretung eines „In-Sich-Schuldversprechens“ kommt in der Tat, weil rechtlich unmöglich, nicht in Betracht. Eine wie auch immer geartete Übertragung des abstrakten Schuldversprechens durch Abtretung scheidet damit aus. Damit hat die Abtretungserklärung im Hinblick auf die Grundschuld streng genommen keinerlei Auswirkungen auf das abstrakte Schuldversprechen, denn eine Forderung, die abgetreten werden könnte, wurde noch gar nicht begründet. Demgemäß kann die Erklärung zur Übernahme der persönlichen Haftung bei Bestellung der Eigentümergrundschuld allein als ein Angebot auf Abschluss eines abstrakten Schuldvertrages ausgelegt werden.

In dieser grundsätzlichen Deutung ist dem BGH zunächst also zu folgen. Unklar bleibt jedoch, wie die Annahme bspw. durch Erteilung des Vollstreckungsauftrages erfolgen soll. Gemäß § 147 Abs. 1 BGB kann der einem Anwesenden gemachte Antrag nur sofort angenommen werden. Die Übergabe des Grundschuldbriefes mit konkludentem Angebot auf Abschluss eines abstrakten Schuldvertrages liegt jedoch in aller Regel weit vor Erteilung des Vollstreckungsauftrages. In Betracht kommt daher nur die widerspruchslose Entgegennahme der Eigentümergrundschuldurkunde durch den Gläubiger als Annahme des abstrakten Schuldversprechens.
Dennoch führt der BGH in seiner Entscheidung vom 18. Oktober 1990 aus: „... *In gleicher Weise war erkennbar, dass der Kläger die Angebote (schlüssig) angenommen hatte; anderenfalls hätte er nicht unter Vorlage der Urkunden die Einleitung der Zwangsvollstreckungsmaßnahmen beantragt.*“
Erstaunlich ist hier, dass die Bestellung der Eigentümergrundschuld und die sich hieran anschließende Abtretung im Jahre 1981 erfolgten und die Einleitung der Zwangsvollstreckungsmaßnahmen aus dem abstrakten Schuldversprechen im

[566] BGH NJW 1976, 567, 568; BGH NJW 1991, 228, 229.
[567] BGH NJW 1991, 228, 229.

Jahre 1985. Die Übergabe der Eigentümergrundschuldbestellungsurkunde und das damit verbundene konkludente Angebot auf Abschluss eines abstrakten Schuldvertrages stellt ein Angebot unter Anwesenden dar, denn Angebot und die Möglichkeit der Kenntnisnahme durch den Angebotsempfänger fallen hier zeitlich zusammen.[568] Ein Angebot unter Anwesenden kann soweit eine Frist nicht bestimmt ist, jedoch nur sofort angenommen werden, § 147 Abs. 1 BGB. Die Annahme des Angebotes auf Abschluss eines abstrakten Schuldvertrages kann damit nicht in der Einleitung der Zwangsvollstreckungsmaßnahmen erblickt werden. Wenn es dort gesehen wird, dann ist ein Vertrag zwischen Eigentümer / Schuldner und Gläubiger nicht zustande gekommen, denn diese - verspätete - Annahme würde lediglich ein neues Angebot an den Schuldner darstellen, § 150 Abs. 1 BGB. Von einer Annahme durch den Schuldner nach Einleitung der Zwangsvollstreckung kann in aller Regel aber kaum auszugehen sein.
Die Willensbetätigung der Annahme kann daher allenfalls in der Entgegennahme der Grundschuldbestellungsurkunde liegen (ein Antrag auf Erteilung der Vollstreckungsklausel lag hier nicht vor). Die Argumentation des BGH legt die Vermutung nahe, dass er sich vor einer solchen Auslegung jedoch - m.E. zu Recht - scheut, denn es ist höchst fraglich, ob in dieser Entgegennahme der für die Willensbetätigung der Annahme, auf deren Zugang allein verzichtet werden kann, nicht jedoch auf deren Vorhandensein, das entsprechende Erklärungsbewusstsein für den Abschluss eines abstrakten Schuldvertrages vorhanden ist. Im Gegensatz zu der Mehrzahl der Fremdgrundschulden werden die Eigentümergrundschuldurkunden in aller Regel nicht von den Banken bzw. allgemein vom Gläubiger vorformuliert. Ist sich der Gläubiger der ihm soeben abgetretenen Eigentümergrundschuld tatsächlich bewusst, dass er zusätzlich ein Angebot auf Abschluss eines abstrakten Schuldvertrages erhalten hat? Die Sachverhalte der einschlägigen Entscheidungen legen vielmehr den Verdacht nahe, dass an das abstrakte Schuldversprechen zunächst gar nicht gedacht und sich erst nach Ausfall der Grundschulden auf die Formulierung der persönlichen Haftungsübernahme in der Grundschuldbestellungsurkunde besonnen wurde. Zu diesem Zeitpunkt stellt eine mögliche Annahme des Gläubigers jedoch eine verspätete dar und kann nur noch als neues Angebot ausgehend vom Gläubiger in Betracht gezogen werden (siehe oben).

Für die Betätigung des Annahmewillens durch den Gläubiger müssen sich daher im Gegensatz zu den bislang entschiedenen Fällen konkrete Anhaltspunkte finden lassen, denn bisher scheint die Rechtsprechung einen Vertragsschluss nach Abtretung der Eigentümergrundschuld vielmehr zu fingieren.

[568] vgl. MüKo/Kramer, § 147, Rn. 2.

2. prozessuale Durchsetzbarkeit

Doch auch wenn aufgrund konkreter Anhaltspunkte ein Annahmewille des Gläubigers vorhanden war und demgemäß ein abstraktes Schuldverhältnis zwischen Eigentümer und Darlehensgläubiger wirksam begründet wurde, stellt sich weiter die Frage, ob sich der Eigentümer schon in der Eigentümergrundschuldbestellungsurkunde im Hinblick auf das abstrakte Schuldversprechen der sofortigen Zwangsvollstreckung unterwerfen kann. Problematisch könnte dies zum einen im Hinblick auf die fehlende Bestimmtheit der notariellen Urkunde als Vollstreckungstitel sein, wenn die Angabe des Gläubigers bei der Vollstreckungsunterwerfung fehlt. Zum anderen könnte der Nachweis der Annahme durch den Gläubiger zwingende Voraussetzung der meist gleichzeitig zu erteilenden Vollstreckungsklausel sein, § 726 ZPO.

a. Die Rechtsprechung

(1) KG, Beschluss v. 20.6.1975

Verneint wurde die Zulässigkeit der Vollstreckungsunterwerfung bereits bei Eigentümergrundschuldbestellung zunächst vom Kammergericht mit Beschluss vom 20.06.1975.[569] In der hier zugrunde liegenden Grundschuldbestellungsurkunde erklärte der Eigentümer die Vollstreckung in das persönliche Vermögen außerhalb des belasteten Grundstückes *„für den künftigen Inhaber der vorstehend bestellten Eigentümergrundschuld"*. Die sich unmittelbar an die Grundschuldbestellung anschließende Abtretung wurde lediglich notariell beglaubigt. Das Kammergericht vertrat hier die Auffassung, dass die Zwangsvollstreckungsunterwerfung wegen der persönlichen Schuld mangels Bestimmtheit des Gläubigers nicht Grundlage für die Erteilung einer Vollstreckungsklausel sein könne. Die Bezeichnung des Gläubigers ergäbe sich hier weder aus der notariellen Urkunde, noch aus den der Urkunde beigefügten Protokollanlagen oder sonstigen notariellen oder gerichtlichen Urkunden. Die Niederlegung in der Abtretung mit lediglich beglaubigten Erklärungen könne den formellen Mangel der Unterwerfungserklärung nicht heilen. Es sei insbesondere auch rechtlich ohne Bedeutung, dass die Unterschriftsbeglaubigungen der Urkundenrolle des Notars unmittelbar im Anschluss an die Grundschuldbestellung registriert seien.

(2) BGH-Urteil v. 21.1.1976

Der BGH hatte mit Urteil vom 21. Januar 1976[570] nur scheinbar erstmals Gelegenheit, zur Vollstreckbarkeit der Haftungsübernahme in der Eigentümergrund-

[569] KG DNotZ 1975, 718 ff.
[570] BGH NJW 1976, 567 f.

schuldbestellungsurkunde Stellung zu nehmen[571] und entschied hier zugunsten einer wirksamen Vollstreckungsunterwerfung ohne auf die Entscheidung des Kammergerichts einzugehen.[572] Die Literatur leitete insbesondere aus dieser Entscheidung die Zulässigkeit der Unterwerfung bereits in der Eigentümergrundschuldbestellungsurkunde ab.[573] Eine solche Aussage hat der BGH genau besehen jedoch überhaupt nicht getroffen. Dem Urteil lag folgender Sachverhalt zugrunde:

Die Eigentümerin eines Grundstückes hatte eine Eigentümergrundschuld in Höhe von 50.000 DM nebst 15 % Zinsen hieraus bestellt und sich wegen der Grundschuld und der Zinsen der sofortigen Zwangsvollstreckung aus der Urkunde in ihr gesamtes Vermögen und die Pfandgrundstücke unterworfen. In einer weiteren notariellen (!) Urkunde hat die Eigentümerin unter Bezugnahme auf die Eigentümergrundschuldbestellungsurkunde die Grundschuld an die Klägerin *„zu denselben Bedingungen, wie in der Bestellungsurkunde bezüglich des abgetretenen Rechts angegeben, insbesondere auch mit der Unterwerfung unter die sofortige Zwangsvollstreckung den Abtretungsnehmern gegenüber"* abgetreten.

Entscheidend ist in dem zugrunde liegenden Sachverhalt also, dass auch die Abtretungserklärung notariell beurkundet wurde.

Nun führt der BGH in seinen Entscheidungsgründen aus:

„Die Unterwerfung unter die sofortige Zwangsvollstreckung in einer notariellen Urkunde ist als Vertragsangebot auch für einen künftig erst entstehenden Anspruch zulässig. Nur die Bestimmtheit des Anspruches fordert das Gesetz. Die Höhe des Betrages, dessentwegen der Gläubiger vollstrecken darf, muß sich aus der vollstreckbaren Urkunde ergeben oder aus ihr errechnet werden können. Hinsichtlich der Bestimmtheit des Inhalts einer vollstreckbaren Urkunde kann auf eine andere notarielle Urkunde Bezug genommen werden, auch wenn diese nicht beigefügt ist."[574]

---

571 In dem ersten einschlägigen Urteil des BGH vom 19. Mai 1958 (DNotZ 1958, 579 f., s.o. § 7 III 1.b.) war über die Vollstreckungsgegenklage des Grundstückseigentümers zu entscheiden. Dabei stellte der BGH nach damaliger Auffassung klar, dass es sich bei der Frage, ob eine Zwangsvollstreckungsunterwerfung gemäß § 794 Abs. 1 Nr. 5 ZPO mangels Nachweises der Annahme durch den Gläubiger zulässig sei, nicht um eine Einwendung im Sinne des § 767 ZPO handele, denn eine Vollstreckungsgegenklage setze einen formell wirksamen Vollstreckungstitel voraus. Dem Schuldner stünde vielmehr der Rechtsbehelf des § 732 i.V.m. § 797 Abs. 3 ZPO zur Verfügung, über den der BGH hier nicht zu entscheiden hatte; In der letzten einschlägigen Entscheidung vom 19. Oktober 1990 (NJW 1991, 228 f.), der eine mögliche Amtspflichtverletzung des Notars zugrunde lag, ging es allein um die materiell-rechtliche Begründung des abstrakten Schuldversprechens.

572 Lichtenberg, MittBayNot 1976, 109, 112 „... *offenbar nicht bekanntgeworden...* ".

573 Lichtenberg, MittBayNot 1976, 109, 112 f.; Zawar, NJW 1976, 1823, 1824.

574 BGH NJW 1976, 567, 568.

Soweit hieraus gefolgert wird, der BGH verzichte auf die Bestimmtheit des Gläubigers,[575] ist dies unzutreffend. Der BGH geht vielmehr davon aus, dass die Unterwerfung unter die sofortige Zwangsvollstreckung letztlich in der Abtretungsurkunde erfolgt sei und lediglich im Hinblick auf die Höhe des persönlichen Anspruches auf die Grundschuldbestellungsurkunde Bezug genommen wurde. Anders lassen sich die Ausführungen des BGH zur betragsmäßigen Bestimmbarkeit des Anspruches nicht verstehen, da sie hier ansonsten völlig unangebracht wären. Dies legt auch der Wortlaut der Abtretungserklärung nahe.
Würde man den BGH anders verstehen wolle, wären dessen Ausführungen auch in sich widersprüchlich, denn wenn die Unterwerfung bereits in der Grundschuldbestellungsurkunde erfolgt sein sollte, wäre eine Bezugnahme auf die Abtretungserklärung und den hier konkretisierten Gläubiger gar nicht möglich, da eine solche zu diesem Zeitpunkt noch nicht vorlag.

Festzuhalten bleibt damit, dass der BGH zur Frage, ob eine Unterwerfung unter die sofortige Zwangsvollstreckung bereits bei Bestellung der Eigentümergrundschuld erfolgen kann, noch nicht Stellung genommen hat, denn in dem hier entschiedenen Fall, erfolgte die persönliche Vollstreckungsunterwerfung in der Abtretungserklärung. Zu diesem Zeitpunkt standen Schuldner, Gläubiger und – durch Bezugnahme auf die Grundschuldbestellungsurkunde – Höhe des vollstreckbaren Anspruches fest. Demgemäß erübrigte sich auch ein Eingehen des BGH auf die Entscheidung des Kammergerichts. Dieses im Zusammenhang mit der Zulässigkeit der Vollstreckungsunterwerfung bei Eigentümergrundschuldbestellung stets referierte Urteil des BGH trifft daher überhaupt keine Aussage zur deren Zulässigkeit.

b. Nachweis der Annahme

In den Entscheidungsgründen des Urteils des BGH vom 19. Mai 1958[576], in dem über die Zulässigkeit der Zwangsvollstreckungsunterwerfung in der Eigentümergrundschuldbestellungsurkunde nicht zu entscheiden war, deutete der BGH jedoch zumindest an, dass weder die notarielle Urkunde noch die ihr beigefügte Abtretungserklärung eine Hinweis darauf enthielten, dass die Beklagte *(die Gläubigerin, Anm. d. Verf.)* das Vertragsangebot der Klägerin angenommen habe; auch lasse die ihr beigefügte Vollstreckungsklausel des Notars nicht erkennen, ob und in welcher Weise die Annahme des Angebotes vom ihm selbst erklärt oder ihm durch öffentliche oder öffentlich beglaubigte Urkunden nachgewiesen worden sei (§§ 795, 726 Abs. 1 ZPO). Würde damit die Vollstreckung aus einem nicht vollstreckbaren Titel betrieben, weil eine Vollstreckungsklausel

575 so Lichtenberger, MittBayNot 1976, 109, 112.
576 BGH DNotZ 1958, 579, 582; siehe oben § 7 III 1. b.

zu Unrecht erteilt worden sei, so stünde dem Schuldner hiergegen der Rechtsbehelf des §§ 732 i.V.m. 797 Abs. 3 ZPO zu.[577]

Träfe es zu, dass die Annahme durch den Gläubiger nachzuweisen wäre, dann wäre die Klauselerteilung unzulässig bzw. eine ohne diesen Nachweis erteilte Klausel zwar wirksam, aber durch den Schuldner anfechtbar.
Die Annahme des Vertragsangebotes durch den Gläubiger stellt jedoch keine nachzuweisende „Tatsache" im Sinne des § 726 ZPO dar. Nach § 726 Abs. 1 ZPO ist der Nachweis einer Tatsache nur dann zu führen, wenn der Inhalt der Urkunde dies erfordert.[578] Der Schuldner müsste daher in der Urkunde erklärt haben, dass er seine Leistungspflicht von der Annahme durch den Gläubiger abhängig mache. Dies ist jedoch regelmäßig nicht der Fall. Die Annahme durch den Gläubiger selbst ist lediglich für das Zustandekommen des schuldrechtlichen Rechtsgeschäftes von Bedeutung, dessen Bestand bei Klauselerteilung jedoch gerade nicht zu prüfen ist.[579] Im Übrigen stünde der Kautelarpraxis ohnehin die Möglichkeit des Nachweisverzichts durch den Schuldner offen.[580]

Der persönlichen Vollstreckungsunterwerfung in der Eigentümergrundschuldbestellungsurkunde steht daher nicht der fehlende Nachweis der Annahme durch den Gläubiger entgegen.

c. Bezeichnung des Gläubigers

Die Vollstreckungsunterwerfung nach § 794 Abs. 1 Nr. 5 ZPO setzt die Angabe zur Höhe des Anspruches und die Bezeichnung von Gläubiger und Schuldner voraus, denn bei Fehlen auch nur einer dieser Angaben ist der Titel nicht vollstreckungsfähig, vgl. § 750 Abs. 1 ZPO.[581] Unterwerfungsfähig sind zwar auch künftige Ansprüche. Diese müssen jedoch bereits insoweit konkretisiert sein, dass die zur Vollstreckung erforderlichen Angaben wenigstens bestimmbar sind. Die Angabe bzw. Bestimmbarkeit des Gläubigers ist daher unabdingbare Voraussetzung eines jeden vollstreckbaren Titels, so auch in der notariellen Urkunde.

[577] BGH DNotZ 1958, 579, 582: über diesen Rechtsbehelf war nach damaliger Auffassung des BGH im Rahmen der dort anhängigen Vollstreckungsgegenklage jedoch nicht zu entscheiden.
[578] vgl. Kersten/Bühling-Wolfsteiner, § 84, Rn. 700.
[579] Lindemeier, Die Unterwerfungserklärung in der vollstreckbaren notariellen Urkunde, S. 300; Hieber, DNotZ 1958, 582.
[580] siehe oben § 6 IV.
[581] Thomas/Putzo, § 750, Rn. 1, 2.

(1) Keine isolierte Betrachtung von Bestellungsurkunde und Abtretungserklärung

Die Befürworter der persönlichen Vollstreckungsunterwerfung in der Eigentümergrundschuldbestellungsurkunde wollen es jedoch ausreichen lassen, dass sich die Person des Gläubigers aus der nachfolgenden Abtretungserklärung ergibt. Die Bestellung der Eigentümergrundschuld dürfe von der späteren Abtretungserklärung nicht isoliert gesehen werden.[582] Zur Begründung wird jedoch lediglich die nur scheinbar in diese Richtung weisende Entscheidung des BGH aus dem Jahre 1976 angeführt[583] sowie die Tatsache, dass in der Praxis seit jeher ganz selbstverständlich von dieser Möglichkeit ausgegangen werde.[584] Den Bedenken *Wolfsteiners* durch eine solche Unterwerfung bereits in der Eigentümergrundschuldurkunde würde quasi wertpapiermäßig ein Zwangsvollstreckungspapier entstehen,[585] wird entgegnet, dass eine solche Vorratszwangsvollstreckung allenfalls darin erblickt werden könne, dass abstrakt gegenüber *jedermann* eine Zwangsvollstreckungsunterwerfung erklärt werde. Dies sei aber nicht der Fall, denn die Unterwerfung erfolge nur gegenüber *einem* Gläubiger, auch wenn dieser im Zeitpunkt der Unterwerfung noch nicht feststehe.[586]
Diese Argumentation kann jedoch nicht überzeugen. Es würde in der Tat ein dem deutschen Recht fremdes Zwangsvollstreckungspapier entstehen, ließe man die Unterwerfung bereits in der Eigentümergrundschuldbestellungsurkunde zu. Den Befürwortern dieser Möglichkeit ist hier entgegenzuhalten, dass auch bei Inhaber-Wertpapieren die Schuld grundsätzlich nur gegenüber *einem* Gläubiger besteht, nämlich dem Papierinhaber. Nichts anderes würde die Zulassung einer solchermaßen verkehrsfähigen Vollstreckungsunterwerfung mit sich bringen. Bei jeder erneuten Abtretung der Eigentümergrundschuld und Hingabe des Briefes würde damit ein Vollstreckungstitel zugunsten des jeweiligen Gläubigers begründet. Das abstrakte Schuldversprechen würde durch Rückabtretung zwar durch Konfusion untergehen, jedoch durch erneute Hingabe neu begründet werden. Trägt man der Tatsache Rechnung, dass eine Rückabtretung des Schuldversprechens nicht zwangsläufig erfolgen muss und eine kumulative Inanspruchnahme von Schuldversprechen und Grundschuld nicht schlechterdings ausgeschlossen ist,[587] kann sich die Haftung des Eigentümers mit jeder Hingabe des

582 Zawar, NJW 1976, 1823, 1824; Lichtenberger, MittBayNot 1976, 109, 113.
583 Zawar, NJW 1976, 1823, 1824; Lichtenberger, MittBayNot 1976, 109, 112; siehe oben § 7 III. 2. a. (2).
584 Zawar, NJW 1976, 1823, 1824; Lichtenberger, MittBayNot 1976, 109, 113; Hieber, MittBayNot 1958, 582.
585 Wolfsteiner, MittBayNot 1976, 35.
586 Lichtenberger, MittBayNot 1976, 109, 113.
587 siehe oben § 7 II.

Grundschuldbriefes ohne Bezeichnung des Gläubigers im schlimmsten Falle multiplizieren.

(2) § 727 ZPO analog ?

Auch der Ansatz *Lindemeiers* kann in diesem Zusammenhang nicht überzeugen. *Lindemeier* erkennt das Erfordernis der Bestimmtheit des Gläubigers zwar grundsätzlich an. Will dieses jedoch durch eine analoge Anwendung des § 727 ZPO überwinden. Er führt hierzu aus, dass der Besteller einer Grundschuld schließlich auch einen beliebigen Dritten als Gläubiger angeben könne, der diese Stellung treuhänderisch übernimmt und dann seinerseits die Abtretung an den „ersten" Gläubiger vornimmt. In diesem Falle könne eine Umschreibung gemäß § 727 ZPO erfolgen. Demgemäß müsse auch bei Bestellung einer Eigentümergrundschuld die Klauselerteilung für den ersten Gläubiger auch analog § 727 ZPO möglich sein.[588] *Lindemeier* verlagerte damit die Bezeichnung des Gläubigers in das Klauselerteilungsverfahren. Unbeantwortet bleibt aber auch bei dieser Lösung die Frage nach der damit verbundenen Umgehung der Formvorschriften, denn eine wirksame Beurkundung des vollstreckbaren Anspruches kann mangels Angabe des Gläubigers nicht stattfinden.
Neben den bereits geäußerten Bedenken an der Zulassung einer derart verkehrsfähigen Vollstreckungsunterwerfung ist weiter zweifelhaft, ob für die analoge Anwendung des § 727 ZPO eine vergleichbare Interessenlage gegeben ist. Voraussetzung für die analoge Anwendung des § 727 ZPO ist schließlich eine mit der Rechtsnachfolge vergleichbare, nachträgliche Rechtsänderung auf Seiten der Vollstreckungsparteien.[589] Durch die Unterwerfung in der Eigentümergrundschuldbestellungsurkunde selbst wird jedoch auch nach Auffassung *Lindemeiers* mangels Angabe des Gläubigers überhaupt kein vollstreckungsfähiger Titel begründet. Eine analoge Anwendung des § 727 ZPO müsste daher nicht nur über eine Rechtsänderung auf Seiten des Gläubigers, sondern über den Mangel eines vollstreckungsfähigen Titels schlechthin hinweghelfen. Eine vergleichbare Interessenlage ist daher dem Grunde nach schon nicht gegeben. § 727 ZPO kann über Rechtsänderungen der Vollstreckungsparteien hinweghelfen, nicht jedoch einen vollstreckungsfähigen Titel überhaupt erst begründen. Auch der formelle Mangel der fehlenden Beurkundung kann durch § 727 ZPO nicht behoben werden. Ist im normalen Verfahren der Klauselumschreibung immerhin der Ursprungstitel notariell beurkundet worden, ist bei einer analogen Anwendung des § 727 ZPO auf die Vollstreckungsunterwerfung in der Eigentümergrundschuldbestellungsurkunde ein solcher Mangel durch die fehlende Angabe des Gläubigers bei der Beurkundung nicht behoben.

---

[588] Lindemeier, Die Unterwerfungserklärung in der vollstreckbaren notariellen Urkunde, S. 299 f.

[589] Stein/Jonas-Münzberg, § 727, Rn. 5.

Eine analoge Anwendung des § 727 ZPO kommt demgemäß nicht in Betracht.

Die Vollstreckungsunterwerfung im Hinblick auf die persönliche Haftung in der Eigentümergrundschuldbestellungsurkunde schafft demgemäß mangels Bezeichnung des Gläubigers keinen vollstreckungsfähigen Titel.

§ 8 DAS ABSTRAKTE SCHULDVERSPRECHEN IN VERBINDUNG MIT DEN DINGLICHEN AKZESSORISCHEN SICHERUNGSRECHTEN

Im Gegensatz zur persönlichen Haftungsübernahme neben der Grundschuld[590] fand das abstrakte Schuldversprechen in Verbindung mit den dinglichen akzessorischen Sicherheiten bislang nur wenig Beachtung.[591] Dies mag aufgrund des tatsächlichen Bedeutungsverlustes der Hypothek und dem Pfandrecht für bewegliche Gegenstände noch nachvollziehbar sein. Für das Pfandrecht an Rechten, insbesondere der Verpfändung von GmbH-Geschäftsanteilen oder der Mitgliedschaft in einer Aktiengesellschaft,[592] ist diese Verbindung jedoch nach wie vor praxisrelevant.
Gemeinsam ist den Verbindungen des abstrakten Schuldversprechens mit einem akzessorischen dinglichen Sicherungsrecht, dass zunächst nur das abstrakte Schuldversprechen über eine Sicherungsabrede die kausale Darlehensforderung sichert. Allein für das abstrakte Schuldversprechen wird sodann ein dingliches akzessorisches Sicherungsrecht – Pfandrecht oder Hypothek – bestellt. Änderungen im Bestand der Darlehensforderung berühren das dingliche akzessorische Sicherungsrecht damit nicht unmittelbar. Gerade auch für die treuhänderische Verwaltung akzessorischer Sicherheiten im Rahmen eines Kreditkonsortiums wird die Zulässigkeit der sogenannten *parallel debt*, verstanden als abstraktes Schuldversprechen, in jüngster Zeit zunehmend kontrovers geführt.[593]
Überdies werden die für die schiffsfinanzierenden Banken zu bestellenden Schiffshypotheken, deren eigentliche Heimat im Recht des Pfandes an beweglichen Sachen liegt, in der Praxis mittlerweile formularmäßig mit einem abstrakten Schuldversprechen unterlegt.[594] Es deutet sich damit ein vorsichtiger Trend hin zur „Abstrahierung"[595] der akzessorischen (Grund)Pfandrechte an.[596] In die gleiche Richtung gehen die Harmonisierungsbestrebungen in der Europäischen Union zur Schaffung eines gemeinsamen Grundpfandrechtes, die mehrheitlich

---

590 siehe oben § 7.

591 allein für die Hypothek: LG Stuttgart JZ 1977, 760 ff.; OLG Stuttgart NJW 1979, 222 f.

592 ausführlich hierzu: Apfelbaum, Die Verpfändung der Mitgliedschaft in einer Aktiengesellschaft, Berlin 2005.

593 vgl. Harpering, Syndicated loans, S. 135 ff.; Apfelbaum, Die Verpfändung der Mitgliedschaft in der Aktiengesellschaft, S. 249 ff.; siehe unten § 8 III.

594 vgl. Staudinger/Nöll, § 8, Rn. 27 f.

595 zur Terminologie siehe oben § 1 II. 2.

596 Abstrahierung ist hier wiederum im weiten Wortsinne zu verstehen, denn Hypothek und Pfandrecht sind ohnehin abstrakte Sicherungsrechte. Ihre Unterlegung mit einem abstrakten Schuldversprechen bewirkt vielmehr die die Unterbrechung der akzessorischen Verknüpfung von kausaler Darlehensforderung und dinglichem akzessorischen Sicherungsrecht, siehe oben § 1 II. 2.

auf ein nichtakzessorisches Grundpfandrecht ähnlich der deutschen Grundschuld hinauslaufen.[597]

Die Vorteile eines nichtakzessorischen Sicherungsrechtes verhalten sich spiegelbildlich zu den Nachteilen der akzessorischen Sicherungsrechte für den Sicherungsnehmer. Die Nichtakzessorietät ermöglicht eine kostengünstige und konstruktiv einfache Kreditsicherung.[598] Die Grundschuld konnte ihren Siegeszug durch die Kreditsicherung zu Lasten der Hypothek letztlich allein durch ihre Loslösung von der zu sichernden Forderung führen.[599] Die Sicherungsübereignung hat das Pfandrecht an beweglichen Gegenständen weitgehend verdrängt. Auch hier ist, neben der Möglichkeit der besitzlosen Sicherung, die Forderungsunabhängigkeit entscheidend. Beide Sicherungsrechte gewährleisten ein flexibles Kreditengagement schließlich erst durch ihre Forderungsunabhängigkeit.
Stellt die „Abstrahierung" der akzessorischen Sicherungsrechte im weiteren Sinne durch das abstrakte Schuldversprechen nun vielleicht eine Möglichkeit dar, den fast totgesagten Instituten des Sachenrechts, Pfandrecht und Hypothek, neues Leben einzuhauchen?
Die Beantwortung dieser Frage hängt zunächst davon ab, inwieweit die *abstrahierte Hypothek* und das *abstrahierte Pfandrecht* tatsächlich in der Lage sind, ihren Sicherungswert durch das abstrakte Schuldversprechen zu erhöhen. Wie verhalten sie sich angesichts der Bedürfnisse der Kreditsicherung nach rangwahrender Besicherung
1. wechselnder Forderungshöhe
2. nach einer Forderungsauswechslung und
3. im Rahmen einer treuhänderischen Sicherheitenverwaltung im Kreditkonsortium?
Auch wenn der Sicherungswert der akzessorischen Sicherungsrechte durch das abstrakte Schuldversprechen erhöht würde, stellt sich zunächst die Frage, ob eine solche Abstrahierung sachenrechtlich überhaupt möglich ist und – wenn dies

---

597 Der Segré-Bericht von 1966 sowie der Vorschlag des lateinischen Notariats von 1987 halten die abstrakten Sicherungsrechte wie die deutsche Grundschuld oder der Schweizer Schuldbrief für vorbildhaft. Vgl. hierzu Stöcker, Die Eurohypothek, 1992; In jüngerer Zeit dominieren zwei Gesetzesentwürfe, die auf Initiative des Verbandes Deutscher Pfandbriefbanken (vormals Verband Deutscher Hypothekenbanken) erarbeitet wurden, die Diskussion. Der erste Entwurf von 1998 (abgedruckt bei Staudinger/ Wolfsteiner, Vorbem zu § 1191 Rn. 242) sieht neben dem abstrakten Grundpfandrecht eine persönliche Haftung des Eigentümers vor, wie sie in der Praxis im Rahmen der Grundschuldbestellung bereits durch das abstrakte Schuldversprechen hergestellt wird. Der zweite Entwurf („Basic Guidelines for a Eurohypothec" der *Mortgage Credit Foundation* zu beziehen unter www.fukrehhip.pol) überlässt die gleichzeitige Übernahme der persönlichen Haftung durch den Eigentümer der jeweiligen nationalen Umsetzung.

598 Stürner, FS Serick, S. 377, 387, wenngleich nicht ohne Argwohn.

599 Staudinger/Wolfsteiner, Vorbem zu §§ 1191, Rn. 3 f.

der Fall ist – keine unzulässige Gesetzesumgehung darstellt. Die Möglichkeit der Besicherung wechselnder Forderungshöhen und die Forderungsauswechslung berühren dabei insbesondere den Akzessoritätsgrundsatz in seiner Ausprägung der Umfangs- und der Erlöschensakzessorietät, während die treuhänderische Sicherheitenverwaltung akzessorischer Sicherungsrechte die Akzessorietät in der Forderungszuständigkeit aufhebt.

I. Sicherung eines Darlehens in wechselnder Höhe

Das Bedürfnis nach Sicherung einer wechselnden Forderungshöhe ist insbesondere beim Kontokorrentkredit gegeben. Darüber hinaus aber auch allgemein bei allen sonstigen Darlehensschwankungen, gleich aus welchen Gründen. Oftmals wird sich bei Vertragsschluss noch nicht absehen lassen, welche Kredithöhe letztlich benötigt wird. Problemlos ist die Besicherung einer wechselnden Forderungshöhe bei der Grundschuld möglich. Diese setzt das Bestehen einer Forderung nicht voraus, § 1192 Abs. 1 BGB. Innerhalb des Grundschuldbetrages ist daher über die entsprechende Sicherungsabrede, welche allein die Verbindung zwischen Forderung und Grundschuld herstellt, eine schwankende Forderungshöhe besicherbar.

Sowohl das Pfandrecht als auch die Hypothek setzen jedoch das Vorhandensein einer Forderung zwingend voraus. Der Umfang der Forderung bestimmt regelmäßig den Umfang der dinglichen Haftung aus Pfandrecht und Hypothek (Akzessorietät im Umfang). Geht die Forderung unter, erlöschen grundsätzlich auch die hierfür bestellten akzessorischen Sicherungsrechte (Akzessorietät im Erlöschen). Unterschiedlich hat der Gesetzgeber bei den dinglichen akzessorischen Sicherungsrechten jedoch die Möglichkeit der Sicherung wechselnder Forderungshöhen ausgestaltet.

1. Die Hypothek

a. Die Verkehrshypothek

§ 1113 BGB bestimmt für die Hypothek, dass an den jeweiligen Hypothekengläubiger eine *„bestimmte Geldsumme“* zur Befriedigung wegen einer ihm zustehenden Forderung aus dem Grundstück zu zahlen ist. Daraus wird der Schluss gezogen, die Hypothek verlange im Gegensatz zum Pfandrecht und zur Bürgschaft eine der Höhe nach bestimmte Forderung.[600] Dieser Schlussfolgerung kann nicht uneingeschränkt zugestimmt werden, denn wie bereits aus § 1113 Abs. 2 BGB hervorgeht, kann eine Hypothek auch für bedingte Forde-

[600] Staudinger/Wiegand, § 1204, Rn. 25.

rungen bestellt werden, wobei eine Bedingung nicht nur das „Ob“ der Gesamtforderung, sondern auch einzelne Forderungsteile betreffen kann.[601] Der Betrag muss daher gemäß § 1113 Abs. 1 BGB nicht von vorneherein feststehen. Erforderlich ist nur die inhaltliche Bestimmtheit der Forderung.[602] Für die Hypothek als Registerpfandrecht ist es allein das Publizitätserfordernis im Hinblick auf die Erkennbarkeit der Belastung, welches in § 1115 BGB die Eintragung eines bestimmten Geldbetrages der Forderung fordert. Das Bestimmtheitsgebot bezieht sich daher nur auf den Umfang des Betrages für den das Grundstück haften soll, nicht auf die Forderung selbst.[603] Genau betrachtet, ist es daher nicht das Bestimmtheitsgebot, welches die Angabe einer bestimmten Geldsumme verlangt, sondern das Publizitätserfordernis.

Die durch die Akzessorietät bewirkte Forderungsbindung lässt bei teilweisem Erlöschen der Forderung innerhalb des Forderungskreises eine Eigentümergrundschuld in der jeweils erloschenen Höhe entstehen, § 1163 Abs. 1 S. 2 BGB (nachträgliche Eigentümergrundschuld). Die Sicherung einer wieder darüber hinausgehenden Forderungshöhe innerhalb dieses Forderungskreises kann dann nur im Wege der Rückumwandlung der Eigentümergrundschuld in eine Hypothek nach § 1198 BGB erreicht werden.[604]
Eine Rangverschlechterung ist damit zwar nicht verbunden, denn auch die Zustimmung der im Range gleich- oder nachstehend Berechtigten ist gemäß § 1198 S. 2 BGB nicht erforderlich, soweit der bisher reservierte Rangrahmen bei der Umwandlung nicht erweitert wird. Auch der gesetzliche Löschungsanspruch eines nachrangigen Gläubigers gemäß § 1179 a Abs. 1 BGB steht dem nicht entgegen, denn die Umwandlung ist ihm gegenüber nach herrschender Meinung nicht relativ unwirksam, da der Löschungsberechtigte nicht in seinen Rechten beeinträchtigt wird, wenn Eigentümer und vorrangiger Gläubiger sich so verhalten, dass der tatbestandliche Vereinigungsfall von Eigentümerstellung und Grundpfandrecht nicht eintritt.[605]
Erforderlich ist jedoch neben einer erneuten Eintragungsbewilligung des Eigentümers in der Form des § 29 GBO – soweit erwünscht – ein neuer Vollstreckungstitel, da sich ein solcher immer auf einen bestimmten Anspruch bezieht, der sich durch die Umwandlung zwangsläufig ändert.[606] Im Fall der Zwangs-

---

[601] Staudinger/Wolfsteiner, § 1113, Rn. 16.
[602] BGH WM 1972, 786.
[603] Becker-Eberhard, S. 261.
[604] Staudinger/ Wolfsteiner, § 1190, Rn. 3.
[605] Staudinger/Wolfsteiner, §§ 1198, Rn. 4, § 1179, Rn. 49, § 1179 a, Rn. 19; Palandt/Bassenge, § 1179a, Rn. 6; a.A. OLG München ZIP 1980, 974; siehe unten § 8 I d. (2) (a).
[606] Staudinger/Wolfsteiner, § 1198, Rn. 14, Einl. zu § 1113, Rn.143; MüKo/Eickmann, § 1198, Rn. 7: ausnahmsweise entbehrlich, wenn sich keinerlei Änderungen der Konditionen ergeben.

vollstreckungsunterwerfung durch notarielle Urkunde ist eine erneute Beurkundung mit den damit verbundenen Kosten erforderlich. Die Umwandlung gemäß § 1198 BGB stellt somit einen sehr umständlichen und unverhältnismäßigen Weg dar, beispielsweise eine Kreditlinie des Gläubigers zu sichern. Die Verkehrshypothek ist zur Sicherung eines Darlehens in wechselnder Höhe mithin wenig geeignet.

b. Die Höchstbetragshypothek

Zur Sicherung eines Darlehens in wechselnder Höhe stellt das Gesetz in § 1190 BGB die Höchstbetragshypothek zur Verfügung. § 1190 Abs. 1 BGB bestimmt, dass eine Hypothek in der Weise bestellt werden kann, dass nur der Höchstbetrag, bis zu dem das Grundstück haften soll, festgelegt sein muss, im Übrigen jedoch die Feststellung der Forderung vorbehalten bleibt. Die Höchstbetragshypothek, die einem Gläubiger für eine künftig entstehende Forderung bestellt wird, steht, solange die Forderung nicht zur Entstehung gelangt ist, dem Eigentümer als vorläufige Eigentümergrundschuld zu (§§ 1163 Abs. 1 Satz 1 BGB) und wird erst dann zur Fremdhypothek des Gläubigers, wenn und soweit die Forderung aus dem gesicherten Forderungskreis entsteht. Mit dem Erlöschen der Forderung innerhalb der Grenzen des Höchstbetrages wird das Grundpfandrecht gemäß §§ 1163 Abs. 1 S. 2 BGB in Höhe der untergegangenen Forderung wieder zur Eigentümergrundschuld. Insoweit besteht kein Unterschied zur Verkehrshypothek. Die Abweichung zu dieser liegt allein darin, dass das so entstandene Eigentümergrundpfandrecht nicht schon als eine endgültige nur noch im Wege des § 1198 BGB umwandelbare Eigentümergrundschuld entsteht. Vielmehr steht die so durch das Erlöschen der Forderung entstandene Eigentümergrundschuld unter der auflösenden Bedingung, dass nicht noch weitere Forderungen entstehen.[607]

Charakteristisch sind für die Höchstbetragshypothek damit zwei Dinge:

Die Eigentümergrundschuld ist auflösend bedingt durch die Kreditausschöpfung bzw. die Fremd-Höchstbetragshypothek ist aufschiebend bedingt durch die Kreditausschöpfung.[608] Der Umfang der Haftung wird nicht durch den eingetragenen Höchstbetrag bestimmt, sondern durch die vorbehaltene Forderungsfeststellung. Im direkten Vergleich mit der Verkehrshypothek ist damit das Publizitätserfordernis gelockert.

Zum Zeitpunkt der Geltendmachung der Höchstbetragshypothek im Wege der Zwangsvollstreckung muss die Forderung jedoch so eindeutig feststehen, wie bei den anderen Hypothekenarten. Die Art der Feststellung kann auf unterschiedlichem Wege erfolgen, das Gesetz trifft insbesondere keine Aussage dar-

---

[607] Staudinger/Wolfsteiner, § 1190, Rn. 10.

[608] Bülow, Recht der Kreditsicherheiten, Rn. 371.

über, durch wen und wie die Feststellung zu erfolgen hat. In Betracht kommt die Forderungsfeststellung durch Vertrag, aber auch durch Urteil.[609]

Die Höchstbetragshypothek hat jedoch gewichtige Nachteile für den Sicherungsnehmer. Eine Unterwerfung unter die sofortige Zwangsvollstreckung kommt nach herrschender Meinung[610] nur hinsichtlich eines bereits feststehenden und somit bestimmten Teilbetrages in Betracht. Die Höchstbetragshypothek selbst ist wesensmäßig zu unbestimmt, um in einer notariellen Urkunde vollstreckbar gestellt werden zu können.[611] Zinsen und sonstige Nebenleistungen werden gemäß § 1190 Abs. 2 BGB von vorneherein in den Höchstbetrag eingerechnet. Die Höchstbetragshypothek selbst ist unverzinslich und das Grundstück haftet nur in den Grenzen des eingetragenen Höchstbetrages.[612] Zinsen können daher nur insoweit verlangt werden, als dass durch ihre Hinzurechnung zur Forderung der Höchstbetrag nicht überschritten wird. Dies erweist sich gerade in Hinblick auf die schwere Abschätzbarkeit künftiger Zinsentwicklungen als problematisch.[613]
Die Zuteilung an den Gläubiger im Rahmen des Verteilungsverfahrens darf nur erfolgen, wenn und soweit die Forderung durch Urteil oder Vereinbarung der Parteien festgestellt ist, der Hypothekenschuldner sie anerkennt oder kein Widerspruch erhoben ist.[614] Dabei obliegt dem Gläubiger die Beweislast, dass die Forderung entstanden ist,[615] da die Höchstbetragshypothek gemäß §§ 1190 Abs. 3, 1185 Abs. 2 BGB immer Sicherungshypothek ist, mit der Folge, dass der Schutz des öffentlichen Glaubens des Grundbuches (§§ 891 f. BGB) in Ansehung der Forderung und der dem Eigentümer nach § 1137 BGB zustehenden Einreden und Einwendungen (§ 1138 BGB) nicht gilt. Aufgrund ihrer Eigenschaft als Sicherungshypothek ist auch ein gutgläubiger Erwerb der Forderung in Ansehung der Hypothek, §§ 1184 Abs. 1, 1185 Abs.2, 1138 BGB, ausgeschlossen. Die Verkehrsfähigkeit der Höchstbetragshypothek ist damit eingeschränkt. Aus diesem Grund kann schließlich – wenngleich für die Bankpraxis

---

609 zu den darüber hinausgehenden Möglichkeiten der Forderungsfeststellung durch den Gläubiger o. eines Dritten sowie anhand objektiver Kriterien: Staudinger/Wolfsteiner, § 1190, Rn. 20 f.

610 Stöcker, Die Eurohypothek, S. 43; MüKo/Eickmann, § 1190, Rn. 7; Hornung, NJW 1991, 1649 ff.; Baumbach u.a., ZPO- Kommentar, § 794, Rn. 27; von Rintelen, RNotZ 2001, 2, 7; a.A. Staudinger/ Wolfsteiner, § 1190, Rn. 43 f.; Münch, S. 291 ff.

611 siehe oben § 7 I. 1. b. (3).

612 Stöcker, Die Eurohypothek, S. 43; Staudinger/Wolfsteiner, § 1190, Rn. 38; Palandt/Bassenge, § 1190 Rn. 5.

613 Stöcker, Die Eurohypothek, S. 43, insbesondere bei der Abschnittsfinanzierung.

614 Staudinger/Wolfsteiner, § 1190, Rn. 49.

615 Staudinger/Wolfsteiner, § 1190, Rn. 42.

mangels Üblichkeit nicht von herausragender Bedeutung[616] – für die Höchstbetragshypothek kein Hypothekenbrief ausgestellt werden, § 1185 Abs. 1 BGB.

c. Die verdeckte Höchstbetragshypothek

Eine weitere – kautelarjuristische – Konstruktion zur Sicherung eines Darlehens in wechselnder Höhe ist die *verdeckte Höchstbetragshypothek.* Zunächst handelt es sich hier gerade nicht um eine Höchstbetragshypothek im Sinne des § 1190 BGB. Vielmehr wird eine gewöhnliche Verkehrshypothek für eine Forderung bestellt, von der noch ungewiss ist, ob und wann sie in der vorgesehenen Höhe entstehen wird. So wird etwa ein Kreditrahmen in bestimmter Höhe eingeräumt und vereinbart, dass die Hypothek nicht die aktuelle Kreditforderung, sondern die künftige Forderung aus einer nach Kündigung des Kreditrahmens vereinbarten Abrechnung sichern soll. Die Absicherung künftiger Forderungen ist durch eine Hypothek ohne weiteres möglich, § 1113 Abs. 2 BGB. Es besteht daher lediglich im Innenverhältnis zwischen Sicherungsgeber und Sicherungsnehmer die Abrede, dass die Hypothek wie eine Höchstbetragshypothek zu behandeln ist.[617] Um bei zwischenzeitlich niedrigerem Kontokorrentstand die ungewollte Umwandlung der Hypothek in eine Eigentümergrundschuld zu vermeiden, muss damit zusätzlich eine Tilgungsvereinbarung dahingehend getroffen werden, dass Zahlungen des Schuldners zunächst nicht zur Darlehenstilgung verwandt, sondern unter Begründung einer Gegenforderung vom Gläubiger bis zu einer abschließenden Abrechnung unecht verwahrt werden.[618] Dies wird dadurch erreicht, dass die Forderung des Gläubigers mit den Gegenforderungen des Schuldners im Kontokorrent nur buchmäßig verrechnet, nicht aber durch Aufrechnung getilgt werden. Die Aufrechnung erfolgt erst unmittelbar vor Geltendmachung der Hypothek. Der Eintritt der Wirkung des § 1163 Abs. 1 S. 2 BGB (nachträgliche Eigentümergrundschuld) wird damit lediglich auf diesen Zeitpunkt hinausgeschoben.

Die Vorteile gegenüber der Höchstbetragshypothek liegen auf der Hand. Eine Unterwerfung unter die sofortige Zwangsvollstreckung ist möglich, da eine solche über den auf eine bestimmte Geldsumme lautenden Nennbetrag der Hypothek vereinbart werden kann. Es handelt sich schließlich um eine gewöhnliche Verkehrshypothek mit bestimmter Hypothekensumme.

---

616 aufgrund des mit der Briefverwahrung und -verwaltung verbundenen Arbeits- und Kostenaufwandes, zumal Banken auch bei Brieferteilung auf eine Grundbucheintragung nicht verzichten; anders hingegen bei der Zwischenfinanzierung, vgl. hierzu: Stöcker, Die Eurohypothek, S. 27, Fn. 12.

617 RGZ 60, 243, 247; RGZ 152, 219; OLG Brandenburg WM 1998, 283, 288.

618 Staudinger/Wolfsteiner, § 1113, Rn. 17; ausführlich: Staudinger/Scherübel, 12. Aufl., § 1190, Rn. 14.

Da auch die *verdeckte Höchstbetragshypothek* keine Sicherungshypothek darstellt, gilt der öffentliche Glaube des Grundbuchs (§§ 891 f. BGB) auch in Ansehung der Forderung, § 1138 BGB. Der Eigentümer muss also darlegen und beweisen, dass die Forderung nicht oder nicht in der Höhe entstanden ist. Damit kommt auch der gutgläubige Erwerb der Forderung in Ansehung der Hypothek in Betracht.
Da es sich um eine gewöhnliche Verkehrhypothek handelt, haftet das Grundstück für den eingetragenen Nennbetrag zuzüglich der eingetragenen Zinsen.

Abgesehen von den Bedenken gegen eine dahingehende formularmäßige Abrede[619], ist eine solche Konstruktion sachenrechtlich unproblematisch.[620] Die *verdeckte Höchstbetragshypothek* ist in der Lage, bei einem nach Begründung der Hypothek entstehenden niedrigeren Forderungsstand des Gläubigers die Umwandlung in eine nachträgliche Eigentümergrundschuld, § 1163 Abs. 1 S. 2 BGB, zu verhindern. Sie ist damit zur Sicherung eines Darlehens in wechselnder Höhe durchaus geeignet.

d. Die abstrahierte Hypothek

Eine weitere Möglichkeit der hypothekarischen Sicherung eines Darlehens in wechselnder Höhe bietet schließlich das hypothekarisch gesicherte abstrakte Schuldversprechen. Der Darlehensrückzahlungsanspruch wird nicht durch die Hypothek besichert, sondern allein durch das abstrakte Schuldversprechen, welches mit dem Darlehensrückzahlungsanspruch durch eine schuldrechtliche Sicherungsabrede mit entsprechend weiter Sicherungszweckerklärung verbunden ist. Das abstrakte Schuldversprechen seinerseits wird wiederum durch eine Verkehrshypothek besichert und bleibt trotz Tilgung des Darlehensrückzahlungsanspruches bestehen. Da die Hypothek allein das betragsmäßig bestimmte Schuldversprechen sichert, gelten die Anforderungen, die die Verkehrshypothek an das Bestehen und insbesondere mittels des Publizitätserfordernisses an die Bestimmtheit der Hypothekenforderung stellt, für den Darlehensrückzahlungsanspruch nicht. Es entsteht damit bei schwankender Forderungshöhe keine nachträgliche Eigentümergrundschuld, § 1163 Abs. 1 S. 2 BGB. Es ist somit möglich, trotz Tilgung des Kredits die Hypothek in der Hand des Gläubigers zu belassen.[621]
Die Forderungsbindung wird letztlich allein durch die Sicherungsabrede hergestellt. Die *abstrahierte Hypothek* ist damit zur Sicherung einer wechselnden

---

619 MüKo/Eickmann, § 1113, Rn. 36.

620 Staudinger/Wolfsteiner, § 1113, Rn. 18; Böhm, DNotZ 1928, 133 f.; OLG Brandenburg WM 1998, 283, 288; a.A. Bourier, DNotZ 1934, 20, 23 f.; Westermann, § 110 III 4.

621 vgl. Staudinger/Wolfsteiner, § 1113, Rn. 25; Stöcker, Die Eurohypothek, S. 43 f.; Bülow, Recht der Kreditsicherheiten, Rn. 193.

Forderungshöhe grundsätzlich geeignet, wenngleich es hier durch die Möglichkeit einer verdeckten Höchstbetragshypothek nicht zwingend erforderlich ist, um dem berechtigtem Sicherungsbedürfnis der Bank zu entsprechen. Dennoch dürfte sich auch hier immer die *abstrahierte Hypothek* anbieten. Nachteile gegenüber der verdeckten Höchstbetragshypothek ergeben sich für den Eigentümer nicht. Im Normalfall der Hypothekenbestellung für den kausalen Darlehensrückzahlungsanspruch braucht der eingetragene oder durch § 1155 BGB legitimierte Hypothekengläubiger bei der Verfolgung des dinglichen Anspruches den Bestand der persönlichen Forderung ohnehin nicht näher darzulegen oder zu beweisen, da die Vermutung des § 891 BGB über § 1138 BGB für die Hypothek auch in Ansehnung der Forderung gilt. Vielmehr hat der Eigentümer darzulegen oder zu beweisen, dass die Forderung nicht oder nicht in der geltend gemachten Höhe besteht. Eine nachteilige Beweislastverteilung tritt durch das abstrakte Schuldversprechen nicht ein. Bei der abstrahierten Hypothek hat der Eigentümer ebenfalls zu beweisen, dass die Abgabe des abstrakten Schuldversprechens sicherungshalber erfolgte und der Gläubiger seine Rechte nicht im Einklang mit der Sicherungsabrede ausübt, m.a.W, dass der Darlehensrückzahlungsanspruch nicht oder nicht in der Höhe besteht.[622] Eine Beweislastveränderung gegenüber der zugunsten eines kausalen Anspruches bestellten Hypothek ergibt sich damit im Ergebnis nicht. Vielmehr dürfte es ein Gebot übersichtlicher Formulargestaltung sein, den kautelarjuristisch „steinigeren“ Weg der verdeckten Höchstbetragshypothek zu meiden und statt dessen – konstruktiv einfacher - den Darlehensrückzahlungsanspruch durch ein abstraktes, hypothekarisch gesichertes Schuldversprechen zu sichern.

(1) Zulässigkeit der abstrahierten Hypothek

In Anbetracht der dargestellten Probleme einer Besicherung wechselnder Forderungshöhen durch die akzessorische Hypothek würde ihre Unterlegung mit einem abstrakten Schuldversprechen durchaus den Sicherungswert der Hypothek erhöhen. Fraglich ist, ob eine solche Verbindung zulässig ist, denn die Möglichkeit der Besicherung wechselnder Forderungshöhe berührt den Akzessorietätsgrundsatz gerade in seiner Ausprägung der Umfangs- und Erlöschensakzessorietät. Durch die Besicherung der kausalen Darlehensforderungen mittels eines hypothekarisch besicherten abstrakten Schuldversprechens würde dieser akzessorische Automatismus im Verhältnis zur Darlehensforderung unterbrochen.

[622] siehe oben § 2 IV.

(a) *Verstoß gegen den Typenzwang*

Während die diesbezügliche – wenn auch spärliche – Rechtsprechung ohne weiteres von der Zulässigkeit der *abstrahierten Hypothek* ausgeht[623], wird in der Literatur an deren Zulässigkeit im Hinblick auf das im Hypothekenrecht verwirklichte Akzessorietätsprinzip teilweise gezweifelt. Durch die Unterlegung der Hypothek mit einem abstrakten Schuldversprechen entstünde ein akzessorietätsloses und so nicht vorgesehenes Sicherungsrecht,[624] welches demgemäß gegen den das Sachenrecht beherrschenden Grundsatz des Typenzwangs verstoße. Der Grundsatz des Typenzwangs besagt, dass die vom Gesetz bereitgestellten dinglichen Rechte in ihrem Wesen nicht durch Rechtsgeschäft verändert werden können.[625] Somit führt dort, wo Typenzwang herrscht ein Rechtsgeschäft die gewollten Rechtsfolgen nur dann herbei, wenn es einem der vorgeprägten Geschäftstypen entspricht.[626]
Es fragt sich also, ob durch das abstrakte Schuldversprechen gegenüber der akzessorischen Hypothek ein vollkommen neuer sachenrechtlicher Typus begründet würde.

Das abstrakte Schuldversprechen ist zunächst ohne weiteres hypothekenfähig, denn § 1113 Abs. 1 BGB verlangt nur das Bestehen einer Forderung gleich, ob kausal oder abstrakt.
Dem Wesen der Hypothek ist seine akzessorische Verknüpfung zur Hauptforderung immanent. Die Akzessorietät verwirklicht sich im gemeinsamen Entstehen, in der Durchsetzung, dem Umfang, der Zuständigkeit und dem Erlöschen von Haupt- und Nebenrecht,[627] von gesicherter Forderung und Hypothek. Fraglich ist, ob die hypothekarische Sicherung des abstrakten Schuldversprechens dem Grundsatz des Typenzwanges durch Durchbrechung der Akzessorietät widerspricht.

(a) Die Entstehungsakzessorietät bleibt bei der *abstrahierten Hypothek* gewahrt, denn auch die (Fremd)Hypothek gelangt nur mit dem abstrakten Schuldversprechen als „führende“ Forderung zur Entstehung.

(b) Die Akzessorietät bleibt auch in der Durchsetzung gewahrt, denn die Einreden gegen die Geltendmachung des abstrakten Schuldversprechens, sei es gegen

---

623 OLG Stuttgart NJW 1979, 222, LG Stuttgart JZ 1977, 760, 761; Staudinger/Wolfsteiner, § 1113, Rn. 25.
624 Baur/Stürner, § 40, Rn. 46.
625 Palandt/Bassenge, Einf. v. § 854, Rn. 3; Radke, Bedingungsrecht und Typenzwang, S. 47 f.
626 Mugdan, Bd. III, S. 2.
627 Medicus, JuS 1971, 497, 498 ff.

dieses selbst, aus sicherungsvertraglichen Ansprüchen oder aus Bereicherungsrecht,[628] können auch der Geltendmachung der Hypothek entgegengehalten werden. Zwar kann der gutgläubige Erwerber eines einredebehafteten Schuldversprechens sich auf das Grundbuch berufen, §§ 1138, 1137, 892 BGB. Dies betrifft jedoch keine Eigenart allein des abstrakten Schuldversprechens, sondern jeder hypothekarisch gesicherten Forderung.

(c) Der Betrag des abstrakten Schuldversprechens, welches das führende Hauptrecht der akzessorischen Verknüpfung darstellt, bestimmt ferner den Umfang der Hypothek. Die Akzessorietät ist daher auch im Umfang gewahrt.

(d) Weiterhin ist der Inhaber des abstrakten Schuldversprechens zugleich Inhaber der Hypothek, so dass sich die Akzessorietät auch in der Zuständigkeit verwirklicht.

(e) Die Akzessorietät besteht auch im Erlöschen fort, denn mit Untergang des abstrakten Schuldversprechens erlischt auch die Hypothek.

Die *abstrahierte Hypothek* stellt damit keine Durchbrechung des Akzessorietätsprinzips dar. Sie unterliegt derselben akzessorischen Verknüpfung wie eine für einen kausalen Anspruch bestellte Verkehrshypothek. Aus sachenrechtlicher Sicht ist gegen diese Konstruktion daher nichts einzuwenden. Insbesondere liegt kein Verstoß gegen den Typenzwang der dinglichen Rechte vor.

(b) Verstoß gegen das Umgehungsverbot

Wenngleich auch die *abstrahierte Hypothek* dem Akzessorietätsprinzip entspricht, ist es jedoch letztlich der Wille der Parteien, allein den zugrunde liegenden kausalen Darlehensrückzahlungsanspruch hypothekarisch zu besichern. Ein akzessorisches Verhältnis zwischen diesem und der Hypothek wurde durch das abstrakte Schuldversprechen jedoch ausgeschaltet. Es ist nur im Verhältnis zwischen Hypothek und abstraktem Schuldversprechen, nicht jedoch im Verhältnis zum eigentlich zu besichernden Darlehensrückzahlungsanspruch gewahrt. Wirtschaftlich betrachtet stellt sich die Kreditsicherung damit als akzessorietätslos dar.
Auch wenn dies sachenrechtlich möglich ist (siehe oben), könnte eine solche Konstruktion ein unzulässiges Umgehungsgeschäft im Sinne eines Institutionenmissbrauchs darstellen.[629] Ein solches Umgehungsgeschäft liegt immer dann vor, wenn die Parteien versuchen, rechtliche Hindernisse, Verbote oder Belastungen dadurch zu vermeiden, dass sie den gleichen rechtlichen und wirtschaft-

---

[628] siehe oben § 2 III.
[629] so Puttfarken, Seehandelsrecht, Rn. 648 für die *abstrahierte Schiffshypothek*.

lichen Erfolg mit Hilfe anderer rechtlicher Gestaltungsformen zu verwirklichen suchen.[630]
Eine solche Gesetzesumgehung ist hier unzweifelhaft gegeben. Gewollt ist zwar eine Hypothek, aber nicht die mit ihr verbundene akzessorische Verknüpfung zum kausalen Darlehensrückzahlungsanspruch. Daher wird eine solche Verknüpfung mit Hilfe des abstrakten Schuldversprechens überwunden. Entscheidend ist die Frage, ob sich diese Umgehung als unzulässig darstellt, denn nicht jedes Umgehungsgeschäft ist bereits rechtlich unzulässig. Gewisse Normen und Rechtsinstitute werden oft vom Rechtsverkehr gezielt mit veränderter Funktion eingesetzt und tragen so dazu bei, dass sich die Rechtsordnung den gewandelten wirtschaftlichen und sozialen Verhältnissen und Bedürfnissen anpassen kann. Beispielsweise die früher als unzulässige Gesetzesumgehung verworfene Sicherungsübereignung[631] durch Vereinbarung eines Besitzkonstituts und damit einhergehender Umgehung der Publizitätsvorschriften des Pfandrechtes an beweglichen Gegenständen ist heute ein beliebtes und anerkanntes Sicherungsmittel. Dass neue Rechte durch Rechtsfortbildung entstehen und weiterentwickelt werden können soll durch das Konzept eines autonomen Sachenrechtes also nicht ausgeschlossen werden.[632]
Es gilt daher die Gesetzesumgehung von ihrer „legitimen Schwester", der „zweckgerichteten Tatbestandsplanung" abzugrenzen.[633] Von ersterer ist nur dann auszugehen, wenn sie einer grundsätzlichen gesetzlichen Wertung und dem materiellen Gerechtigkeitsgehalt der umgangenen Regelung widerspricht.[634] Die Sicherung eines Darlehens in wechselnder Höhe durch eine *abstrahierte Hypothek* müsste daher mit den grundsätzlichen Wertungen des Gesetzes im Einklang stehen. Im Hinblick auf die vom Gesetzgeber schon nicht vorgesehenen „neuen" Sachenrechte, wie Sicherungsübereignung und Sicherungsgrundschuld, die durch Rechtsprechung und Literatur Anerkennung erfahren haben, gilt die von *Wiegand* aufgestellte These: Der Parteiwille und die Gestaltungsfreiheit haben Vorrang vor der Autonomie des Sachenrechts, sofern und soweit nicht schützenswerte Dritt- oder höherwertige Allgemeininteressen entgegenstehen.[635]

(aa) Interessen nachrangiger Gläubiger

Durch die *abstrahierte Hypothek* könnten insbesondere die Interessen nachrangiger Gläubiger berührt sein. Dabei könnte gerade das Erfordernis eines „be-

---

630 Staudinger/Singer, § 117, Rn. 15.
631 Bourier, DNotZ 1934, 20, 25; Fuchs, Pseudonyme Rechtsgeschäfte, AcP 115 (1917), 84 ff.: man könne auch nicht *"einen Apfelbaum pflanzen, um Birnen darauf zu ernten."*.
632 Wiegand, AcP 190 (1990), 112, 137.
633 Schurig, FS Ferid, S. 375.
634 Schurig, FS Ferid, S. 400 f.
635 Wiegand, AcP 190 (1990), S. 112, 134 f.

stimmten" Betrages im Hypothekenrecht der Zulässigkeit einer *abstrahierten Hypothek* entgegenstehen, denn dadurch ist nachrangigen Gläubigern stets der Umfang der ihnen vorhergehenden Belastung ersichtlich.
Wie bereits dargelegt, erfordert die Hypothek selbst nicht die Angabe eines bestimmten Betrages, da durch sie auch bedingte Forderungen gesichert werden und die Bedingung auch die Höhe einer Forderung ausmachen kann.[636] Das Erfordernis der Angabe eines bestimmten Betrages beruht auf dem Publizitätsprinzip und der dahinter stehenden Erkennbarkeit der Belastung für nachrangige Gläubiger.
Der Vergleich zum Pfandrecht und zur Bürgschaft zeigt zwar grundsätzlich, dass akzessorische Sicherungsrechte durchaus eine wechselnde Forderungshöhe sichern können. Die Interessen nachrangiger Gläubiger wurden bei der Hypothek jedoch höher eingestuft als dies beim Pfandrecht der Fall war. Die *abstrahierte Hypothek* könnte damit den Interessen nachrangiger Gläubiger insoweit zuwiderlaufen, als bei sinkender Forderungshöhe kein Eigentümergrundpfandrecht als Voraussetzung des gesetzlichen Löschungsanspruches entstünde und insoweit gesetzgeberischen Wertungen widersprochen bzw. schützenswerte Interessen Dritter betroffen sein würden.
Nach ursprünglicher gesetzgeberischer Wertung diente das Entstehen eines nachträglichen Eigentümerpfandrechts jedoch der Rangwahrung und Rangreservierung zugunsten des Eigentümers. Dieser sollte seinem Belieben nach über die frei gewordene Rangstelle verfügen können, um sich weiteren Kredit verschaffen zu können. Die Verfasser des BGB waren also bestrebt, dem Eigentümer die freie Verfügbarkeit über eine bessere Rangstelle zu erhalten und zu verhindern, dass nachrangige Grundpfandrechte aufrücken und so ungerechtfertigt begünstigt würden, denn dem schlechter gesicherten Kredit wird vertraglich auch eine entsprechende Risikoprämie zugrunde gelegt. Ein Aufrücken der nachrangigen Grundpfandrechte hielt der historische Gesetzgeber nur bei besonderen Sachlagen für gerechtfertigt und ließ daher die dingliche Sicherung des als Ausnahme gedachten Löschungsanspruches durch die Löschungsvormerkung zu. Das Regel-Ausnahmeverhältnis entwickelte sich in der Praxis jedoch genau entgegengesetzt. Der Kreditnehmer hatte grundsätzlich formularmäßig im Voraus auf den Rang zu verzichten und die Grundbuchämter waren bald aufgrund der Vielzahl der Löschungsvormerkungen schlicht überlastet. In der Folge wurde das Gesetz zur Änderung sachenrechtlicher, grundbuchrechtlicher und anderer Vorschriften vom 22. Juni 1977 verabschiedet, wonach durch den neu eingefügten § 1179 a BGB den nachrangigen Grundpfandgläubigern nunmehr ein gesetzlicher Aufhebungsanspruch zusteht, wenn sich das Eigentum mit dem Gläubiger der Hypothek vereinigt. § 1163 Abs. 1 S. 2 BGB hat damit weitestgehend seine

[636] siehe oben § 8 I. 1. a.; Staudinger/Wolfsteiner, § 1113, Rn. 16.

Funktion verloren.[637] Das grundsätzlich sinnvolle Prinzip der Rangreservierung und Rangwahrung gilt im BGB de facto nicht mehr.[638] Der gesetzliche Löschungsanspruch nach § 1179 a BGB kann jedoch nicht darüber hinwegtäuschen, dass das Sachenrecht in § 1163 Abs. 1 BGB nach wie vor vom Grundsatz der Rangwahrung und Rangreservierung für den Eigentümer ausgeht. Der gesetzliche Löschungsanspruch vermittelt schließlich auch keinen Anspruch darauf, dass der Eigentümer und vorrangige Gläubiger sich so verhalten, dass der Vereinigungsfall im Sinne des § 1179 a Abs. 1 BGB zugunsten des nachrangigen Gläubigers auch tatsächlich eintritt.[639] Die über das abstrakte Schuldversprechen erreichte Rangwahrung und Rangreservierung zu Lasten des nachrangigen Gläubigers entspricht daher der grundsätzlichen gesetzgeberischen Wertung. Bewusst überspitzt ließe sich sogar sagen, dass das abstrakte Schuldversprechen die Sachlage wiederherstellt, die der Gesetzgeber anstrebte, bevor sie durch §§ 1179 a BGB allein aufgrund der der damaligen Überlastung der Grundbuchämter pervertiert wurde.

(bb) Gesetzgeberische Anerkennung der Höchstbetragshypothek

Ferner hat der Gesetzgeber durch die Höchstbetragshypothek in § 1190 BGB dem Rechtsanwender ohnehin die Möglichkeit der Sicherung einer wechselnden Forderungshöhe eingeräumt. Auch hier ist den nachrangigen Gläubigern nur der Maximalbetrag der Belastung erkennbar, innerhalb dieses Betrages kann die Belastung jedoch schwanken. Und auch hier gebührt der Möglichkeit flexibler Kreditsicherung der Vorzug gegenüber den Interessen nachrangiger Gläubiger.

(cc) Der historische Gesetzgeber

Nach obigen Ausführungen kann es nicht überraschen, dass auch der historische Gesetzgeber[640] wie selbstverständlich von der Möglichkeit einer *abstrahierten Hypothek* ausging, wenn es in den Protokollen der II. Kommission heißt: "... *Man hat freilich darauf hingewiesen, daß die Hypothek auch für eine Forderung, welche lediglich von einem abstrakten Schuldversprechen nach Maßgabe der §§ 683 und 684 getragen wird, bestellt werden könne und daß nichts entgegenstehe, einer ohne Bezeichnung einer Forderung erklärten Eintragungsbewil-*

[637] kritisch hierzu: Staudinger/Wolfsteiner, § 1163, Rn. 8: *„Es ist eine traurige, fast leichenfledderische Aufgabe, § 1163 zu kommentieren."*.

[638] anders im SchiffsRG für die Schiffshypothek, hier ist der Grundsatz der Rangwahrung und -reservierung durch die Ersetzungsbefugnis des Eigentümers, § 57 Abs. 3 SchiffsRG, und die Möglichkeit des Rangvorbehaltes, § 27 SchiffsRG, gewahrt.

[639] Staudinger/Wolfsteiner, § 1198, Rn. 4, § 1179, Rn. 49, § 1179 a, Rn. 19; Palandt/Bassenge, §1179 a, Rn. 6; a.A. OLG München ZIP 1980, 974.

[640] Mugdan, Bd. III, S. 340.

ligung zugleich die rechtliche Bedeutung eines durch die Eintragung gültig werdenden Schuldversprechens beizulegen. Allein die Hypothek für eine bestehende Forderung ist ein accessorisches Recht, auch wenn die Forderung auf einem abstrakten Schuldversprechen beruht. Wenn aber der Eintragungsbewilligung ohne Rücksicht auf eine Forderung so gedeutet wird, dass ihr Aussteller verspricht, die Summe zu zahlen oder zu schulden, welche auf seine Bewilligung zur Eintragung gelangt, so hat man eine Hypothek, welche nicht sowohl zur Sicherung einer Forderung dient, als vielmehr die Forderung erzeugt, mithin eine selbstständige Hypothek, die nur die Eigentümlichkeit hat, dass mit ihr eine persönliche Haftung des Bestellers verbunden ist. – Hiernach kann es sich nur fragen, ob die Grundschuld überhaupt aufgegeben werden soll. Diese Frage aber muss verneint werden. ..."

(2) Ergebnis

Die *abstrahierte Hypothek* zur Sicherung wechselnder Forderungshöhen steht damit nicht in Widerspruch zu grundsätzlichen gesetzgeberischen Wertungen. Sie stellt keine unzulässige Gesetzesumgehung dar. Insbesondere rechtlich geschützte Interessen nachrangiger Gläubiger werden durch sie nicht verletzt.

2. Das Pfandrecht an beweglichen Sachen und Rechten

Die Sicherung eines Darlehens in wechselnder Höhe ist durch das Pfandrecht sowohl an beweglichen Sachen als auch an Rechten problemlos möglich, wenngleich eine praktische Relevanz allein für das Pfandrecht an Rechten, insbesondere für die Verpfändung von GmbH-Geschäftsanteilen erkennbar ist.
Besteht also ausschließlich das Bedürfnis nach Sicherung allein einer wechselnden Forderungshöhe hat eine Unterlegung des Pfandrechtes mit einem abstrakten Schuldversprechen zunächst keinen praktischen Mehrwert. Die Grenze zwischen der Sicherung *eines* Darlehens mit wechselnder Forderungshöhe und einer Forderungsauswechslung, die das Pfandrecht untergehen lässt, ist jedoch in einigen Fällen nicht eindeutig zu ziehen.[641] Daher könnte sich gerade in Zweifelsfällen die Sicherung durch ein *abstrahiertes Pfandrecht* anbieten.

a. Das Pfandrecht kann für zukünftige und bedingte Forderungen bestellt werden, § 1204 Abs. 2 BGB. Insoweit unterscheidet es sich nicht von der Hypothek, § 1113 Abs. 2 BGB. Im Hinblick auf das Publizitätserfordernis dinglicher Belastung ist bei der Hypothek jedoch die Eintragung einer bestimmten Geldsumme erforderlich, für die das Grundstück haften soll. Während bei der Hypothek dem Publizitätserfordernis durch Eintragung genüge getan wird, erfolgt dies beim

[641] BuB/Benckendorff 4/1407.

Pfandrecht an beweglichen Sachen durch die Besitzübertragung. Daher ist beim Pfandrecht die Angabe eines Nennbetrages der Forderung nicht erforderlich. Die Belastung des Pfandgegenstandes ist aus dem Besitz des Gläubigers für andere interessierte Gläubiger ersichtlich.[642] Für das Pfandrecht an Forderung wird die Publizität durch die Anzeige an den Schuldner verwirklicht, § 1280 BGB. Für das Pfandrecht an Rechten hat der Gesetzgeber gänzlich auf einen Publizitätsakt verzichtet. Die Belastung mit einem Pfandrecht an Rechten ist somit nicht erkennbar. Dies erklärt die nach wie vor hohe praktische Bedeutung des Pfandrechtes an Rechten, während das Pfandrecht an beweglichen Sachen und Forderungen durch die Sicherungsübereignung und Sicherungsabtretung abgelöst wurden.[643] Für das Pfandrecht ist es daher ausreichend, dass die zu sichernde Forderung bestimmbar ist.[644] Aufgrund der strukturellen Ähnlichkeit werden hier die gleichen Kriterien wie bei Vorausabtretung künftiger Forderungen angewandt.[645] Bestimmbar ist danach eine Forderung, wenn sie im Zeitpunkt ihrer Entstehung zweifelsfrei ermittelt werden kann.[646] Aus dieser Lockerung des Bestimmtheitserfordernisses folgt, dass Forderungen gesichert werden können, deren Höhe sich noch gar nicht vorhersehen lässt, so auch Forderungen aus wechselndem Kredit.[647] Zwar haftet in strenger Umfangsakzessorietät auch das Pfand nur für den jeweiligen Forderungsbestand. Dieser kann beim Pfandrecht jedoch wechseln, da das Gesetz kein Eigentümerpfandrecht kennt, welches beim (teilweisen) Erlöschen einer Forderung entstehen könnte. Durch das Pfandrecht können daher sämtliche gegenwärtige und zukünftig mögliche Forderungen gesichert werden.[648]

b. Aus der grundsätzlichen Möglichkeit der Besicherung eines Darlehens in wechselnder Höhe mit einem Pfandrecht folgt, dass auch ein zu diesen Zwecken bestelltes *abstrahiertes Pfandrecht* keine unzulässige Gesetzesumgehung darstellen kann. Denn wenn die Sicherung einer wechselnden Forderungshöhe beim Pfandrecht ohnehin gesetzlichen Wertungen entspricht, kann diese Wertung durch ein *abstrahiertes Pfandrecht* denklogisch auch nicht umgangen werden.

---

642 Staudinger/Wiegand, § 1205 Rn. 10.

643 Staudinger/Wiegand, Vor § 1273 BGB, Rn. 1.

644 Palandt/Bassenge, § 1204, Rn. 5; Staudinger/Wiegand, § 1204 Rn. 24 b.

645 Staudinger/Wiegand, § 1204, Rn. 24b; Palandt/Heinrichs, § 398, Rn. 14.

646 BGHZ 86, 340, 346 f.; Staudinger/Wiegand, § 1204, Rn. 24 b.

647 RGZ 78, 26.

648 RGZ 78, 26; RG JW 1911, 367; Daher auch die AGB-Pfandklausel der Banken, Zif. 14 Abs.2 und AGB der Sparkassen Nr. 21 Abs. 3.

II. Die Forderungsauswechslung

Bedeutung hat die Forderungsauswechslung vor allem dann, wenn es um die Aufstockung (Revalutierung) eines bereits gewährten (und teilweise getilgten) Darlehens geht. Da es sich dabei um den Abschluss eines neuen Darlehenvertrages handelt, stellt die aufgestockte Forderung eine neu zu sichernde Forderung dar, die mit der bisher gesicherten Forderung grundsätzlich nicht identisch ist. Regelmäßig werden die Probleme der Forderungsauswechslung immer dann aktuell, wenn sich die Parteien darüber einig sind, dass das zugunsten des Gläubigers bestellte Sicherungsrecht nunmehr eine rechtlich andere Forderung sichern soll.

1. Die Hypothek

In jedem Fall bringt es die gesetzliche Anordnung der Akzessorietät mit sich, dass die Hypothek in ihrer Entstehung, in ihrem Fortbestand, in der Zuständigkeit und im Untergang von der Entstehung, Existenz und Zuständigkeit der Forderung abhängig ist. Daraus folgt, dass ein Wechsel der Forderung unweigerlich das Erlöschen der hierfür bestellten akzessorischen Sicherheiten zur Folge hat. Die bei den gesetzlich geregelten Sicherheiten vorgegebene Akzessorietät beschränkt sich nicht darauf, die betreffende Forderung und die damit verbundene Zweckbestimmung nur äußerlich mit dem Sicherungsrecht zu verbinden, vielmehr stellen beide – Forderung und Zweckbestimmung – einen integralen Bestandteil des Sicherungsrechtes dar.[649] Die Forderung und die mit ihr verbundene Zweckbestimmung sind dem Sicherungsrecht immanent. Eine Änderung der Forderung stellt damit auch immer eine Inhaltsänderung des Sicherungsrechtes dar, selbst wenn der Nennbetrag der Forderung gleich bleiben sollte.

Durch Auswechslung der Forderung geht die für die alte Forderung bestellte Hypothek daher unweigerlich verloren. Für die neue Forderung muss eine neue Hypothek bestellt werden.
Erlischt die Forderung, so steht die Hypothek zwar grundsätzlich dem Eigentümer zu, § 1163 Abs. 1 S. 2 BGB. § 1179 a BGB gewährt dem nachrangigen Gläubiger jedoch einen gesetzlichen Löschungsanspruch, wenn das Eigentümergrundpfandrecht entsteht. Sind also nachrangige Gläubiger vorhanden, rücken diese durch den Löschungsanspruch des § 1179 a BGB regelmäßig in den Rang des alten Gläubigers. Der Eigentümer kann über die frei gewordene Rangstelle nicht mehr disponieren. Kommt es daher zur Forderungsauswechslung, ist eine Neubegebung der Hypothek an den alten Gläubiger an gleicher Rangstelle nicht

[649] Becker-Eberhard, S. 60; Mugdan, Bd. III, S. 404, die Forderung ist nicht Bedingung, sondern Begriffselement des dinglichen akzessorischen Rechts.

möglich. Soweit eine Neubestellung der Hypothek erforderlich ist, muss – wenn gewünscht - auch eine erneute dingliche Vollstreckungsunterwerfung durch notarielle Urkunde und den damit verbundenen Kosten erfolgen.

a. § 1180 BGB

Aufgrund der selbsttätig wirkenden Verbindung zwischen Forderung und Sicherungsrecht durch die Akzessorietät musste die Forderungsauswechslung bei der Hypothek kraft Gesetzes in § 1180 BGB ausdrücklich zugelassen werden. Zur Begründung wurde durch den Gesetzgeber angeführt, den Beteiligten sollte der Umweg erspart werden, dass der bisherige Hypothekengläubiger zunächst auf die Hypothek verzichten muss, um die dadurch entstandene Eigentümergrundschuld durch Beifügung einer neuen Forderung (ggf. eines neuen Gläubigers) gemäß § 1198 BGB erneut zur Fremdhypothek werden zu lassen.[650] Sinn und Zweck des § 1180 BGB liegen in der Rangwahrung. Dem Eigentümer wird mit der Hypothek ein abstrakter Rangrahmen reserviert, den er mit unterschiedlichen und wechselnden Inhalten ausfüllen kann.[651]
Die Auswechslung der Forderung erfolgt gemäß § 1180 Abs. 1 BGB durch Einigung zwischen Gläubiger und Eigentümer sowie durch die Eintragung im Grundbuch. Gemäß § 1180 Abs. 2 BGB erfordert die Auswechslung der Hypothekenforderung gegen die Forderung eines neuen Gläubigers die Zustimmung des neuen Gläubigers und wiederum eine Eintragung. Die solchermaßen zulässige Inhaltsänderung stellt eine Lockerung des Akzessorietätsgrundsatzes dar.[652] Eine Forderungsauswechslung ist bei der Hypothek somit zwar grundsätzlich möglich. Sie vollzieht sich jedoch nicht außerhalb des Grundbuches. Da die §§ 19, 29 GBO Anwendung finden, muss die Eintragungsbewilligung notariell beglaubigt werden. Wegen der Inhaltsänderung des der Hypothek zugrunde liegenden Anspruches wird damit auch eine erneute dingliche Zwangsvollstreckungsunterwerfung erforderlich. Es entstehen zusätzliche Kosten. § 1180 BGB bietet damit keine effiziente und kostensparende Möglichkeit der Forderungsauswechslung.

b. Die abstrahierte Hypothek

In Betracht kommt daher die Forderungsauswechslung in der hypothekarischen Sicherung außerhalb des Grundbuches durch die *abstrahierte Hypothek.*

---

650 Mugdan, Bd. III, S. 903 f, 985.

651 Jedoch nicht bei Neuvalutierung nach Tilgung der Hypothek. Hier kann der Eigentümer die ihm zufallende Eigentümergrundschuld zwar erneut zur Sicherung verwenden, dem steht jedoch ggf. der Löschungsanspruch gemäß § 1179 a BGB entgegen.

652 Becker-Eberhard, S. 438.

(1) Die Hypothek besichert allein das abstrakte Schuldversprechen. Die Darlehensforderung interessiert in dieser Konstellation das Hypothekenrecht zunächst nicht, da diese allein über die schuldrechtliche Sicherungsabrede mit dem abstrakten Schuldversprechen verbunden ist. Durch formlose Änderung des Sicherungsvertrages in Übereinstimmung mit dem Schuldner ist es möglich, den bisher durch das abstrakte Schuldversprechen gesicherten Darlehensrückzahlungsanspruch gegen eine andere Forderung auszutauschen. Dieser Austausch vollzieht sich außerhalb des Grundbuches. Der Rang der Hypothek bleibt gewahrt. Einer erneuten Vollstreckungsunterwerfung und einer damit verbundenen Beurkundung bedarf es nicht, da das abstrakte Schuldversprechen inhaltlich unverändert bleibt.

(2) Die Möglichkeit der Forderungsauswechslung durch die hypothekarische Sicherung eines abstrakten Schuldversprechens dürfte sich nicht als unzulässige Gesetzesumgehung darstellen. Eine Umgehung der Akzessorietät ist zwar im Hinblick auf die Akzessorietät im Erlöschen gegeben. Eine unzulässige Gesetzesumgehung muss jedoch schon deshalb ausscheiden, weil das Gesetz die Forderungsauswechslung für die Hypothek in § 1180 BGB und die damit verbundene Akzessorietätslockerung ausdrücklich vorgesehen hat.
Zwar liegt durch die *abstrahierte Hypothek* wiederum eine Umgehung des § 1180 BGB durchaus vor, da sich die Forderungsauswechslung mittels *abstrahierter Hypothek* außerhalb des Grundbuches vollzieht. Das insoweit auch bei der Forderungsauswechslung berührte Nachrückinteresse nachrangiger Gläubiger, welches letztlich Ausdruck in dem § 1179 a BGB fand, hat jedoch auch bei der Forderungsauswechslung nach § 1180 BGB nicht dazu geführt, dass der Gesetzgeber es von der Zustimmung nachrangiger Gläubiger abhängig machte. Insbesondere hat dieses Nachrückinteresse keinen Vorrang vor dem Grundsatz der Rangwahrung und Rangreservierung zugunsten des Eigentümers. Dies ergibt sich aus den systematisch gleichen Erwägungen, wie zur Zulässigkeit der *abstrahierten Hypothek* im Hinblick auf eine wechselnde Forderungshöhe.[653] Der Löschungsanspruch gemäß § 1179 a BGB vermittelt insbesondere kein Recht darauf, dass sich Eigentümer und vorrangiger Gläubiger so verhalten, dass nachrangige Gläubiger aufrücken können.[654] Was das in § 1180 BGB normierte Zustimmungserfordernis des alten Gläubigers bei Austausch der Forderung gegen die eines neuen Gläubigers betrifft, kann eine Gesetzesumgehung schon deshalb nicht vorliegen, weil hier der mit der Forderungsauswechslung verbundene Gläubigerwechsel auch mittels eines abstrakten Schuldversprechens nicht außerhalb des Grundbuches vollzogen werden kann.

653 siehe oben § 8 I 1. d. (2) (a).
654 Staudinger/Wolfsteiner, § 1198, Rn. 4, § 1179, Rn. 49, § 1179 a, Rn. 19; Palandt/Bassenge, § 1179 a, Rn. 6; a.A. OLG München ZIP 1980, 974.

Ein Verstoß gegen grundsätzliche Wertungen des Gesetzes wird durch die hypothekarische Sicherung eines abstrakten Schuldversprechens nicht begründet. Sie stellt keine unzulässige Gesetzesumgehung dar.

2. Das Pfandrecht an beweglichen Sachen und Rechten

Mangels einer den §§ 1180, 1198 BGB entsprechenden Regelung kommt eine Forderungsauswechslung beim Pfandrecht nicht in Betracht. Die damit verbundene Inhaltsänderung überlebt das Pfandrecht nicht. Zwar ist die Aufstockung eines Kreditbetrages beim Pfandrecht ohne weiteres möglich.[655] Werden jedoch für den aufgestockten Betrag die Konditionen einschließlich Laufzeit und Zinssatz geändert, handelt es sich bereits um eine neue Forderung,[656] die vom „alten" Pfandrecht nicht mehr besichert ist. In Betracht kommen daher allein die Aufhebung des Pfandrechts nach § 1255 BGB und die anschließende Neuverpfändung.

a. Neubestellung des Pfandrechts

Für die neue Forderung des Gläubigers ist damit ein Pfandrecht auch neu zu bestellen. Dies erfolgt beim Pfandrecht an beweglichen Sachen durch Einigung zwischen dem Eigentümer der Sache und dem Gläubiger sowie Übergabe der Pfandsache an den Gläubiger, § 1205 Abs. 1 BGB. Für die Bestellung des Pfandrechtes an Rechten müssen sich die Parteien darüber einig sein, das zu verpfändende Recht zur Sicherung einer Forderung mit einem Befriedigungsrecht zu belasten.

(1) Eine Wahrung des Ranges lässt sich mit der Neubestellung nicht erreichen. Auch eine dingliche Rangvereinbarung wie sie bei den Grundpfandrechten möglich ist (§ 879 Abs. 3 BGB), scheidet für das Pfandrecht aus. Möglich ist eine solche Rangvereinbarung hier allein mit schuldrechtlicher Wirkung. Der mit der Forderungsauswechslung einhergehende Rangverlust beeinträchtigt damit erheblich den Sicherungswert des Pfandrechts, wenn nachrangige Gläubiger unweigerlich aufrücken. Ein erstrangiger Gläubiger dürfte eine Forderungsauswechslung daher kaum jemals in Betracht ziehen, wenn ihm an der Rangstelle in der Verwertung gelegen ist. Ein flexibles Kreditengagement wird dadurch wenn nicht schon verhindert, so zumindest deutlich erschwert.

(2) Auch wenn die mit der Forderungsauswechslung verbundene Neubestellung des Pfandrechts grundsätzlich weder umständlich noch kostenintensiv ist – erforderlich aber auch ausreichend ist die Einigung und beim Pfandrecht an beweglichen Sachen die Übergabe – zieht die Neubestellung bei der Geschäfts-

---

[655] siehe oben § 8 I. 2.

[656] BuB II/Benckendorff, 4/1407.

anteilsverpfändung einer GmbH oder einer AG auch einer erneute Beurkundung derselben nach sich.[657] Eine solche ist für die Verpfändung von GmbH-Anteilen gemäß § 15 Abs. 3 GmbHG stets erforderlich. Da sich die Kosten nach dem Gegenstandswert richten, kann sich die Neuverpfändung neben dem Rangverlust zudem als sehr kostenintensiv erweisen.

(3) Für die Fälle der Geschäftsanteilsverpfändung sehen die Gesellschaftsverträge für die GmbH häufig die Zustimmung der übrigen Gesellschafter oder der Gesellschaft vor.[658] Bei einer erneuten Geschäftsanteilsverpfändung wäre daher auch die erneute Zustimmung der übrigen Gesellschafter erforderlich.

b. Das abstrahierte Pfandrecht

Die Möglichkeit der rangwahrenden Forderungsauswechslung, ohne Neubeurkundung und erneutem Zustimmungserfordernis im Falle der GmbH-Geschäftsanteilsverpfändung, könnte wiederum das *abstrahierte Pfandrecht* bieten.
Ebenso wie bei der vergleichbaren Konstellation der *abstrahierten Hypothek* wird das Pfandrecht hier nicht zur Sicherung des kausalen Darlehensrückzahlungsanspruches bestellt. Letzterer wird vielmehr durch ein vom Schuldner abgegebenes abstraktes Schuldversprechen besichert, welches seinerseits wiederum durch das Pfandrecht besichert wird. Da das abstrakte Schuldversprechen für den kausalen Darlehensrückzahlungsanspruch ein abstraktes, nichtakzessorisches Sicherungsrecht darstellt, kann dieser durch (formlose) Änderung der zugrunde liegenden Sicherungsabrede ausgetauscht werden. Eine Neubestellung des Pfandrechtes ist nicht erforderlich.
Bis zu dem Betrag des abstrakten Schuldversprechens ist damit ein rangwahrender Forderungsaustausch möglich, da dem Pfandrecht nach wie vor das unveränderte abstrakte Schuldversprechen als führende Hauptforderung zugrunde liegt.

(1) Zulässigkeit des abstrahierten Pfandrechtes

Das *abstrahierte Pfandrecht* würde den Sicherungswert des Pfandrechtes an Rechten also erheblich erhöhen. Fraglich ist jedoch auch hier, ob die pfandrechtliche Sicherung des abstrakten Schuldversprechens zur im Ergebnis bezweckten Sicherung der kausalen Darlehensforderung vor dem Hintergrund des sachenrechtlichen Typenzwangs und einer möglichen Gesetzesumgehung zulässig ist.

[657] Zu der Frage, ob schon die schuldrechtliche Verpflichtung zur Verpfändung eines Geschäftsanteils die Beurkundungspflicht auslöst: vgl. Sieger/Hasselbach, GmbHR 1999, 633, 634 f.
[658] Sieger/ Hasselbach, GmbHR 1999, 633 f.

Die Forderungsauswechslung beim Pfandrecht berührt dabei den Akzessorietätsgrundsatz in seiner Ausprägung der Umfangs- und Erlöschensakzessorietät.

(a) Verstoß gegen Typenzwang

Ein Verstoß gegen den Typenzwang liegt durch das *abstrahierte Pfandrecht* jedoch nicht vor. Denn das Pfandrecht ist in Übereinstimmung mit dem Akzessorietätsprinzip in Entstehung, Umfang, Fortbestand, Zuständigkeit auf der Gläubigerseite und Durchsetzbarkeit vom abstrakten Schuldversprechen als führendem Hauptrecht abhängig.
Letztlich setzt das Pfandrecht – wie die Hypothek auch – das Bestehen einer Forderung voraus. Gemeint sind damit alle vermögensrechtlichen Ansprüche *„deren Gegenstand Geld ist oder in Geld übergehen kann"*.[659] Eine Unterscheidung danach, ob die Forderung kausal oder aber abstrakt ist, hat der Gesetzgeber nicht getroffen. Unterschiede zur *abstrahierten Hypothek* ergeben sich insoweit nicht.[660] Aus sachenrechtlicher Sicht ist gegen die Konstruktion des *abstrahierten Pfandrechtes* daher nichts einzuwenden.

(b) Verstoß gegen das Umgehungsverbot

Fraglich ist jedoch im besonderen Maße bezogen auf das Pfandrecht, ob eine Abstrahierung desselben zur Schaffung der Möglichkeit einer Forderungsauswechslung eine unzulässige Gesetzesumgehung darstellen könnte. Zwar ist das Pfandrecht im Verhältnis zum abstrakten Schuldversprechen weiterhin akzessorisch. Im Verhältnis zu dem eigentlich zu besichernden Darlehensrückzahlungsanspruch ist die Akzessorietät hingegen ausgeschaltet.

Bislang ist - mit Ausnahme der treuhänderischen Verwaltung akzessorischer Sicherungsrechte im Rahmen eines Konsortiums[661] und der Praxis der Schiffsfinanzierung[662] - nicht ersichtlich, dass das *abstrahierte Pfandrecht* überhaupt Eingang in die Vertragspraxis gefunden hat. Daher wurde eine solche Konstruk-

---

[659] Mugdan, Bd. III, S. 445.

[660] siehe oben § 8 I. 1. d. (1).

[661] siehe unten § 8 III.

[662] Die Belastung eines Schiffes mittels einer Schiffshypothek gemäß § 8 SchiffsRG stellt ihrer Natur nach ein Pfandrecht an beweglichen Gegenständen dar, wenngleich sie nach der Neuregelung des Schiffssachenrechts 1940 dem Grundstücksrecht nachgebildet wurde. Die Schiffshypothek sichert regelmäßig den Anspruch des Gläubigers aus dem abstrakten Schuldversprechen. vgl. Staudinger/Nöll, § 8, Rn. 27 f.; § 24 Rn. 2; Prause, Das Recht des Schiffskredits, II § 24; BuB II/Zimmermann, 4/1738 sowie Musterformular *„Abstraktes Schuldversprechen und Hypothekenbestellungsurkunde"* 4/1791.

tion im Gegensatz zur vergleichbaren *abstrahierten Hypothek*[663] der Rechtsprechung auch noch nicht zur Entscheidung vorgelegt.

(aa) Zwingende Natur der Akzessorietät

Fraglich ist für die Zulässigkeit des *abstrahierten Pfandrechtes* also, inwieweit sich die Natur der Akzessorietät für das Pfandrecht als zwingend darstellt.

Zunächst wird die Akzessorietät beim Pfandrecht auch von Rechtsprechung und Literatur nicht so streng gehandhabt, wie es sich mit dem Gesetzeswortlaut fordern lassen könnte.

(i) Umwandlung des Primär- in einen Sekundäranspruch

Ist die durch Pfandrecht gesicherte Forderung nichtig, kann das Pfandrecht nach herrschender Meinung auch etwaige Bereicherungs- und Schadensersatzansprüche sichern, wenn sich aus der Parteivereinbarung entsprechende Anhaltspunkte ergeben, dass eine generelle Sicherung angestrebt war.[664] Hierbei kann kein Zweifel bestehen, dass das Pfandrecht eine Inhaltsänderung erfährt. Der Primäranspruch wird gegen einen Sekundäranspruch ausgewechselt. Dennoch soll die solchermaßen erfolgte Forderungsauswechslung aufgrund eines entsprechenden Parteiwillens möglich sein. Entscheidend ist auch hier, dass wirtschaftliche Erfordernisse die dogmatischen Bedenken zur Seite geschoben haben.

Nicht zuletzt aus diesem Grund und gerade als Vertreter der Interessenjurisprudenz hat bereits *Heck* die starre Verbindlichkeit der Akzessorietät (Anlehnungsdogma) für die Interpretation des Gesetzes bezweifelt.[665] In den typischen „Versagensfällen" des Akzessorietätsdogmas, nämlich Verjährung der Hauptforderung (§ 216 Abs. 1 BGB), Insolvenz[666] und Nachlasserschöpfung[667] hat bereits der Gesetzgeber erkannt, dass die Folgerungen aus der Akzessorietät derart lebenswidrig sind, dass sie nicht gezogen werden können.[668] Die ungeregelten Versagensfälle bleiben jedoch der Rechtsprechung überlassen. Entsprechend der Lehre *Hecks* soll sich in diesen Fällen eine vertragsmäßige Ausschaltung der Akzessorietät gemäß § 157 BGB ergeben. Die Folgerungen aus dem Akzessorietätsdogma sollen nicht Interessen der Allgemeinheit schützen, sondern Parteiinteressen und können daher durch Verträge grundsätzlich abbedun-

[663] LG Stuttgart JZ 1977, 760 ff.; OLG Stuttgart NJW 1979, 222 f.
[664] BGH NJW 1968, 1134; Staudinger/Wiegand, § 1204, Rn. 21.
[665] Heck, Grundriß des Sachenrechts, § 78 IV.
[666] Recht auf abgesonderte Befriedigung, § 49 InsO.
[667] § 1211 Abs. 1 S. 2 BGB i.V.m. § 1971 BGB.
[668] Heck, Grundriß des Sachenrechts, § 78 II 8.

gen werden,[669] also auch durch den Bestellungsvertrag. Der objektiv festgestellte Sinn eines solchen Vertrages sei die Herbeiführung einer Zweckgemeinschaft. Deshalb müssen die der Zweckgemeinschaft entsprechenden Folgerungen mindestens im Verhältnis der ursprünglichen Schuldbeteiligten den Folgerungen aus dem Akzessorietätsdogma vorgehen.[670] Dem entspricht auch die von *Wiegand* ausformulierte und durch die Rechtsprechung grundsätzlich bestätigte These, dass der Parteiwille und die Gestaltungsfreiheit vor der Autonomie des Sachenrechtes Vorrang haben, sofern und soweit nicht im Einzelfall schützenswerte Dritt- oder höherwertige Allgemeininteressen entgegenstehen.[671]
Wenn nun die Rechtsprechung entgegen dem Wortlaut des Gesetzes in anderen als den gesetzlich geregelten Versagensfällen dem Akzessorietätsdogma nicht folgt und statt dessen den Interessen der Parteien den Vorzug gibt, ja im Fall des Übergangs des Primäranspruchs in einen Bereicherungs- oder Schadensersatzanspruchs sogar auf eine entsprechende Parteivereinbarung abstellt, folgt sie insoweit genau den Forderungen *Hecks* die Akzessorietät nicht als starres Dogma zu begreifen. Kann das Akzessorietätsdogma eine hinreichende Besicherung des Darlehens nicht gewährleisten, ist seine Verbindlichkeit für die Gesetzesauslegung nicht absolut.

(ii) Bürgschaft auf erstes Anfordern

Aufschlussreich ist in diesem Zusammenhang auch ein Vergleich zur Bürgschaft auf erstes Anfordern. Der gesetzliche Typus der Bürgschaft nach den §§ 765 ff. BGB wird von dem Akzessorietätsgrundsatz in allen seinen Ausprägungen der Entstehens-, Umfangs-, Durchsetzbarkeits-, Zuständigkeits- und Erlöschensakzessorietät bestimmt. Demgegenüber wird bei der Bürgschaft auf erstes Anfordern die Akzessorietät dadurch eingeschränkt, dass die Verpflichtung des Bürgen zeitweilig einem abstrakten Zahlungsversprechen gleichgestellt wird. Das bloße Zahlungsbegehren des Bürgschaftsgläubigers löst eine vorläufige Zahlungspflicht aus, die die Prüfung seiner materiellen Berechtigung ausschließt.[672]

---

669 ebenso neuerdings auch: Eleftheriadis, Die Bürgschaft auf erstes Anfordern, S. 57 f.; Schmidt, Die sogenannte Akzessorietät der Bürgschaft, S. 263 ff.

670 Heck, Grundriß des Sachenrechts, § 78 IV 2., davon unabhängig und daher hier nicht zu entscheiden, ist der Ansatz Hecks, dass Forderung und akzessorisches Sicherungsrecht nicht im Verhältnis führendes und geführtes Recht zueinander stehen, sondern beide Rechte allein dem Befriedigungszweck dienen. Es besteht nach der hier vertretenen Auffassung kein Widerspruch darin, dass akzessorisches Sicherungsrecht und Forderung in dem Verhältnis geführtes und führendes Recht stehen und dennoch eine Zweckgemeinschaft zur Befriedigung des Gläubigers bilden.

671 Wiegand, AcP 190 (1990), S. 112, 134 f.

672 Eleftheriadis, Die Bürgschaft auf erstes Anfordern, S. 26.

Die Rechtsprechung erachtete eine solche Vereinbarung zunächst nicht mit dem Wesen der Bürgschaft vereinbar. Eine solche Klausel sei nur im Rahmen einer Garantie oder eines selbstständigen Schuldversprechens möglich.[673] In bewusster Abkehr von dieser Auffassung ist es mittlerweile jedoch herrschende Meinung in Rechtsprechung und Literatur, die Klausel „auf erstes Anfordern" als Bestandteil des Bürgschaftsvertrages anzusehen. Die Akzessorietät werde hier nicht beseitigt, sondern nur vorläufig eingeschränkt und bleibe jedenfalls im Rahmen der Rückforderungsmöglichkeit des Bürgen gewahrt.[674]
Eine solche Möglichkeit lässt sich jedoch nur dann für zulässig erklären, wenn das Akzessorietätsprinzip - zumindest zeitweilig - durch die Parteien abbedungen werden kann und demgemäß nicht als starres Dogma begriffen wird.

(iii) Der historische Gesetzgeber

Einen eindeutigen Hinweis des historischen Gesetzgebers bezogen auf das Pfandrecht für die Zulässigkeit einer solchen Konstruktion fehlt im Gegensatz zur Hypothek. Jedoch war zum Zeitpunkt der Entstehung des BGB anerkannt, dass jemand, der wissentlich ein Pfandrecht für eine nicht bestehende Forderung bestellt, damit konkludent eine Forderung begründet, wenn ein entsprechender Wille gegeben ist und eventuell eingreifende Formvorschriften (§§ 518, 780 BGB) eingehalten sind.[675] Abgesehen von der Möglichkeit der Schenkung wurde daher bereits damals die Möglichkeit der Pfandrechtsbestellung unter Zugrundelegung eines abstrakten Schuldversprechens zur Überwindung der Forderungslosigkeit eines Pfandrechtes nicht bezweifelt.

(bb) Folgerungen für das Pfandrecht

Wenn nun wiederum die Akzessorietät des Pfandrechtes nicht als starres Dogma verstanden werden kann, sondern die Gewichtung eines entsprechenden Sicherungsbedürfnisses des Gläubigers es rechtfertigt, Normen, die das Akzessorietätsdogma verwirklichen auf bestimmte Sachlagen nicht anzuwenden, muss das *abstrahierte Pfandrecht* bei einem entsprechenden Sicherungsbedürfnis des Gläubigers für eine Forderungsauswechslung und diesbezüglicher Parteivereinbarung nicht zwangsläufig eine unzulässige Gesetzesumgehung darstellen.

---

[673] RGZ 153, 338, 345; BGH WM 1966, 122, 124.

[674] vgl. hierzu ausführlich: Eleftheriadis, Die Bürgschaft auf erstes Anfordern, S. 57 ff.; Schmidt, Die sogenannte Akzessorietät der Bürgschaft, S. 263 ff.

[675] Dernburg, Das Pfandrecht, S. 545; Windscheid/Kipp, Lehrbuch des Pandektenrechts, Bd. 1, § 225, 1.; Johow, Entwurf eines Bürgerlichen Gesetzbuches, 1431; Wieling, Sachenrecht, Bd. 1, § 15 IV. c).

Wenn zunächst die Zulässigkeit der *abstrahierten Hypothek* außer Frage steht, kann sich die Zulässigkeit bzw. Unzulässigkeit des *abstrahierten Pfandrechtes* nur aus den Unterschieden des Pfandrechtes zur Hypothek ergeben. So besteht im Hypothekenrecht zumindest die, wenn auch wenig praktische so doch zumindest theoretische Möglichkeit der Forderungsauswechslung, § 1180 BGB, die im Recht des Pfandes gänzlichst fehlt. Auch hat der Gesetzgeber bewusst auf eine Verselbstständigung des Pfandrechtes in Form des Eigentümerpfandrechtes verzichtet. Entscheidend dürfte damit die Gewichtung der Interessen nachrangiger Gläubiger sein, denn offenbar ist v.a. der Nachteil des durch ein Pfandrecht gesicherten abstrakten Schuldversprechens für nachrangige Gläubiger, da der so mögliche Austausch der eigentlich zu besichernden Darlehensforderungen ihr Aufrücken verhindert.

Die ausdrückliche Zulassung der Forderungsauswechslung im Hypothekenrecht hängt eng mit dem Entstehen eines Eigentümergrundpfandrechtes im Vereinigungsfall von Eigentum und Gläubigerstellung zusammen.[676] Soweit das Prinzip der Rangwahrung und Rangreservierung dem Eigentümer grundsätzlich ermöglicht, die von der Hypothek besicherte Forderung auszuwechseln, indem der Hypothekengläubiger zunächst auf die Hypothek verzichtet und die dann entstehende Eigentümergrundschuld mit einer anderen Forderung unterlegt wird, erachtete es der Gesetzgeber daher als zweckmäßig dem Eigentümer diesen Umweg zu ersparen und durch Einigung und Eintragung eine direkte Forderungsauswechslung zu ermöglichen.[677] Die Möglichkeit der Forderungsauswechslung wurzelt also auf dem Prinzip der Rangwahrung und Rangreservierung.[678]
Die fehlende Zulassung eines Eigentümerpfandrechtes im Recht des Pfandes, wie es die Hypothek zur Rangwahrung vorsieht, beruhte demgegenüber auf dem damals konstatierten fehlendem praktischen Bedürfnis für eine solche Regelung,[679] da die mehrfache Belastung eines Pfandes als Seltenheit angesehen wurde.[680] Dies mag zumindest für das Pfandrecht an beweglichen Sachen auch heute noch zutreffen, denn allein die komplizierten besitzrechtlichen Regelungen machen eine mehrfache Belastung des Pfandgegenstandes wirtschaftlich wenig sinnvoll. Ungeachtet dessen wurde ein Interesse des Eigentümers an einer Rangwahrung und Rangreservierung durchaus anerkannt. Die 2. Kommission führte in ihren Protokollen hierzu aus:

---

676 Mugdan, Bd. III, S. 985, Staudinger/Wolfsteiner, § 1180, Rn. 3; a.A. Wacke, DNotZ 2000. 615, 630, der darauf hinweist, dass das römische Recht eine Forderungsauswechslung, aber kein Eigentümerpfand kannte.

677 Mugdan, Bd. III, S. 903 f., 985.

678 Mugdan, Bd. III, S. 985.

679 Mugdan, Bd. III, S. 469.

680 Mugdan, Bd. III, S. 450.

„... *Zur Anerkennung eines anomalen, der Eigentümerhypothek entsprechenden Pfandrechtes ohne Forderung oder an eigener Sache liegt ein praktisches Bedürfnis nicht vor. Wenn der Eigenthümer, welcher zugleich der persönliche Schuldner ist und deshalb nicht die Abtretung der gesicherten Forderung erlangen kann (...) den Gläubiger befriedigt, kann denkbarerweise der Eigenthümer ein Interesse haben, daß die durch eine Aufwendung aus seinem Vermögen herbeigeführte Befreiung des Pfandes nicht anderen Personen, denen gegenüber er zu derartigen Aufwendungen nicht verpflichtet ist, zu Gute komme, falls denselben Pfandrechte oder Nießbrauchrechte zustehen, welche in Folge der Befreiung des Pfandes im Range verbessert werden. ...*“[681]

Wenn jedoch eine Möglichkeit der Rangwahrung allein mangels praktischen Bedürfnisses nicht erwogen wurde, dürfte der kautelarjuristischen Schaffung einer solchen Möglichkeit nichts entgegenstehen. Aus der für die Hypothek in § 1180 BGB zugelassenen Forderungsauswechslung folgt daher kein Umkehrschluss auf eine wertungsmäßige Nichtzulassung beim Pfandrecht.[682]

Eine zulässige Gesetzesumgehung könnte dazu beitragen, dass sich die Rechtsordnung den gewandelten wirtschaftlichen und sozialen Verhältnissen und Bedürfnissen anzupassen in der Lage ist. Für das Pfandrecht an Rechten besteht nämlich durchaus das Bedürfnis nach Rangwahrung und –reservierung. Hier ist eine mehrfache Belastung eines Rechtes, beispielsweise eines Geschäftsanteils einer GmbH nicht nur denkbar, sondern gängige Praxis. Eine Forderungsauswechslung durch einvernehmliche Aufhebung der alten Forderung und Neubestellung des Pfandrechtes für die neue Forderung ist also bei mehrfacher Belastung immer mit einem Rangverlust verbunden. Dennoch gilt auch hinsichtlich der ausgehandelten Konditionen bei einem durch nachrangiges Pfandrecht besicherten Darlehen nichts anderes als bei der Hypothek. Die Nachrangigkeit hat Auswirkungen auf die Kreditkosten. Ein Aufrücken des über die Kreditkosten „entschädigten“ Gläubigers wäre jedoch ein ungerechtfertigter einseitiger Vorteil für den Gläubiger.
Für den Fall der Konsolidation, also des Zusammenfallens von Eigentum und Pfandrecht, hat der Gesetzgeber ein solches Interesse in § 1256 Abs. 2 BGB ausdrücklich anerkannt, wenn er anordnet, dass das Pfandrecht als nicht erloschen gilt, „soweit der Eigentümer ein rechtliches Interesse an dem Fortbestehen des Pfandes hat.“

---

681 Mugdan, Bd. III, S. 469.
682 Wacke, DNotZ 2000, 615, 631.

(2) Ergebnis

Das *abstrahierte Pfandrecht* zur Forderungsauswechslung verstößt mithin nicht gegen materielle Wertungen des Gesetzgebers. Seine Bestellung ist sachenrechtlich möglich und stellt als solche eine zulässige Gesetzesumgehung dar.

III. Sicherungsmöglichkeiten im Kreditkonsortium

Die Abstrahierung akzessorischer Sicherungsrechte durch das abstrakte Schuldversprechen erlangt auch zunehmend Bedeutung in der Diskussion um die Möglichkeit der akzessorischen Sicherung von Konsortialkrediten. Die Einbeziehung einer später dem Konsortium beitretenden Konsortialbank auch in die bestehenden akzessorischen Sicherheiten ist aufgrund der Zuständigkeitsakzessorietät rechtlich schwierig. Die Praxis versucht diese Schwierigkeiten u.a. durch die Figur der *parallel debt* zu vermeiden, die eine Verdoppelung der Gläubigerforderungen zugunsten eines Sicherheitentreuhänders bewirkt. Die *parallel debt* wird dabei gemeinhin als abstraktes Schuldversprechen qualifiziert.[683]
Zum besseren Verständnis sei hier zunächst auf die genauen Ursachen der Schwierigkeiten der akzessorischen Sicherung einer Konsortialfinanzierung und die hierfür diskutierten Lösungen eingegangen.

1. Akzessorische Sicherungsrechte im Kreditkonsortium

Ein Konsortium wird grundsätzlich immer dann gebildet, wenn die Durchführung eines Geschäfts die Wirtschaftskraft und Risikobereitschaft eines einzelnen Unternehmens übersteigen würde und deshalb für dieses Vorhaben Partnerschaften mehrerer selbstständiger Unternehmen entstehen.[684] Gleichgültig ist, um welches Geschäft es sich handelt. Der Begriff des Konsortiums beschreibt allein die Form und Technik der Zusammenarbeit. Der Inhalt des Konsortialgeschäfts ist lediglich von Bedeutung für die Frage, welche Art von Konsortium vorliegt.[685]
Kreditkonsortien werden insbesondere immer dann gebildet, wenn der erwartete Kredit die Finanzkraft eines einzelnen Kreditinstituts überfordert, insbesondere sein Eigenkapital übermäßig in Anspruch nehmen würde, oder der Einzelkreditgewährung die für Großkredite geltenden Grenzen der §§ 13, 13 a KWG über-

---

683 Diem, Akquisitionsfinanzierung, S. 188; Harpering, Syndicated loans, S. 135; Apfelbaum, Die Verpfändung der Mitgliedschaft in der Aktiengesellschaft, S. 250 f.; Schrell/Kirchner, ZBB 2002, 230.

684 Obermüller, Insolvenzrecht in der Bankpraxis, Rn. 5.441; De Meo, Bankenkonsortien, Rn. 3.

685 De Meo, Bankenkonsortien, Rn. 5; May, Der Bankenpool, S. 26.

schreiten würden. Gleichzeitig ist es so möglich, die Risiken eines hohen Kredites auf mehrere Kreditgeber zu verteilen. Auch dem Kreditnehmer kann es oftmals gelegen sein, bei der Inanspruchnahme eines Kredites bestimmter Größenordnung sämtliche mit ihm in Geschäftsverbindung stehenden Banken beteiligt zu sehen.[686]

Die Leitung des Konsortiums unterliegt in aller Regel einem „federführendem" Kreditinstitut, der Konsortialführerin, in internationalen Finanzierungen auch *Agent* genannt. Üblicherweise ist dies die Bank, die auch den größten Konsortialanteil übernimmt. Möglich ist es aber auch, dass der Agent gar keinen Konsortialanteil übernimmt.[687]

Im Rahmen einer konsortialen Finanzierung übernimmt häufig eine einzelne Bank – meist die Konsortialführerin – zunächst das gesamte Finanzierungsvolumen, um sodann einen Teil der Darlehensforderung und damit auch des Finanzierungsrisikos auf andere Banken zu übertragen, sog. Syndizierung.
Aufgrund der bei den akzessorischen Sicherungsrechten verwirklichten Zuständigkeitsakzessorietät, welche die Identität des Gläubigers der gesicherten Forderung und des Sicherungsrechtes erfordert, ist die akzessorische Sicherung im Rahmen einer Kreditsyndizierung durchaus problematisch. Diese Probleme stellen sich allgemein gegenüber dem Bedürfnis einer einheitlichen Sicherheitenverwaltung schlechthin, im Besonderen jedoch durch den Zeitpunkt der Syndizierung und durch die Syndizierungstechnik.

a. Einheitliche Sicherheitenverwaltung

Die Konsortialfinanzierung ist gekennzeichnet durch das Bestreben nach einer einheitlichen Sicherheitenverwaltung mittels eines Sicherheitentreuhänders.[688]
Steht die Bonität des Darlehensschuldners außer Frage ist eine einheitliche Sicherheitenverwaltung einfach nur zweckmäßig, so insbesondere dann, wenn die zur Verfügung stehenden Sicherheiten nicht aufgeteilt werden können, z.B. der Inhalt von Öltanklagern.
Für den Kreditnehmer hat die einheitliche Sicherheitenverwaltung den Vorteil, dass dieser in der Regel nur einer Bonitätsprüfung unterliegt und dass nicht jede Bank gesondert den üblichen Abschlag in der Sicherheitenbewertung vornimmt und daran die Höhe ihrer Kreditlinie bemisst. Denn die Risiken aus einer Kolli-

---

[686] Schimansky/Bunte/Lwowski, Bankrechtshandbuch, § 87 I. 3, Rn. 4.

[687] Diem, Akquisitionsfinanzierung, S. 154; dann handelt es sich meist um eine Tochtergesellschaft einer der Konsortialbanken, häufig mit Sitz in Luxemburg, vgl. Hinsch/Horn, Das Vertragsrecht der internationalen Konsortialkredite und Projektfinanzierungen, S. 178.

[688] Oftmals, jedoch nicht zwingend, identisch mit dem Konsortialführer.

sion mit den Sicherungen anderer Gläubiger werden durch deren Beteiligung im Konsortium unter einheitlicher Sicherheitenverwaltung ausgeräumt.[689] Die Sicherheiten können damit optimal genutzt werden.
Eigentliches Ziel einer einheitlichen Sicherheitenverwaltung ist es jedoch, für den Fall der Vermögensverschlechterung des Darlehensnehmers nicht nur eine gleichrangige, sondern auch eine gleichmäßige Befriedigung aller beteiligten Institute zu gewährleisten, da sich die Erlösverteilung im Verwertungsfall nach den Konsortialquoten richtet und die Ausfallquote demgemäß bei jedem beteiligten Institut gleich hoch ist.

Rechtstechnisches Mittel einer einheitlichen Sicherheitenverwaltung ist der *Poolvertrag*. Der Ausdruck *„Pool"* bezeichnet in der anglo-amerikanischen Rechtssprache eine vorübergehende vertragliche Personen- oder Unternehmensvereinigung, bei der die Vertragsbeteiligten den Zweck verfolgen, ihre gleichartigen Rechtspositionen in gemeinschaftlich koordinierter Weise wahrzunehmen und durchzusetzen, um dadurch Vorteile gegenüber einer isoliert-individuellen Rechtswahrnehmung und –durchsetzung zu erlangen.[690]
Der Poolvertrag begründet unter den Kreditinstituten regelmäßig eine BGB-Gesellschaft,[691] deren Zweck bei Kreditkonsortien in der optimalen Ausnutzung der vorhandenen Sicherungsmittel mittels einer vereinfachten Sicherheitenverwaltung sowie in der auf ihre gegenseitigen Belange abgestimmten Durchsetzung und Verwertung der ihnen als Gläubiger eingeräumten Sicherheiten besteht.[692] Dieser gemeinsame Zweck schließt es aus, dass der Kreditnehmer selbst Gesellschafter einer solchen BGB-Gesellschaft sein kann.

Kennzeichnend für die konsortiale Sicherheitenverwaltung ist also, dass die Sicherheiten, einem Treuhänder, in der Regel dem Konsortialführer, bestellt werden sollen. Dieser ist jedoch nicht gleichzeitig Inhaber aller Darlehensforderungen. Unproblematisch ist dies bei den nichtakzessorischen Sicherungsrechten, wie der Grundschuld, der Forderungsabtretung und der Sicherungsübereignung, da diese Sicherungsrechte in ihrem Bestand nicht von einer Forderung und somit auch nicht von der Inhaberschaft einer Forderung abhängen. Zur Sicherung des Darlehensrückzahlungsanspruches eines jeden einzelnen Konsorten kann dem womöglich am Gesamtkredit gänzlichst unbeteiligten Treuhänder beispielsweise eine Grundschuld bestellt werden.[693]

---

689 Obermüller, Insolvenzrecht in der Bankpraxis, Rn. 6.124.

690 Black's Law Dictionary, Stichwort *„Pool"*.

691 BGH WM 1988, 1784, 1785.

692 Peters, ZIP 2000, 2238, 2239.

693 zur konsortialen Sicherheitenverwaltung der Briefgrundschuld einerseits und der Buchgrundschuld andererseits, vgl. Stöcker, die „Eurohypothek", S. 50 ff.; Picherer, Sicherungsinstrumente bei Konsortialfinanzierungen von Hypothekenbanken, S. 43 ff.

Anders verhält es sich hier jedoch mit den akzessorischen Sicherungsrechten. Der Akzessorietätsgrundsatz verlangt in seiner Ausprägung der Zuständigkeitsakzessorietät, dass der Anspruchsinhaber der besicherten Forderung und der Inhaber des akzessorischen Sicherungsrechtes personenidentisch sind.[694] Die Bestellung eines akzessorischen Sicherungsrechts zur Sicherung der Darlehensforderung der einzelnen Konsorten zugunsten des Treuhänders ist damit nicht möglich.

b. Syndizierung vor Darlehensauszahlung

Erfolgt die Syndizierung des Konsortialanteils vor der ersten Auszahlung des Darlehens, ist nach der bisherigen Rechtsprechung noch kein (besicherbarer) Darlehensrückzahlungsanspruch vorhanden. Zwar ist die Übertragung einer künftigen Forderung (und auch eine Besicherung derselben) möglich. Problematisch ist eine solche Übertragung jedoch für bestellte Sicherheiten bei Darlehensforderungen. So lehnte der BGH den Fortbestand einer Kredithöchstbetragsbürgschaft in der Person der übernehmenden Bank vor Auszahlung des Darlehens ab.[695] Zwar habe die Bank alle Forderungen an die übernehmende Bank abgetreten. Damit seien also auch die Rechte aus der für die Darlehensforderungen bestellten Bürgschaft, die auch zukünftige Forderungen der Bank sichern sollte, gemäß § 401 BGB auf die übernehmende Bank übergegangen. Die Bürgschaft decke aber nicht die Forderungen, die ab dem Zeitpunkt des Gläubigerwechsels durch von der übernehmenden Bank selbst gewährten Krediten entstanden sind, denn hier konnten die abzutretenden zukünftigen Forderungen in der Person des Zedenten gar nicht mehr entstehen.[696] Die übernehmende Bank erwerbe die Darlehensforderung durch ihre Kreditgewährung daher originär. Insoweit könne es auch nicht zu einem Übergang der Rechte aus der Bürgschaft nach § 401 BGB kommen.[697]

Nun liegen dieser letzten einschlägigen Entscheidung des BGH aus dem Jahr 1957 offensichtlich die Gedanken der mittlerweile überholten Realvertragstheorie zugrunde, nach der erst mit der Übertragung des Geldes der Darlehensvertrag zustande kommt. Mit der durch die Reform des Darlehensrechtes[698] anerkannten Konsensualvertragstheorie, nach der der Darlehensvertrag schon vor der Leistung des Geldes durch die Willenserklärungen der Vertragsparteien zustande kommt,[699] ließe sich daher durchaus vertreten, dass auch die Abtretung

[694] Medicus, JuS 1971, 497, 499.
[695] BGHZ 26, 142, 147 f.
[696] BGHZ 26, 142, 147.
[697] BGHZ 26, 142, 148.
[698] Schuldrechtsmodernisierungsgesetz v. 1.1.2002.
[699] vgl. Entwurfsbegründung, BT-Drucks 14/1640, S. 252 f.

einer künftigen Darlehensforderung unter Erhalt der hierfür bestellten Sicherheiten möglich ist. Bis zu einer diesbezüglichen ausdrücklichen Aufgabe der bisherigen Rechtsprechung des BGH ist eine solche Annahme jedoch mit Unsicherheiten verbunden.

Zudem entspricht die Übertragung der künftigen Darlehensforderung in der Praxis auch nicht zwangsläufig dem mutmaßlichen Willen der Parteien. Zum einen will die übertragende Partei der übernehmenden Bank nicht für Rechtsmängel der Forderung haften. Zum anderen erbringt die übernehmende Bank vor letztendlicher Auszahlung auch keine Gegenleistung an die übertragende Bank. Vielmehr zahlt sie nach Abruf der ersten Auszahlung durch den Kreditnehmer den auf sie entfallenden Kreditbetrag unmittelbar an den Kreditnehmer aus.[700] Die Übernahme des Konsortialanteils durch eine übernehmende Bank vor Auszahlung des Kredites soll also nur eine teilweise Übertragung der zu diesem Zeitpunkt bestehenden Rechte und Pflichten aus dem Kreditvertrag bewirken, insbesondere allein das Recht und die Pflicht, bei Abruf einen Kreditbetrag bis zur Höhe des übernommenen Konsortialanteils auszuzahlen mit der Folge, dass der Kreditnehmer zu den Bedingungen des Kreditvertrages zur Rückzahlung und Verzinsung verpflichtet ist.[701] Die Darlehensforderung selbst erwirbt die übernehmende Bank damit erst originär durch Auszahlung an den Kreditnehmer. Mangels Übertragung einer Forderung können auch für diese bestellte akzessorische Sicherungsrechte nicht mit übergehen (vgl. §§ 401 Abs. 1, 1153 Abs. 1, 1250 Abs. 1 BGB, § 51 Abs. 1 SchiffsRG), sondern müssten allein in der Position der übernehmenden Bank begründet werden.[702]

Die u.U. mehrmalige Begründung akzessorischer Sicherungsrechte ist jedoch nicht nur aufwendig, sondern im Falle der Geschäftsanteilsverpfändung aufgrund der vorgeschriebenen notariellen Beurkundung (vgl. § 15 Abs. 3 GmbHG) auch sehr kostenintensiv. Zudem lässt sich durch die Neubestellung keine rangwahrende akzessorische Sicherung am jeweiligen Kreditanteil erreichen. Aufgrund des Prioritätsprinzips (§§ 879 Abs. 1, 1209 BGB, § 25 Abs. 2 SchiffsRG) gehen die älteren Rechte dem neu bestellten Pfandrecht im Range vor. Zwar ist im Rahmen der Hypothek eine Rangvereinbarung zwischen den Gläubigern auch mit dinglicher Wirkung möglich, § 879 Abs. 3 BGB (für die Schiffshypothek, § 25 Abs. 2 SchiffsRG). Eine Rangvereinbarung für das praktisch bedeutsamere Pfandrecht an beweglichen Sachen und Rechten ist dagegen nach herrschender Meinung allein mit schuldrechtlicher Wirkung möglich.[703]

---

700 Diem, Akquisitionsfinanzierung, S. 164, 323 f.

701 Diem, Akquisitionsfinanzierung, S. 324.

702 Diem, Akquisitionsfinanzierung, S. 164, 323 f.; a.A. Apfelbaum, Die Verpfändung der Mitgliedschaft in der Aktiengesellschaft, S. 244 ff.

703 Staudinger /Noack, § 1209, Rn. 9 m.w.N.

Die strukturell gleichen Schwierigkeiten ergeben sich bei der Syndizierung revolvierender Darlehen. Diese werden im Gegensatz zu den Terminkrediten nicht zeitlich befristet für einen bestimmten Zweck gewährt, sondern können während der Laufzeit jederzeit zurückgezahlt und wieder in Anspruch genommen werden, wie z.B. der Betriebsmittelkredit der allgemein der Finanzierung des Umlaufvermögens dient. Häufig wird dabei vereinbart, dass das revolvierende Darlehen in regelmäßigen Abständen vollständig zurückbezahlt werden muss, bevor es erneut in Anspruch genommen werden kann *(clean down)*.[704]
Auch hier entsteht bei Syndizierung eines Konsortialanteils die Forderung aus den o.g. Gründen originär in der Person der übernehmenden Bank, dies jedoch auch dann, wenn dass revolvierende Darlehen grundsätzlich schon einmal ausbezahlt war. Akzessorische Sicherheiten können nicht mit übertragen werden, sondern müssten in der Person der übernehmenden Bank mit dem damit verbundenem Aufwand, den Kosten sowie - beim Pfandrecht - unter dinglichem Rangverlust neu bestellt werden.

c. Syndizierung durch Novation

Die Syndizierung, also die Ausplatzierung des Darlehens, kann auf unterschiedlichste Weise so durch Teilabtretung, Vertragsübernahme, der Einräumung einer Unterbeteiligung und durch Novation erfolgen.

Während die Einräumung einer Unterbeteiligung ohnehin kein eigenes Forderungsrecht gegenüber dem Darlehensnehmer begründet, erfolgt der Übergang der akzessorischen Sicherheiten mittels Teilabtretung oder Vertragsübernahme automatisch mit Übertragung der gesicherten Forderung, §§ 401 Abs. 1, 1153 Abs. 1, 1250 Abs. 1 BGB.[705] Anders verhält es sich hingegen bei der Novation. Eine solche liegt vor, wenn die Parteien das alte Schuldverhältnis durch ein neues Schuldverhältnis ersetzen.[706] Die Novation führt dabei zum vollständigen Untergang des alten Schuldverhältnisses, was alle akzessorischen Sicherungsrechte nach herrschender Meinung erlöschen lässt.[707] Zudem erfordert die

[704] Damit soll u.a. verhindert werden, dass der Kreditnehmer bspw. einen Betriebsmittelkredit für andere Zwecke als zur Finanzierung des Umlaufvermögens verwendet. Zu den darüber hinaus gehenden steuerlichen Gründen im Rahmen der Akquisitionsfinanzierung, Diem, Akquisitionsfinanzierung, S. 23.

[705] Für die Vertragübernahme als Rechtsgeschäft *sui generis* ist dies zwar nicht gesetzlich ausdrücklich geregelt. Nach h.M. finden diese Bestimmungen jedoch entsprechende Anwendung, vgl. Staudinger/Busche, Einl. zu §§ 398 ff., Rn. 206.

[706] Palandt/Heinrichs, § 311, Rn. 8.

[707] RGZ 134, 154, 155; Palandt/Heinrichs, § 311, Rn. 8; a.A. Wacke, DNotZ 2001, 615 ff.; Bülow, Recht der Kreditsicherheiten, Rn. 27; Gröschler, NJW 2000, 247, 249, die bei entsprechendem Parteiwillen einen Untergang der Sicherheiten nach Novation des alten Schuldverhältnisses ablehnen.

durch die Novation kombinierte Schuldaufhebung und Schuldbegründung die Zustimmung des Schuldners.[708]

Trotz dieser unerwünschten Folgen kann es durchaus angezeigt sein, die Ausplatzierung eines Darlehens mittels Novation vorzunehmen. Im Zuge der Globalisierung ist das Betätigungsfeld der Banken zunehmend international. Im Bereich des grenzüberschreitenden Kreditgeschäftes dominiert das angloamerikanische Recht, da dies oft den kleinsten gemeinsamen Nenner zwischen internationalen, auch nicht anglo-amerikanischen Vertragspartnern darstellt.[709] Die Abtretung *(assignment)* nach englischem Recht ist jedoch an strenge Formerfordernisse gebunden. Das *legal assignment* erfordert eine schriftliche und datierte Abtretungsanzeige an den Schuldner. Zudem ist eine Abtretung von Teilforderungen im Wege des *legal assignments* nicht möglich. Die Abtretung von Teilforderungen ist nur durch ein *equitable assignment* möglich, welches auch keine Abtretungsanzeige an den Schuldner verlangt. Der Zessionar eines *equitable assignments* kann die Forderung jedoch nicht in eigenem Namen einklagen.[710]
Vorteilhaft ist die Novation insbesondere auch dann, wenn sich der bisherige Gläubiger vollständig aus seinem Kreditengagement zurückziehen will, denn unter Umständen kann sich der Schuldner weiter an den Zedenten als ursprünglichen Vertragspartner halten, § 407 BGB. Zudem besteht für den neuen Gläubiger Klarheit über den Umfang und die Wirksamkeit seiner vertraglichen Pflichten, da Einwendungen und Einreden aus dem alten Schuldverhältnis nicht fortbestehen.
Die Novation ist daher oftmals die sachgerechteste Lösung zur Ausplatzierung eines Darlehens. Die für die ursprüngliche und durch Novation erlöschende Darlehensforderung bestellten akzessorischen Sicherheiten gehen jedoch unabhängig vom Zeitpunkt der Syndizierung unwiederbringlich unter und sind demgemäß nicht in der Lage, einen neuen Gläubiger zu sichern. Auch hier wäre eine Neubestellung der Sicherheiten mit dem damit verbundenen Aufwand, den Kosten und – zumindest beim Pfandrecht – dem dinglichen Rangverlust erforderlich.

2. Lösungen der Praxis

Aufgrund der dargestellten Schwierigkeiten der akzessorischen Besicherung von Konsortialkrediten wird oftmals die Auffassung vertreten, akzessorische Siche-

---

708 Daher sehen schon die entsprechenden Kreditverträge eine vorweggenommene Zustimmung des Kreditschuldners vor, vgl. Harpering, Syndicated loans, S. 61.
709 vgl. hierzu ausführlich: Harpering, Syndicated loans, S. 15 ff.
710 Harpering, Syndicated loans, S. 65.

rungsrechte seien für die Konsortialpraxis schlicht ungeeignet.[711] Für die Hypothek an Grundstücken mag dies auch tatsächlich zutreffen, wenngleich vielmehr aus dem Grund, dass die Kreditsicherungspraxis aufgrund des Vorhandenseins einer Grundschuld im deutschen Recht leicht auf sie verzichten kann. Dies gilt jedoch nicht für das Pfandrecht an Rechten und hier insbesondere an Geschäftsanteilen sowie das Pfandrecht an registrierten Schiffen, die Schiffshypothek. Für die gerade im Rahmen der Akquisitionsfinanzierung unverzichtbare Geschäftsanteilsverpfändung kommt ein Ausweichen auf die Sicherungsabtretung wegen der mit der Gesellschafterstellung verbundenen Haftungs- und Eigenkapitalersatzproblematik ohnehin nicht in Betracht. Zudem hat die dingliche Sicherung für die kreditgewährenden Banken immer auch einen erwünschten Abschirmeffekt.[712] Sie kann verhindern, dass andere, nicht an der Finanzierung beteiligte Gläubiger auf das finanzierte Vermögen zugreifen können.
Ein Verzicht auf akzessorische Sicherheiten in der Konsortialpraxis ist damit nahezu ausgeschlossen und hätte auch angesichts des Sicherungswertes dieser Sicherheiten eine nicht unerhebliche Kreditverteuerung mit den damit verbundenen Investitionshemmungen zur Folge. Die Kreditsicherungspraxis hat daher die verschiedensten vertraglichen Lösungen zur akzessorischen Besicherung von Konsortialkkrediten entwickelt:

a. Treuhänderische Abtretung der Darlehensforderung

Am konstruktiv einfachsten erscheint zunächst die treuhänderische Abtretung der Darlehensforderung selbst an den Sicherheitentreuhänder, zu dessen Gunsten sodann ein akzessorisches Sicherungsrecht bestellt werden könnte.[713] Die Identität zwischen Forderungsgläubiger und Sicherungsnehmer wäre auf diese Weise hergestellt. Eine einheitliche Sicherheitenverwaltung würde somit möglich und die Syndizierung des Kredites könnte durch die Übertragung des Rückübertragungsanspruches gegen den Sicherheitentreuhänder erfolgen. Zumindest die Technik der Syndizierung, insbesondere durch Novation, hätte keinen Einfluss auf die dem Sicherheitentreuhänder bestellten Sicherheiten.
Auch wenn den Erfordernissen der Zuständigkeitsakzessorietät durch diese Lösung weitestgehend entsprochen würde, ist die treuhänderische Abtretung der Darlehensforderung, abgesehen von sog. *Finanzierungen aus einer Hand*,[714]

---

711 De Meo, Bankenkonsortien, S. 14 f.; Obermüller, Insolvenzrecht in der Bankpraxis, Rn. 5.456; Scholze, Das Konsortialgeschäft der deutschen Banken, 1. HB, S. 108.

712 Sog. „*negative security*", vgl. Hinsch/Horn, Das Vertragsrecht der internationalen Konsortialkredite und Projektfinanzierungen, S. 247.

713 Stöcker, Die „Eurohypothek", S. 58; Baur, § 36 I 4. g); Picherer, Sicherungsinstrumente bei Konsortialfinanzierungen von Hypothekenbanken, S. 32; Scholze, Das Konsortialgeschäft der deutschen Banken, 1. HB, S. 108.

714 hierzu Stöcker, Eurohypothek, S. 58.

wobei sich das finanzierende Institut bei weiteren Instituten quasi lediglich „refinanziert", in der Praxis kaum durchsetzbar.
Das Risiko des Sicherheitentreuhänders ist in diesem Falle ungleich höher und setzt sich in einer entsprechend höheren Vergütung desselben fort. Der Kredit würde sich damit unweigerlich verteuern. Zudem hat aus Gründen des Ratings des jeweiligen Kreditinstitutes für jede Kreditgewährung eine entsprechende Eigenkapitalunterlegung zu erfolgen. Es wird sich daher kaum ein Sicherheitentreuhänder finden, der eine solche Finanzierungspraxis mit der gesamten Darlehensforderung und auch der damit verbundenen Eigenkapitalunterlegung auf sich nehmen würde.
Letztlich ist diese Lösung auch nur scheinbar die konstruktiv einfachste, denn die vertragliche Dokumentation einer vielfachen treuhänderischen Darlehensforderungsabtretung dürfte wesentlich umfangreicher sein, als die bislang verwandten Klauseln (siehe sogleich).

b. Vertreter ohne Vertretungsmacht bzw. „Geschäft für den, den es angeht

Eine weitere, kautelarjuristische Möglichkeit zur Lösung der Untergangsproblematik akzessorischer Sicherungsrechte stellt die Rechtsfigur des Vertreters ohne Vertretungsmacht bzw. des offenen *„Geschäftes für den, den es angeht"* dar. Hierfür wird bei der Sicherheitenbestellung differenziert: die nichtakzessorischen Sicherheiten bestellt der Sicherungsgeber direkt zugunsten des Sicherheitentreuhänders, die akzessorischen Sicherheiten werden den einzelnen Konsortialbanken, vertreten durch den ordnungsgemäß bevollmächtigten Sicherheitentreuhänder, bestellt. Zugunsten zukünftig in das Konsortium eintretender, andere ersetzender und damit noch unbekannter Kreditgeber, werden bereits im Zeitpunkt des Sicherheitenvertragsschlusses die akzessorischen Sicherheiten in der Weise bestellt, dass der Sicherheitentreuhänder als deren Vertreter ohne Vertretungsmacht handelt.[715] Die nötige Genehmigung für sein Handeln wird zeitgleich mit der – späteren – Übernahme der Kreditforderung erklärt.[716] Auf diese Weise soll erreicht werden, dass eine kostenintensive Neubestellung der akzessorischen Sicherheiten zugunsten der noch nicht bekannten übernehmenden Banken vermieden wird.

Für die Frage der Zulässigkeit einer solchen Konstruktion ist entscheidend, ob ein Vertreterhandeln auch für einen noch nicht bekannten Dritten möglich ist. Wirksames Vertreterhandeln hat gemäß § 164 Abs. 1 BGB drei Voraussetzung
- die Abgabe einer eigenen Willenserklärung
- im Namen eines anderen (Offenkundigkeit)
- mit Vertretungsmacht.

[715] Ein Beispiel für eine solche Klausel findet sich bei Harpering, Syndicated loans, S. 139 ff.
[716] Harpering, Syndicated loans, S. 139.

Während die Abgabe einer eigenen Willenserklärung durch den Sicherheitentreuhänder unproblematisch ist, hat die dargestellte Konstruktion angesichts der Voraussetzungen wirksamen Vertreterhandelns zwei Mängel zu überwinden. Zum einen die fehlende Offenkundigkeit, denn die übernehmende Bank steht noch nicht fest (offenes *„Geschäft für den, den es angeht“*), zum anderen die fehlende Vertretungsmacht, denn eine Vollmacht kann mangels Kenntnis des zu künftigen Sicherungsnehmer noch nicht vorliegen (Vertreter ohne Vertretungsmacht).[717]

(1) Mangelnde Offenkundigkeit

Für die Zulässigkeit der Vertretung für einen noch unbekannten Vertretenen ist zwischen dem Verpflichtungs- und dem Verfügungsgeschäft, also der Verpflichtung zur Bestellung eines Pfandrechtes und der Pfandrechtsbestellung selbst zu unterscheiden.
Für das Verpflichtungsgeschäft ist die Zulässigkeit eines Vertreterhandelns für einen noch nicht bekannten Vertretenen anerkannt. Dies wird in Ausnahme zum Offenkundigkeitsgrundsatz über die Figur des *„Geschäftes für den, den es angeht“*[718] begründet und durch die gesetzliche Regelung des Vorbehalts der Aufgabe in § 95 HGB.[719] Der Vertragspartner kann daher grundsätzlich auch dann gebunden werden, wenn der Vertreter im Namen eines noch unbekannten Dritten handelt, der erst später bestimmt werden soll.

Umstritten ist hingegen zumindest für das Pfandrecht, ob diese Figur auch im Rahmen des Verfügungsgeschäftes vor dem Hintergrund des sachenrechtlichen Publizitätsprinzips möglich ist, welches verlangt, dass die dinglichen Rechtsverhältnisse einer Sache nach außen hin erkennbar sein müssen.[720]
Ausgeschlossen ist diese Konstruktion damit zunächst für die Hypothek und – im Speziellen – für die Schiffshypothek, denn diese erfordert zu ihrer Wirksamkeit die Eintragung im Grundbuch, § 873 Abs. 1 BGB bzw. im Schiffsregister, § 8 Abs. 2 SchiffsRG, als Ausprägung des Publizitätsprinzips und damit auch die Angabe des Gläubigers.
Unterschiedlich wird die fehlende Angabe des Vertretenen jedoch für die Pfandrechtsbestellung an Geschäftsanteilen, also an Rechten, beurteilt.

---

[717] Demgemäß stellen das offene *„Geschäft für den, den es angeht“* und der Vertreter ohne Vertretungsmacht nicht zwei unterschiedliche Lösungsansätze dar (so aber Diem, Akquisitionsfinanzierung, S. 325 ff.), sondern lediglich zwei erforderliche Annahmen zur Überwindung der Problematik des noch unbekannten Vertretenen.

[718] Schmidt, JuS 1987, 425, 428 ff.; Palandt/Heinrichs, § 164, Rn. 8 f.

[719] Harpering, Syndicated loans, S. 147 f.; Diem, Akquisitionsfinanzierung, S. 326; Schrell/Kirchner, ZBB 2002, 230 f.

[720] Baur/Stürner, § 5 II, S. 31.

Flume lehnte die Figur des *„Geschäftes für den, den es angeht"* im Sachenrecht zunächst gänzlich ab, da hiermit die Eindeutigkeit der Zuordnung von Rechtsgütern im Sachenrecht aufgegeben werde.[721] Nach *K. Schmidt* ist die Vertretung eines noch nicht bekannten Dritten im Sachenrecht zumindest *„fragwürdig"*.[722] Die herrschende Lehre erachtet jedoch zumindest die Übertragung des Eigentumes ohne Durchgangserwerb des Vertreters mittels der Figur des *„Geschäfts für den, den es angeht"* für zulässig,[723] da das sachenrechtliche Publizitätsprinzip, das von einer Verlautbarung der Eigentumsverhältnisse durch die Besitzlage ausgeht, in diesem Bereich ohnehin mehrfach durchbrochen ist. Gleiches müsste demgemäß für das Pfandrecht an Rechten gelten, da dieses überhaupt nicht an ein Publizitätsmittel wie dem Besitz oder einer Verpfändungsanzeige, die allein bei der Verpfändung von Forderungen erforderlich ist, anknüpft.[724] Daher müsste auch die dingliche Einigung zur Pfandrechtsbestellung über die Figur des *„Geschäfts für den, den es angeht"* wirksam sein.

Das *„Geschäft für den, den es angeht"*, beruht zwar auf der grundsätzlichen Überlegung, dass dem Vertragspartner, die Angabe des Erwerbers gleichgültig ist und deshalb auf die konkrete Benennung desselben verzichtet werden kann. Dennoch muss auch nach der herrschenden Lehre der Vertragspartner zum Zeitpunkt der dinglichen Einigung wenigstens objektiv feststehen bzw. bestimmbar sein.[725] Es ist daher zu unterschieden, ob der Vertragspartner lediglich unbenannt oder aber noch objektiv unbekannt ist. Die sachenrechtliche Publizität ist zwar in beiden Fällen durchbrochen, im letzteren Fall ist eine sachenrechtliche Zuordnung jedoch schlechthin nicht vorhanden. Eine dingliche Einigung kann demgemäß nicht erfolgen. Vom Publizitätsgrundsatz abgesehen müssen sich Verfügungsgeschäfte jedoch auch am sachenrechtlichen Spezialitätsgrundsatz messen lassen. Dieser weist neben seiner gegenständlichen Dimension auch eine personenbezogene Dimension auf.[726] Es muss daher nicht nur der Pfandgegenstand (Geschäftsanteil) sondern auch der Pfandgläubiger im Zeitpunkt der dinglichen Einigung feststehen.[727] Ein Schwebezustand wie ihn die Vertretung für einen objektiv unbekannten Dritten ergeben würde, ist mit dem Sachenrecht nicht zu vereinbaren.

---

721 Flume AT § 44 II. 2. c.

722 Schmidt, JuS 1987, 425, 431.

723 Baur/Stürner, Sachenrecht, § 51 III.; Wieling, Sachenrecht, Bd. I, § 9 VII. 5.

724 Schrell/Kirchner, ZBB 2002, 230, 231.

725 Westermann, § 43 IV.3; Schmidt, JuS 1987, 425, 431; Einsele, JZ 1990, 1005, 1009: *„Beim Geschäft für den, den es angeht wird richtigerweise nicht auf die Bestimmtheit des Vertragspartners, sondern lediglich auf dessen Offenkundigkeit verzichtet."*

726 Baur/Stürner, § 4 III 1.

727 Harpering, Syndicated loans, S. 150 f.

(2) Fehlende Vertretungsmacht

Weitere Voraussetzung eines wirksamen Vertreterhandelns wäre die letztendliche Genehmigung desselben, wenn der bislang unbekannte Vertretene feststeht. Eine Rückwirkung der Genehmigung gemäß §§ 177 Abs. 1, 184 Abs. 1 BGB ist jedoch ausgeschlossen, da diese allein den Mangel der fehlenden Vertretungsmacht nicht jedoch der fehlenden Bestimmung des Vertretenen schlechthin beheben kann.[728] Eine rangwahrende Besicherung der übernehmenden Bank ist damit ausgeschlossen. Das Pfandrecht entsteht also erst mit Benennung der übernehmenden Bank. Weiterhin provoziert die fehlende Vertretungsmacht des Sicherheitentreuhänders die Möglichkeit, diesen in der Schwebezeit zur Benennung des Vertragspartners und dessen Genehmigung aufzufordern, § 177 Abs. 2 BGB. Ist dieser mangels Kenntnis der übernehmenden Bank hierzu nicht in der Lage, gilt die Genehmigung als verweigert. Das Vertretergeschäft wird endgültig unwirksam.[729]

Letztlich wäre aber auch bei grundsätzlicher Anerkennung der Figur des Vertreters ohne Vertretungsmacht allein die Vermeidung einer Neubestellung mit den aufgrund der vorgeschriebenen Beurkundung verbundenen Kosten und Aufwand erreichbar. Eine rangwahrende dingliche Besicherung ist nicht möglich.[730] Eine Rangvereinbarung ist beim Pfandrecht allein mit schuldrechtlicher Wirkung möglich. Daher wird die Figur des Vertreters ohne Vertretungsmacht mittlerweile – wenn überhaupt - allein zusätzlich, bspw. neben der *parallel debt*, verwandt.[731] Allein dann kann die nachrangige dingliche Sicherung in Kauf genommen werden.

---

728 BGH NJW 1998, 62, 63; Harpering, Syndicated loans, S. 148; Apfelbaum, Die Verpfändung der Mitgliedschaft in der Aktiengesellschaft, S. 247 f.; Diem, Akquisitionsfinanzierung, S. 327

729 Diem, Akquisitionsfinanzierung, S. 327 f.

730 Eine solche rangwahrende dingliche Sicherung der übernehmenden Bank selbst ist jedoch auch nach den anderen Lösungsansätzen *(joint creditor, parallel debt)* ausgeschlossen. Sie wäre zumindest für die Syndizierung durch Novation nur dann möglich, wenn der im Vordringen befindlichen Literaturmeinung folgend, mit der Novation die für die alte Forderung bestellten akzessorischen Sicherungsrechte bei entsprechendem Parteiwillen nicht zwingend untergingen, vgl. Wacke, DNotZ 2001, 615 ff.; Bülow, Recht der Kreditsicherheiten, Rn. 27; Gröschler, NJW 2000, 247, 249.
Unabhängig hiervon ist natürlich die Möglichkeit der schuldrechtlichen Rangvereinbarung gegeben. In der Praxis wird über eine Gläubigervereinbarung daher auch regelmäßig Gleichrang vereinbart.

731 Diem, Akquisitionsfinanzierung, S. 328.

c. Gesamtgläubigerschaft (joint-creditor)

Eine weitere Möglichkeit zur Ermöglichung einer einheitlichen Sicherheitenverwaltung und zur Lösung der Untergangsproblematik akzessorischer Sicherungsrechte bietet die vertragliche Begründung einer Gesamtgläubigerschaft *(joint-creditor)* zwischen dem Sicherheitentreuhänder und den einzelnen Konsortialbanken.[732]
Im Rahmen der Gesamtgläubigerschaft gemäß § 428 BGB kann jeder Gläubiger die ganze Leistung verlangen, der Schuldner muss diese Leistung jedoch nur einmal bewirken.
Hierfür wird zeitgleich mit Abschluss des Darlehensvertrages[733] und in gleichem Umfang wie das zu gewährende Darlehen dem Sicherheitentreuhänder ein eigener Anspruch eingeräumt.[734] Im Verhältnis der Konsortialbanken untereinander liegt nach wie vor Teilgläubigerschaft, § 420 BGB vor, lediglich im Verhältnis der Teilrückzahlungsansprüche der einzelnen Konsortialbanken zur vollen Forderung des Sicherheitentreuhänders liegt Gesamtgläubigerschaft vor. Dieses Verhältnis ist gekennzeichnet von der Gesamterfüllungswirkung der Zahlungen des Schuldners.[735]

Die Sicherheitenbestellung wird entsprechend der Forderungszuständigkeit durchgeführt, d.h. den einzelnen Konsortialbanken wird hinsichtlich ihres Teilrückzahlungsanspruches und dem Sicherheitentreuhänder hinsichtlich der vollen Forderung jeweils ein eigenes, aber gleichrangiges (Grund)pfandrecht bestellt.[736]

---

732 Harpering, Syndicated loans, S. 152 ff, mit den entsprechenden Vertragsauszügen; Apfelbaum, Die Verpfändung der Mitgliedschaft in der Aktiengesellschaft, S. 265 ff.; Stöcker, Die „Eurohypothek", S. 57 f.

733 Möglich ist aber auch die nachträgliche Begründung einer Gesamtgläubigerschaft, hierzu ausführlich Harpering, Syndicated loans, S. 159.

734 Es entspricht heute der h.M., dass zwischen den einzelnen Gesamtgläubigern und dem Schuldner ein selbstständiges Schuldverhältnis besteht (BGHZ 29, 363, 364 f.; Staudinger/Noack, § 428 Rn. 3), während frühere Auffassung lediglich die Einräumung eines selbstständigen Forderungsrechtes nahe legten (Nachweise bei Rütten, Mehrheit von Gläubigern, S. 153). Unklar bleibt mit der h.M. für die vorliegende Konstellation bislang, worin denn der Rechtsgrund der Einräumung einer gesamtgläubigerischen Stellung zu erblicken ist. Einleuchtend erschiene zunächst allein ein Vertrag zugunsten Dritter. Ein solcher soll nach h.M. jedoch keine Gesamtgläubigerschaft begründen können (Medicus, Jus 1980, 697, 702; Rütten, aaO., S. 180, a.A. MüKo/Selb, § 428, Rn. 2). In Betracht kommen daher Schenkung, eine Treuhandabrede, aber auch die Begründung einer Gläubigerschaft durch abstraktes Schuldversprechen (!). Hierzu bisher allein Harpering, Syndicated loans, S. 159 ff., der eine Treuhandabrede annimmt.

735 Ein Beispiel für eine solche Klausel findet sich bei Harpering, Syndicated loans, S. 152 ff.

736 Die dingliche Rechtslage entspricht insoweit der schuldrechtlichen, Harpering, Syndicated loans, S. 152; vgl. hierzu ausführlich: Meier, AcP 205, 858, 899.

Die einheitliche Sicherheitenverwaltung kann durch Bestellung der akzessorischen Sicherungsrechte zugunsten des in Gesamtgläubigerschaft stehenden vollen Darlehensrückzahlungsanspruches des Sicherheitentreuhänders gewährleistet werden.
Erfolgt eine Ausplatzierung des Darlehens durch Abtretung oder Novation hat dies auf das Gesamtgläubigerverhältnis keinen Einfluss. Die Abtretung oder die Novation hat nur Einzelwirkung gegenüber dem jeweiligen Gläubiger, jedoch keine Gesamtwirkung auf den gesamtgläubigerischen Verbund.[737] Die durch Abtretung oder Novation „transportierte" Forderung steht auch für den neuen Gläubiger im gesamtgläubigerischen Verbund.[738] Die zugunsten des Sicherheitentreuhänders bestellten akzessorischen Sicherheiten an der gesamtgläubigerischen Forderung bleiben trotz Novation oder Abtretung einzelner Konsorten in Höhe des jeweiligen Darlehensrückzahlungsanspruches des gesamten Konsortiums bestehen. Ein eigenes dingliches Sicherungsrecht steht dem neuen Gläubiger jedoch nicht zu, da das zugunsten des ursprünglichen Konsorten bestellte Sicherungsrecht durch die Novation untergegangen ist.[739] Hier ist nur eine Neubestellung oder – soweit man die Lösung für zulässig erachtet[740] – eine antizipierte Sicherheitenbestellung mittels des Vertreters ohne Vertretungsmacht notwendig.

d. Das abstrakte Schuldversprechen zugunsten des Sicherheitentreuhänders (parallel debt

Schließlich könnte wieder das abstrakte Schuldversprechen die Möglichkeit einer einheitlichen Sicherheitenverwaltung durch den Sicherheitentreuhänder sowie einer Lösung der Untergangsproblematik akzessorischer Sicherungsrechte im Rahmen der Kreditsyndizierung bieten.

In der Praxis gebräuchliche Vertragsmuster sehen dabei vor, dass dem Sicherheitentreuhänder vom Darlehensschuldner ein abstraktes Schuldversprechen in Höhe des vereinbarten Darlehens eingeräumt wird, welches seinerseits wiederum durch akzessorische Sicherungsrechte besichert wird. Diese Konstruktion

---

737 Staudinger/Noack, § 429, Rn. 31; vgl. hierzu ausführlich: Harpering, Syndicated loans, S. 166 f.; Apfelbaum, Die Verpfändung der Mitgliedschaft in der Aktiengesellschaft, S. 267 f.

738 Staudinger/ Noack, § 429 Rn. 30, 67 ff.; Wie sich ein Gesamtwirkung entfaltendes Ereignis, wie die Erfüllung, vorgenommen gegenüber dem Sicherheitentreuhänder selbst auf den gesamtgläubigerischen Verbund und damit eine Mehrzahl gesamtgläubigerischer Forderungen auswirkt: Apfelbaum, Die Verpfändung der Mitgliedschaft in der Aktiengesellschaft, S. 268 insoweit besteht nach Auffassung Apfelbaums Gestaltungsbedarf in Form einer Tilgungsabrede.

739 siehe oben Fn.732.

740 vgl. siehe oben § 8 III 2.b.

hat den Vorteil, dass die akzessorischen Sicherheiten dem Sicherheitentreuhänder direkt bestellt werden, obwohl er dennoch nicht bzw. nicht in voller Höhe Gläubiger der Darlehensforderung ist. Damit wird zum einen eine einheitliche Sicherheitenverwaltung sichergestellt. Die Verwaltung der akzessorischen Sicherungsrechte in einem Sicherungspool ist möglich. Zum anderen hat die Kreditsyndizierung auf das selbstständig neben der kausalen Darlehensforderung bestehende abstrakte Schuldversprechen keinen Einfluss. Unabhängig von der künftigen Zusammensetzung des Konsortiums soll jedenfalls der Sicherheitentreuhänder berechtigt bleiben, die Forderungen aller Konsortialbanken geltend zu machen, die durch die akzessorischen Sicherheiten mit ihrem ursprünglichen Rang gesichert sind und bleiben.[741] Eine rangwahrende dingliche Sicherung der durch die Syndizierung übernehmenden Bank ist freilich auch durch die *parallel debt* nicht möglich. Auch hier ist die antizipierte Sicherheitenbestellung durch den Sicherheitentreuhänder mittels der Figur des Vertreter ohne Vertretungsmacht – so diese als rechtlich zulässig anzusehen ist[742] – oder eine Neubestellung jeweils unter dinglichem Rangverlust erforderlich.

(1) Auslegung der einschlägigen Vertragsmuster

Fraglich ist jedoch zunächst, ob die in der Praxis verwandten Vertragsklauseln überhaupt ein abstraktes Schuldversprechen begründen.
Für die Auslegung dieser Klauseln ist dabei zwar zunächst vom Wortlaut auszugehen. Entscheidend für die Annahme eines Abstraktionswillens ist jedoch auch der Zweck der Erklärung,[743] denn es ist anerkannt, dass die Fassung der Schuldurkunde allein nicht ausschlaggebend sein kann, sondern nur einen ersten Auslegungshinweis liefert.[744] So ist es möglich, dass lediglich eine kausale Verpflichtung trotz vollkommen abstrakt lautender Schuldurkunde anzunehmen ist, während andererseits ein abstraktes Anerkenntnis oder Schuldversprechen trotz ausführlicher Darstellung des Verpflichtungsgrundes gegeben sein kann.[745]
Ein zuverlässiger Schluss auf den Parteiwillen ergibt sich nur aus dem von den Parteien erstrebten Zweck und der Abstraktion als dem dafür notwendigen rechtstechnischen Mittel.[746]

Vorliegend sollen zwei in der Praxis gebräuchliche *parellel debt*–Klauseln untersucht werden. Während jedoch erstere aufgrund ihres angloamerikansichen Vertragshintergrundes dem Wortlaut nach nicht unmittelbar auf ein abstraktes

741 Diem, Akquisitionsfinanzierung, S. 188.
742 siehe oben § 8 III 2. b.
743 siehe oben § 2 VI. 2.
744 Staudinger/Marburger, Vor § 780, Rn. 11 m.w.N.
745 Staudinger/Marburger, Vor § 780, Rn. 12.
746 siehe oben § 2 VI. 2.

Schuldversprechen abstellt, lässt die zweite Vertragsklausel am Vorliegen eines solchen keinen Zweifel.

Vertragsklausel 1

„X.I.2 Parallel debt owed to Security Agent

a) To enable the Security Agent to hold accessory security interests on behalf of the Secured Parties, each Obligor undertakes, as a seperate and independent obligation, to pay to the Security Agent an amount which from time to time will be equal to the aggregate of all amounts owed at that time to the Obligor to:
aa) any Finance Party under the Finance Documents; and
bb) any Hedge Counterparty under the Hedging Documents.

b) Any payment by an Obligor to the Security Agent pursuant to Clause X.I.2 a) shall reduce:
aa) any amount owed to any Secured Party by the amount which that the Secured Party is entitled to receive out of that payment under the Finance Documents or, as the case may be, Hedging Documents; and, accordingly
bb) the total amount owed by that Obligor to the Secured Parties under the Finance Documents or, as the case may be, the Hedging Documents by the amount of the payment."[747]

Vertragsklausel 2

„Parallelansprüche des Sicherheitentreuhänders

1. Zur Sicherung sämtlicher gegenwärtiger, zukünftiger und/oder bedingter (einschließlich gesetzlicher) Ansprüche der Finanzierungsparteien aus oder im Zusammenhang mit den Finanzierungsdokumenten sowie der Wirksamkeit und des Fortbestandes der unter den Sicherheitenverträgen bestellten (insbesondere der akzessorischen) Sicherheiten verpflichtet sich jeder Kreditnehmer und jeder Bürge – jeder für sich im Wege eines abstrakten Schuldversprechens – dem Sicherheitentreuhänder einen Betrag in Höhe der von dem jeweiligen Kreditnehmer oder Bürgen aus oder im Zusammenhang mit den Finanzierungsdokumenten geschuldeten Geldbeträge (Hauptforderung, Kosten, Zinsen und sonstige Beträge) (die „Primärverpflichtung") zu zahlen (die „Parallelverpflichtung"). Dementsprechend hat der Sicherheitentreuhänder ein eigenes, von den Primärverpflichtungen abstraktes Recht, von den Kreditnehmern und den Bürgen die Erfüllung der vorgenannten Verpflichtungen zu zahlen.

---

[747] umfassender Vertragsauszug bei: Harpering, Syndicated loans, S. 136 f.

2. Die Parteien sind sich darüber einig, dass die Parallelverpflichtungen nicht zu einer mehrfachen Inanspruchnahme der Kreditnehmer oder Bürgen führen soll. Daher gilt, dass insgesamt nur einmal Zahlung der Primärverpflichtung und der Parallelverpflichtung verlangt werden kann.

3. Ohne die Abstraktheit der Rechte des Sicherheitentreuhänders gegenüber den Kreditnehmern und Bürgen einzuschränken oder zu berühren, vereinbart der Sicherheitentreuhänder mit den anderen Finanzierungsparteien, dass er seine Rechte aus den Parallelverpflichtungen nicht ohne Zustimmung der betreffenden Finanzierungspartei ausüben wird."

Nach dem Wortlaut beider Vertragsklauseln verspricht der Schuldner als selbstständige und unabhängige Verpflichtung einen Betrag zu schulden, welcher jeweils der Summe aller Darlehensrückzahlungsansprüche entspricht. Allein der Wortlaut der zweiten Klausel stellt ausdrücklich klar, dass die Begründung der *parallel debt* im Wege eines abstrakten Schuldversprechens zu erfolgen hat. Aufgrund des insoweit eindeutigen Wortlautes steht fest, dass die Abstraktion gewollt war. Eine Auslegung ist insoweit nicht erforderlich.
Der Wortlaut der ersten Klausel ist jedoch widersprüchlich. Zwar deutet der Wortlaut *„as a seperate and independent obligation"* zunächst auf ein abstraktes Schuldversprechen. Dies wird jedoch durch die Bezugnahme auf den Darlehensrückzahlungsanspruch – *„which form time to time will be equal to the aggregate of all amounts owed at that time to the obligor ..."*- relativiert. Beiden *parellel debt*-Klauseln liegt eine Gesamterfüllungswirkung dergestalt zugrunde, dass die Forderung des Sicherheitentreuhänders aus der *parallel debt* bei einer Erfüllung der Forderungen der Konsortialbanken aus den Darlehensverträgen automatisch im gleichen Umfang wie diese reduziert und umgekehrt.[748] Aufgrund seiner abstrakten Natur ist dem abstrakten Schuldversprechen nach §§ 780, 781 BGB eine solche Gesamterfüllungswirkung grundsätzlich jedoch wesensfremd. Besteht die durch das abstrakte Schuldversprechen gesicherte Forderung nicht mehr oder nicht in der Höhe ist dieses über die entsprechende Sicherungsabrede vollständig oder in der entsprechenden Höhe zu kondizieren.[749] Eine automatische (teilweise) Rückgewähr des abstrakten Schuldversprechens bei (teilweisem) Erlöschen der Darlehensforderung ist mit der Abstraktion grundsätzlich nicht zu vereinbaren.

Aufgrund des widersprüchlichen Wortlautes ist insbesondere die erste Vertragsklausel auszulegen bzw. – letztlich auch im Hinblick auf die zweite Klausel - die

748 Diem, Akquisitionsfinanzierung, S. 188.
749 hierzu § 2 III.

Vereinbarkeit einer abstrakten Verpflichtung mit einer Gesamterfüllungswirkung zur kausalen Forderung und umgekehrt zu untersuchen.

Aufschlussreich ist in diesem Zusammenhang, warum die Gesamterfüllungswirkung in der Vertragsklausel für erforderlich erachtet wird.Die *parallel debt* ist ihrem Ursprung nach der englischen Vertragspraxis entlehnt. Im zunehmend internationalen Betätigungsfeld der Banken ging es ursprünglich darum insbesondere niederländische akzessorische Sicherungsrechte einer Kreditsyndizierung zuführen zu können. Die für die *„dutch security interests"* eingesetzte Klausel wurde in der Folge auch auf deutsche akzessorische Sicherheiten übertragen. Dem Grunde nach sollte allein eine Parallelverpflichtung begründet werden. Dass diese nun ausschließlich ein abstraktes Schuldversprechen gem. §§ 780, 781 BGB darstellen soll, ist der *parallel debt*–Klausel nicht naturgegeben. Ein solches wurde erst mit Verwendung der Klausel auch für deutsche Sicherungsrechte in die grundsätzlich anglo-amerikanische Vertragspraxis hineininterpretiert. Die in dieser Klausel von Beginn an enthaltene Gesamterfüllungswirkung konnte damit nicht als grundsätzlicher Widerspruch begriffen werden. Da sie nun jedoch überwiegend Bestandteil dieser Klausel ist, wird sie mittlerweile als für die *parallel debt* vertragstypisch angesehen.[750] Ein Abweichen von der bisherigen einvernehmlichen Vertragspraxis erscheint daher schwer und letztlich ist es mangels Rechtsprechung bislang allein die Praxis, die sich mit der *parallel debt* auseinander zu setzen hatte. Dieser ist es naturgemäß grundsätzlich gleichgültig, ob der *parellel debt* nun ein abstraktes Schuldversprechen zugrunde liegt oder gar eine Gesamtgläubigerschaft, solange das Ergebnis – Verdoppelung der besicherbaren Forderungszuständigkeit – dasselbe ist.
Nicht zu vernachlässigen ist im Hinblick auf das Erfordernis einer Gesamterfüllungswirkung auch das psychologische Moment beim Darlehensnehmer, dem eine solche leichter zu vermitteln ist, als das Vorhandensein von zwei Forderungen jeweils in Höhe des Darlehensrückzahlungsanspruches, wovon die eine zunächst gänzlich unabhängig von der anderen ist.

(a) Kausales Forderungsrecht

Durch die *parallel debt*-Klausel soll grundsätzlich allein die Schaffung einer selbstständigen Forderung des Sicherheitentreuhänders erreicht werden, die unabhängig von der Inhaberschaft der einzelnen Darlehensrückzahlungsansprüche durch ein zugunsten des Sicherheitentreuhänders bestelltes akzessorisches Sicherungsrecht besichert werden kann. Dies ist durch die Begründung eines abstrakten Schuldversprechens zugunsten des Sicherheitentreuhänders zweifellos

---

[750] vgl. Diem, Akquisitionsfinanzierung, S. 188.

möglich, insoweit als diesem ein eigenes - besicherbares - Forderungsrecht eingeräumt wird.

Fraglich ist nur, ob die Abstraktion als rechtstechnisches Mittel erforderlich ist, um diesen Zweck zu erreichen, wenn dies nicht schon durch die Annahme einer - kausalen - Gesamtgläubigerschaft gewährleistet wäre. Für die Annahme einer solchen könnte dabei insbesondere die Formulierung *„equal from time to time"* sprechen, die eben die Gesamterfüllungswirkung zwischen Darlehensforderung und Forderung des Sicherheitentreuhänders nahe legt, wie sie eben der Gesamtgläubigerschaft gemäß § 428 BGB zu eigen ist.[751]
Auch hier steht dem Sicherheitentreuhänder ein eigenes – aber kausales - Forderungsrecht in Höhe der Summe der einzelnen Darlehensrückzahlungsansprüche zu. Dieses kann auch selbstständig durch ein akzessorisches Sicherungsrecht besichert werden. Das gesamtgläubigerische Forderungsrecht des Sicherheitentreuhänders ist auch unabhängig von der Inhaberschaft der einzelnen Darlehensrückzahlungsansprüche, da auch bei einer Übertragung derselben auf Dritte die gesamtgläubigerische Bindung zwischen Sicherheitentreuhänder und Darlehensforderungsinhaber bestehen bleibt.
Die Abstraktion ist damit als rechtstechnisches Mittel grundsätzlich nicht erforderlich um die bezweckten Rechtsfolgen – eigenes besicherbares Forderungsrecht des Sicherheitentreuhänders – zu erreichen.

(b) Rechtgeschäftliche Begründung einer Umfangsakzessorietät

Die Formulierung *„equal from time to time"* könnte jedoch auch so ausgelegt werden, dass ein abstraktes Schuldversprechen grundsätzlich gewollt ist *(„... a seperate and independent obligation ...")*, für dieses jedoch rechtsgeschäftlich eine Art Umfangsakzessorität zwischen Darlehensforderung und dem Forderungsrecht des Sicherheitentreuhänders begründet werden soll.[752] Akzessorietät - gleich in welcher Ausprägung - ist dem abstrakten Schuldversprechen, dessen Wesen es ist, von Kausalbeziehung gänzlich unabhängig zu sein, nicht zu eigen. Zwar ist es durchaus möglich den Betrag einer abstrakten Forderung durch Bezugnahme auf den Betrag einer anderen Forderung zu bestimmen, wie es im Verhältnis abstrakten Schuldversprechen und Grundschuldsumme regelmäßig vollzogen wird. Dies hat jedoch nicht zur Folge, dass das abstrakte Schuldversprechen eine Änderung in der Höhe der kausalen Forderung automatisch nachvollzieht und – wie *Diem* es bildhaft ausdrückt, im Gleichtakt mit der kausalen

[751] So auch Apfelbaum, Die Verpfändung der Mitgliedschaft in der Aktiengesellschaft, S. 250 f., der trotz Annahme einer Gesamterfüllungswirkung von einem abstrakten Schuldversprechen ausgeht.

[752] in diese Richtung gehen die Ausführungen Apfelbaums, Die Verpfändung der Mitgliedschaft in der Aktiengesellschaft, S. 251.

Forderung atmet.[753] Dies wäre allein dann möglich, wenn sich tatsächlich zwischen abstraktem Schuldversprechen und Darlehensforderung rechtsgeschäftlich eine Akzessorietät herstellen ließe. Dies ist jedoch nicht möglich.[754]
Mit Annahme einer rechtsgeschäftlich begründeten selbsttätigen Verknüpfung von Forderung und einem abstrakten, nichtakzessorischen Sicherungsrecht würde diesem zwangsläufig der Sicherungszweck immanent.[755] Für die Grundschuld würde dies beispielsweise bedeuten, dass eine ihr immanente Umschreibung der mit der Grundschuld verbundenen Rechtsmacht sie automatisch zur Hypothek werden ließe.[756] Wäre der „selbstständigen" Verpflichtung etwas zu zahlen, der Sicherungszweck und -umfang automatisch zu eigen, würde es sich nicht um ein abstraktes Schuldversprechen, sondern um eine akzessorische Bürgschaft handeln. Entscheidend ist, dass es bei den abstrakten Sicherheiten grundsätzlichen keinen Zusammenhang zwischen Kreditschuld und Rechtsübertragung geben kann,[757] es sei denn das Gesetz hat einen solchen ausdrücklich hergestellt, wie es bei Hypothek und Pfandrecht der Fall ist.
Wenn also das abstrakte Schuldversprechen in seinem Bestand *unmittelbar* von einer zugrundeliegenden kausalen Forderung abhängen soll, so handelt es sich schlicht nicht mehr um ein abstraktes Schuldversprechen.

(c) Durchbrechung der Abstraktion

Die Einordnung der *paralell debt* mit Gesamterfüllungswirkung als abstraktes Schuldversprechen ist auch nicht schon deshalb möglich, weil das Gesetz in den §§ 656 Abs. 2, 762 Abs. 2, 764 BGB (Spiel, Wette und Differenzgeschäft) ohnehin Durchbrechungen der Abstraktion anordnet und man auch der Auffassung sein könne, dass die Gesetzes- und Sittenwidrigkeit des Kausalgeschäftes immer auch den abstrakten Schuldvertrag erfasse.[758] Zum einen ist für eine Durchbrechung des Abstraktionsprinzips schon keine vergleichbare Interessenlage gegeben, denn bei der gesetzlich angeordneten Durchbrechung wird das Kausalgeschäft missbilligt. Derartige Geschäfte sollen in unserer Rechtsordnung keine klagbaren Ansprüche erzeugen. Demgemäß war zur Vermeidung von Umgehungen dieser grundsätzlichen gesetzgeberischen Wertung auch eine Durchbrechung des Abstraktionsprinzips erforderlich.[759] Im Falle der *parallel debt* ist je-

---

753 Diem, Akquisitionsfinanzierung, S. 323.
754 Becker-Eberhard, S. 63 ff.; Stadler, S. 584 ff.; Buchholz, Jura 1990, 300, 301; Jauernig, NJW 1982, 268, 270; a.A. Radke, Bedingungsrecht und Typenzwang, S. 111 ff.
755 Becker-Eberhard, S. 64 f.
756 Becker-Eberhard, S. 64 f.
757 Buchholz, Jura 1990, 300, 301.
758 so aber Apfelbaum, Die Verpfändung der Mitgliedschaft in der Aktiengesellschaft, S. 251.
759 Staudinger/Marburger, § 780, Rn. 21.

doch der kausale Darlehensrückzahlungsanspruch grundsätzlich weder rechtlich zu missbilligen, noch weist er - abgesehen vom Einzelfall - sonstige Wirksamkeitsmängel auf. Zudem wäre eine gesetzliche Anordnung der Durchbrechung des Abstraktionsprinzips nicht erforderlich gewesen, wenn eine solche schon allein aufgrund übergeordneter Erwägung vorgenommen werden könnte. Die ausdrückliche Regelung für die drei missbilligten Erwerbsgründe sprechen gerade für die Exklusivität der Durchbrechung der Abstraktion in diesen Fällen. Demgemäß erachtet auch die herrschende Meinung eine Durchbrechung der Abstraktion bei sonstiger Gesetzes- und Sittenwidrigkeit des Kausalgeschäftes für unzulässig.[760]
Mit den genannten Durchbrechungen der Abstraktion lässt sich die Anordnung einer Gesamterfüllungswirkung im Rahmen einer abstrakten Verbindlichkeit daher nicht begründen.

(d) Abstraktes Schuldversprechen aufgrund einer Abrechnung

In Betracht käme jedoch auch die Auslegung der Formulierung *„equal from time to time"* dergestalt, dass das Schuldversprechen aufgrund einer Abrechnung, vgl. § 782 BGB, erteilt wird, also der jederzeitigen oder stichtagsbezogenen vertraglichen Feststellung der Endsumme aus mehreren Rechnungsposten, hier der jeweiligen kausalen Darlehensforderungen. Hierfür wäre auch das Schriftformerfordernis nicht erforderlich, § 782 BGB, so dass Veränderungen des abstrakten Schuldversprechens keine erneuten Formerfordernisse auslösen würden. Wenn man also die vorliegende Vertragsklausel als abstraktes Schuldversprechen auffassen würde, unterläge dieses keiner Gesamterfüllungswirkung im engeren Sinne, sondern würde allein aufgrund einer noch vorzunehmenden Abrechnung erteilt werden.
Abrechnung im Sinne des § 782 BGB ist die vertragliche Feststellung der Endsumme aus mehreren Rechnungsposten, wobei der eine Teil anerkennt den zu seinen Lasten ermittelten Saldo dem anderen zu schulden.[761] Dabei entspricht es ganz herrschender Meinung, dass mittels entsprechender Vereinbarung auch die Addition einseitiger Schuldposten möglich ist,[762] so dass die abstrakte Anerkennung eines Saldos nur den Darlehensschuldner trifft, nicht jedoch den Darlehensgeber, etwa vor Valutierung des Darlehens. Die Auslegung der *parallel debt* als eine solche Abrechnung wird bei Konsortialkrediten auch insoweit ermöglicht, als die Tilgungsleistungen an den Agenten als zentrale Zahlstelle zu leisten

[760] BGH WM 1976, 907, 909; OLG Hamm NJW-RR 1987, 1330, 1332; Gernhuber, § 18 I 6; Larenz/Canaris, § 61 I 4. b.; a.A. Staudinger/Marburger, § 780, Rn. 22.
[761] Staudinger/Marburger, § 782, Rn. 3.
[762] RGZ 95, 18, 19 f.; RG JW 1908, 32; RG JW 1935, 2355; Staudinger/Marburger, § 782, Rn. 3.

sind, der sie sodann anteilig an die Konsortialbanken weiterleitet.[763] Eine zentralisierte Verrechnung der Tilgungszahlungen in Entsprechung zur vereinbarten Tilgungsreihenfolge erfolgt daher ohnehin.
Umstritten ist jedoch das Verhältnis von Saldoanerkenntnis und den der Verrechnung zugrunde liegenden kausalen Einzelansprüchen[764] bzw. - übertragen auf die vorliegende *parallel debt*-Klausel - das Verhältnis von Parallel- und Primärverpflichtung. Während die h.M. in der Literatur die Auffassung vertritt, dass es sich bei der Saldoforderung um ein abstraktes Schuldanerkenntnis handelt, dass schuldverstärkend neben die bestehenden kausalen Forderung tritt,[765] vertritt die Rechtsprechung die sog. *Novationstheorie*, wonach die bisherigen Forderungen erlöschen und durch die neue – abstrakte – Saldoforderung ersetzt werden.[766] Würde man der Rechtsprechung folgen, käme man für die *parallel debt* also zunächst zu dem unerwünschten Ergebnis, dass unter Begründung des abstrakten Schuldversprechens der kausale Darlehensrückzahlungsanspruch untergehen würde. Jedoch soll auch nach der Rechtsprechung ein Rückgriff auf die im Saldo aufgegangene kausale Forderung möglich sein, wenn ein wirtschaftliches Interesse an einer gesonderten Geltendmachung besteht und die Novation für die Beteiligten zu wirtschaftlich unsinnigen und mit der Verrechnungsabrede nicht beabsichtigten Folgen führen würde.[767] Gerade dies dokumentiert die *parallel debt*-Klausel. Ein Untergehen des kausalen Darlehensrückzahlungsanspruches ist gerade nicht gewünscht und wird durch das Abstellen auf eine *parallele* Verpflichtung auch zum Ausdruck gebracht. Zudem ist das wirtschaftliche Interesse der einzelnen Banken am Erhalt ihres jeweiligen Darlehensrückzahlungsanspruches offenbar, so dass auch unter grundsätzlicher Anerkennung der von der Rechtsprechung vertretenen Novationstheorie eine Ausnahme vom Untergang der Kausalforderung zu machen wäre.
Eine solche Auslegung zugrunde legend, handelt es sich *de facto* also gar nicht um eine Gesamterfüllungswirkung im engeren Sinne. Das aufgrund einer Abrechnung erteilte abstrakte Schuldversprechen ist damit die Auslegungsvariante, die allein rechtlich möglich ist, um die beabsichtigten Wirkungen einer Gesamterfüllung mit gleichzeitig gewollter abstrakter Natur der *parallel debt* zu verbinden.

---

763 vgl. hierzu Diem, Akquisitionsfinanzierung, S. 60.

764 vgl. ausführlich zu diesem Streit unter Berücksichtigung von § 365 HGB: Harpering, Syndicated loans, S. 127 ff.; Staudinger/Marburger, § 782, Rn. 7.

765 Staudinger/Marburger, § 782, Rn. 7; MüKo-HGB/Hefermehl, § 355, Rn. 58; Baumbach/Hopt, § 355, Rn. 7; Harpering, Syndicated loans, S. 127 ff. m.w.N.

766 nur beispielhaft: BGHZ 50, 277, 279; 58, 257, 260; 72, 9, 11; 80, 172, 176; 93, 307, 313 ff.; 141, 116, 120.

767 BGHZ 58, 257, 262; 141, 116, 120.

(2) *Verstoß gegen den Typenzwang*

Soweit die Auslegung der *paralell debt*-Klausel also auf einen Abstraktionswillen schließen lässt bzw. für die Begründung einer *parallel debt*-Konstruktion ausdrücklich ein abstraktes Schuldversprechen vereinbart wird, stellt sich weiterhin die Frage, ob einem solchen Vorgehen der sachenrechtlichen Typenzwang entgegenstehen könnte, welcher besagt, dass die vom Gesetz bereitgestellten dinglichen Rechte in ihrem Wesen nicht durch Rechtsgeschäft verändert werden können.[768] Pfandrecht und Hypothek sind akzessorische Rechte. Diese Akzessorietät kann durch Rechtsgeschäft nicht beseitigt werden. Wird nun das abstrakte Schuldversprechen durch ein Pfandrecht oder eine Hypothek besichert, wird die bestehende Akzessorietät zwischen führendem bzw. gesicherten Recht, also dem abstrakten Schuldversprechen und dem geführten Recht, der Hypothek oder dem Pfandrecht, nicht aufgehoben. Das akzessorische Sicherungsrecht ist nach wie vor in der Entstehung und im Untergang, in Inhalt, Umfang und Zuständigkeit vom abstrakten Schuldversprechen abhängig. Ein Verstoß gegen den sachenrechtlichen Typenzwang liegt insoweit nicht vor.[769]

(3) *Verstoß gegen das Umgehungsverbot*

Die *parallel-debt*-Konstruktion könnte sich jedoch als unzulässige Gesetzesumgehung im Sinne eines Institutionenmissbrauchs darstellen.[770] Die Frage, ob der Einsatz eines abstrakten Schuldversprechens zu einer Umgehung der Umfangs- und Erlöschensakzessorietät der dinglichen akzessorischen Sicherungsrechte führt, wurde bereits im Rahmen der akzessorischen Sicherung einer wechselnden Forderungshöhe[771] und einer Forderungsauswechslung[772] verneint. An dieser Stelle gilt es zu untersuchen, ob sich die akzessorische Besicherung eines abstrakten Schuldversprechens zugunsten eines Sicherheitentreuhänders als eine unzulässige Umgehung insbesondere der Zuständigkeitsakzessorietät darstellt. Denn auch, wenn das Pfandrecht oder die Hypothek allein für die Forderung aus abstrakten Schuldversprechen bestellt werden, wird damit letztendlich die Sicherung der Darlehensrückzahlungsansprüche der einzelnen Konsorten bezweckt. Da die Bestellung der Sicherungsrechte zugunsten des Sicherheitentreuhänders erfolgt, fallen - wirtschaftlich betrachtet - Forderungsinhaber und Sicherungsnehmer auseinander. Dies könnte im Ergebnis also der Zuständigkeitsakzessorietät von Pfandrecht und Hypothek widersprechen, welche besagt, dass der

---

768 Palandt/Bassenge, Einf. v. § 854, Rn. 3; Radke, Bedingungsrecht und Typenzwang, S. 47 f.

769 siehe oben § 8 I. 1. d. (1).

770 siehe oben § 8 I. 1. d. (2).

771 siehe oben § 8 I. 1. d. (2).

772 siehe oben § 8 II. 2. b. (2).

Gläubiger der gesicherten Forderung und der Gläubiger des Sicherungsrechts stets identisch sein müssen. Für die Hypothek findet dies in § 1153 Abs. 2 BGB für das Pfandrecht in § 1250 Abs. 1 BGB seinen Ausdruck. Danach können Hypothek und Pfandrecht nicht ohne die Forderung übertragen werden.

Zielsetzung der *parallel debt*–Konstruktion ist die Schaffung einer Vollrechtstreuhand an akzessorischen Sicherungsrechten zur Ermöglichung der einheitlichen Sicherheitenverwaltung und der Kreditsyndizierung ohne Verlust der akzessorischen Sicherheiten. Durch das Treuhandgeschäft wird dem Treuhänder eine Rechtsposition übertragen, die dieser nicht im eigenen, sondern im Interesse des Treugebers ausüben soll. Kennzeichnend für eine solche fiduziarische Vollrechtstreuhand ist die schuldrechtliche Bindung des Treuhänders durch die Treuhandabrede, die sein Können im Außenverhältnis an die Interessen des Treugebers im Innenverhältnis bindet.[773] Der Sicherheitentreuhänder unterliegt jedoch nicht nur gegenüber den einzelnen Konsortialbanken, sondern auch gegenüber dem Kreditnehmer einer treuhänderischen Bindung. Man spricht hier von einer „doppelseitigen“ Treuhand.[774] Da der Sicherheitentreuhänder Gläubigerinteressen der Konsortialbanken wahrnimmt, liegt im Verhältnis zu diesen - und begründet im Konsortialvertrag - eine Verwaltungstreuhand vor, die grundsätzlich uneigennützigen Charakter hat.[775] Zusätzlich hat der Konsortialführer als Gläubiger des abstrakten Schuldversprechens gegenüber dem Kreditnehmer die Stellung eines eigennützigen Sicherheitentreuhänders.[776] Die treuhänderische Bindung ergibt sich hier aus dem Außenvertrag mit dem Kreditnehmer und der dort enthaltenen Sicherungsabrede.[777]

Die Umgehungsfunktion ist der Treuhand in einer Vielzahl ihrer Ausprägungen grundsätzlich zu eigen.[778] Dem Gesetz wird zunächst dadurch entsprochen, dass im Außenverhältnis der Treuhänder an der Stelle des Treugebers steht. Die vom Gesetz beabsichtigten Folgen können eintreten, weil dem Treuhänder in diesen Fällen etwas rechtlich möglich ist, was dem Treugeber nicht möglich wäre. Dem steht auch grundsätzlich nicht entgegen, dass der wirtschaftliche Erfolg dieses Handelns dem Treugeber zugute kommt.[779]

---

773 Staudinger/Singer, § 117, Rn. 20.
774 De Meo, Bankenkonsortien, S. 107.
775 Obermüller, Insolvenzrecht in der Bankpraxis, Rn. 5.458; De Meo, Bankenkonsortien, S. 107.
776 Obermüller, Insolvenzrecht in der Bankpraxis, Rn. 5.458.
777 De Meo, Bankenkonsortien, S. 107.
778 Liebich/Mathews, Treuhand und Treuhänder, S. 77 f.; Apfelbaum, Die Verpfändung der Mitgliedschaft in der Aktiengesellschaft, S. 255.
779 Liebich/Mathews, Treuhand und Treuhänder, S. 77 f.

Die Vereinbarung eines abstrakten Schuldversprechens zugunsten des Sicherheitentreuhänders und die diesbezügliche Bestellung akzessorischer Sicherheiten stellen sich somit grundsätzlich als eine Gesetzesumgehung dar. Fraglich ist, ob diese zulässig ist oder einen unzulässigen Institutionenmissbrauch darstellt.[780] Letzteres wäre dann der Fall, wenn das Auseinanderfallen von Gläubiger und Sicherungsnehmer zur Ermöglichung einer treuhänderischen Verwaltung akzessorischer Sicherungsrechte grundsätzlichen materiellen Wertungen des Gesetzes widersprechen würde.

Die treuhänderische Übertragung akzessorischer Sicherungsrechte ist bislang kaum diskutiert. Ihre Zulässigkeit kann jedoch nicht bezweifelt werden.[781] So erachtete es das Reichsgericht mit Urteil vom 20. März 1912[782] ausdrücklich für zulässig, dass Bauhandwerker zur Sicherung ihrer Bauforderungen auf dem Baugrundstück eine Darlehenshypothek auf einen Treuhänder eintragen ließen, die nach dem Verhältnis ihrer Forderungen zu verteilen war. Die Verwaltungstreuhand im Hinblick auf akzessorische Sicherungsrechte im Verhältnis Konsortialführer Konsorten ist damit unproblematisch. Entscheidend ist letztlich nur, dass auch die dem akzessorischen Sicherungsrecht zugrunde liegende Forderung zu treuen Händen übertragen wird. Die alleinige Übertragung der dinglichen Rechtstellung ist nicht möglich.
Dies geschieht in der *parallel debt*-Konstruktion nicht durch die Abtretung des kausalen Darlehensrückzahlungsanspruch an den Sicherungstreuhänder, sondern durch Einräumung des abstrakten Schuldversprechens seitens des Kreditnehmers. Für die Zulässigkeit des treuhänderischen Haltens eines akzessorischen Sicherungsrechtes kann es jedoch keinen Unterschied machen, ob dieses für einen kausalen oder abstrakten Anspruch bestellt wurde.

(a) Interessen Dritter werden durch die Aufhebung der Zuständigkeitsakzessorietät mittels Abgabe eines abstrakten Schuldversprechens nicht berührt. Die Zuständigkeitsakzessorietät soll sicherstellen, dass Sicherungsnehmer und Forderungsgläubiger nicht auseinanderfallen, um den Schuldner vor doppelter Inanspruchnahme zu schützen bzw. dem Sicherungsgeber Einreden und Einwendungen gegen die gesicherte Forderung auch für das Sicherungsrecht zu erhalten.
Der Schutz vor doppelter Inanspruchnahme wird beim abstrakten Schuldversprechen allein durch die Sicherungsabrede gewährleistet. Geht der Sicherheitentreuhänder aus dem abstrakten Schuldversprechen vor, tritt im Hinblick auf den kausalen Darlehensrückzahlungsanspruch nach Verwertung der hierfür bestellten Sicherheit Erfüllung ein. Geht eine Konsortialbank aus dem kausalen Darlehensrückzahlungsanspruch gegen den Schuldner vor, steht diesem gegen-

[780] siehe oben § 8 I 1. d. (2).
[781] Liebich/Mathews, Treuhand und Treuhänder, S. 77 f.
[782] RGZ 79, 121, 122.

über der Inanspruchnahme aus dem abstrakten Schuldversprechen die Einrede des § 821 BGB zur Seite. Die Gefahr einer doppelten Inanspruchnahme ist daher im Ergebnis zu vernachlässigen. Dem Sicherungsgeber obliegt damit zwar die Prozessinitiative verbunden mit einer Beweislastumkehr. Aufgrund der materiellen wie prozessualen Vorlegungspflicht der Kreditinstitute im Hinblick auf die Kreditunterlagen ist auch dies kein durchschlagendes Argument gegen die Zulässigkeit der *parallel debt*.

(b) Schon einmal hat die Rechtswirklichkeit die Rechtswissenschaft in einer vergleichbaren Konstellation von der Zulässigkeit einer vergleichbaren Sicherungstreuhand überzeugt. Noch Anfang des 20. Jahrhunderts war die Zulässigkeit der Sicherungsübereignung heftig umstritten. Sie wurde als eine *"zweck- und wahrheitswidrige"* Form des Pfandes kritisiert.[783]
Auch hier ging es um die Umgehung eines grundsätzlichen pfandrechtlichen Prinzips, dem Publizitätsprinzip, mit dem Ziel der Schaffung eines besitzlosen Pfandrechtes. Rechtstechnisches Mittel hierfür ist die Übereignung durch Vereinbarung und Übergabe eines Besitzkonsituts gemäß § 930 BGB. Ein Missbrauch des Rechtsinstitutes der Übereignung kann jedoch schon deshalb nicht vorliegen, weil der Übereignung ein bestimmter Gebrauch nicht vorgegeben ist. Sie ist abstrakt und damit zweckfrei.[784]
Ebenso verhält es sich mit dem abstrakten Schuldversprechen, welchem als abstrakten Verpflichtungsvertrag ein bestimmter Gebrauch ebenfalls nicht vorgegeben ist. Es ist zweckfrei.[785] Die mit dem abstrakten Schuldversprechen verfolgten Zwecke können daher grundsätzlich ebenso wenig Beurteilungsmaßstab für die Zulässigkeit der *parallel debt*-Konstruktion sein, wie der mit der Übereignung mittels Besitzkonstitut verfolgte Zweck für die Zulässigkeit der Sicherungsübereignung maßgeblich sein kann.[786]

(c) Die *parallel debt*-Klausel zur Einräumung eines Anspruches zugunsten des Sicherheitentreuhänders im Wege eines abstrakten Schuldversprechens, widerspricht im Ergebnis nicht grundsätzlichen gesetzgeberischen Wertungen. Sie stellt keine unzulässige Gesetzesumgehung dar.

---

783 Bourier, DNotZ 1934, 20, 26; in jüngerer Zeit Canaris, FS Flume, S. 371, 412: *„Sündenfall"*.
784 Bülow, JURA 1987, 509, 510.
785 hierzu siehe oben § 2.
786 Apfelbaum, Die Verpfändung der Mitgliedschaft in der Aktiengesellschaft, S. 255.

§ 9 ZUSAMMENFASSUNG

1. Das abstrakte Schuldversprechen ist ein einseitig verpflichtender Schuldvertrag, dessen Rechtsgrund im Leistungszweck des Schuldversprechens liegt. Das abstrakte Schuldversprechen zu Sicherungszwecken findet seinen Rechtsgrund damit in der Sicherungsabrede.

2. Erfolgt die Abgabe des abstrakten Schuldversprechens in Allgemeinen Geschäftsbedingungen, stellt dieses mangels objektiver Ungewöhnlichkeit für den Sicherungsgeber, der gleichzeitig Darlehensnehmer ist, keine überraschende Klausel dar.
Auch für den vom Darlehensnehmer verschiedenen Sicherungsgeber stellt das abstrakte Schuldversprechen keine überraschende Klausel dar, wenn dieser ordnungsgemäß belehrt worden ist.
Die Inhaltskontrolle nach §§ 307 ff. BGB ist für das abstrakte Schuldversprechen als leistungsumschreibende Klausel des Kreditsicherungsvertrages gemäß § 307 Abs. 3 BGB ausgeschlossen. Ein eventuell gleichzeitig eingeräumter Einwendungsverzicht unterliegt jedoch der Inhaltskontrolle und stellt eine unangemessene Benachteiligung zu Lasten des Sicherungsgebers dar.
Das abstrakte Schuldversprechen in der Kreditsicherung hat sich am Transparenzgebot messen zu lassen. Dessen Anforderungen sind gerade im Hinblick auf leistungsumschreibende Klauseln hoch. Ein gesondertes Formular ist für die transparente Gestaltung des abstrakten Schuldversprechens wünschenswert.

3. Das abstrakte Schuldversprechen ist Pflichtangabe des Verbraucherdarlehensvertrages, § 492 Abs. 1 Nr. 7 BGB, es sei denn es wurde notariell beurkundet.
Das abstrakte Schuldversprechen verstößt nicht gegen § 496 Abs. 1 und 2 BGB. Auch eine analoge Anwendung des § 496 BGB auf das abstrakte Schuldversprechen kommt nicht in Betracht.

4. Für die Zulässigkeit der weiten Sicherungszweckerklärung im Hinblick auf das abstrakte Schuldversprechen sind die von der Rechtsprechung zur weiten Sicherungszweckerklärung bei der Grundschuld entwickelten Grundsätze übertragbar. Demgemäß gilt:
Die weite Sicherungszweckerklärung bei Sicherung eigener Verbindlichkeiten ist nicht überraschend im Sinne des § 305 c Abs. 1 BGB.
In Fällen der Drittsicherung ist die weite Sicherungszweckerklärung zur Abgabe des abstrakten Schuldversprechens überraschend, wenn die Erklärung des abstrakten Schuldversprechens anlässlich der Gewährung eines bestimmten Darlehens erfolgte, es sei denn, der Darlehensnehmer und der Sicherungsgeber sind

persönlich und wirtschaftlich so eng verbunden, dass letzterer auf die künftige Darlehensaufnahme nicht nur tatsächlichen sondern auf rechtlichen Möglichkeiten beruhenden Einfluss hat.
Die weite Sicherungszweckerklärung zum abstrakten Schuldversprechen umschreibt den Umfang der vertraglich festgelegten Leistung und ist demgemäß von der Inhaltskontrolle gemäß § 307 Abs. 3 BGB freigestellt. Unberührt hiervon bleibt die Möglichkeit der Transparenzkontrolle.

5. Die Unterwerfung unter die sofortige Zwangsvollstreckung im Hinblick auf das abstrakte Schuldversprechen in Allgemeinen Geschäftsbedingungen stellt sich nicht als unangemessene Benachteiligung dar.

6. Die Übernahme der persönlichen Haftung in der Grundschuldbestellungsurkunde ist grundsätzlich als abstraktes Schuldversprechen zu qualifizieren. Allein in Drittsicherungsfällen ist bei nicht eindeutigem Wortlaut die Auslegung der persönlichen Haftungsübernahme als Bürgschaft oder Garantie möglich.
Grundschuld und abstraktes Schuldversprechen in Form der Übernahme der persönlichen Haftung stehen als Sicherungsrechte selbstständig nebeneinander und sichern unabhängig voneinander den Darlehensrückzahlungsanspruch. Dem Grunde nach ist eine kumulative Vollstreckung von Grundschuld und abstraktem Schuldversprechen möglich. In Allgemeinen Geschäftsbedingungen stellt sich eine solche Vollstreckungsmöglichkeit für den vom Darlehensnehmer verschiedenen Sicherungsgeber jedoch als überraschend im Sinne des § 305 c Abs. 1 BGB dar, soweit gerade im Hinblick auf die Sicherungszweckerklärung keine Belehrung im Rahmen einer notariellen Beurkundung erfolgt ist. Darüber hinaus ist die Übernahme der persönlichen Haftung mit kumulativer Vollstreckungsmöglichkeit im selben Formular wie die Grundschuldbestellung intransparent gemäß § 307 Abs. 1 S. 2 BGB. Zudem begründet die kumulative Vollstreckungsmöglichkeit unabhängig davon, ob Darlehensnehmer und Sicherungsgeber verschieden sind, die Gefahr der Übersicherung.
Die Übernahme der persönlichen Haftung bei Bestellung einer Eigentümergrundschuld ist als Angebot auf Abgabe eines abstrakten Schuldversprechens an einen zukünftigen Gläubiger auszulegen. Für die Betätigung des Annahmewillens des jeweiligen Gläubigers müssen sich jedoch konkrete Anhaltspunkte finden lassen. Eine Unterwerfung unter die sofortige Zwangsvollstreckung bereits bei Bestellung der Eigentümergrundschuld ist mangels Vorhandenseins eines Gläubigers nicht möglich.

7. Das zur Sicherung eines Darlehensrückzahlungsanspruches erklärte abstrakte Schuldversprechen, welches seinerseits durch eine Hypothek oder ein Pfandrecht besichert wird, stellt sich weder als Verstoß gegen den Typenzwang noch

als unzulässige Gesetzesumgehung dar. Gleiches gilt für die Abgabe eines abstrakten Schuldversprechens zugunsten eines Sicherheitentreuhänders zur Ermöglichung der Kreditsicherung mittels akzessorischer Sicherungsrechte im Kreditkonsortium. Die in der Kreditsicherungspraxis hierfür verwandte *parallel debt*-Klausel stellt dabei ein aufgrund einer Abrechnung erteiltes abstraktes Schuldversprechen dar.

LITERATURVERZEICHNIS

Apfelbaum, Sebastian, Die Verpfändung der Mitgliedschaft in der Aktiengesellschaft, Diss., Berlin 2005

Bähr, Otto, Die Anerkennung als Verpflichtungsgrund, 3. Aufl., Leipzig 1894

Bankrecht und Bankpraxis, Hellner, Thorwald/ Steuer, Stephan u.a. (Hrsg.), Band 2, Kreditsicherung (zit. BuB II, Bearbeiter, Rn.)

Baumann, Wolfgang, Das Schuldanerkenntnis, Berlin 1992

Baumbach, Adolf / Hopt, Klaus J., Handelsgesetzbuch, 32. Auflage, München 2006

Baumbach, Adolf (Begr.) Zivilprozessordnung mit Gerichtsverfassungsgesetz und Nebengesetzen, 62. Auflage, München 2004

Baur, Jürgen, Stürner, Rolf, Sachenrecht, begr. von Fritz Bauer, 17. Aufl., München 1999

Becker, Christoph, Maßvolle Kreditsicherung, München 1999

Becker-Eberhard, Ekkehard, Die Forderungsgebundenheit der Sicherungsrechte, Bielefeld 1993

Black, Henry Campbell, Black's Law Dictionary, 6. Auflage, 1990

Böhm, Sicherung von Bankkredit durch Höchstbetragshypothek, DNotZ 1928, 133 ff.

Bourier, Verdeckte Höchstbetragshypothek, DNotZ 1934, 20 ff.

Brandner, Hans Erich / *Ulmer, Peter* / *Hensen, Horst-Dieter*, AGB-Gesetz: Kommentar zum Gesetz zur Regelung des Rechts der Allgemeinen Geschäftsbedingungen, 9. Aufl., Köln 2001 (zit. U/B/H)

ders., Transparenz als Maßstab der Inhaltskontrolle? Eine Problemskizze, in Festschrift für Horst Locher zum 65. Geburtstag, Düsseldorf 1990, S. 317 ff.

Brandt, Sven / *Sonnenhol Jürgen*, Verträge für Konsortialkredite, WM 2001, 2329 ff.

Braunert, Ulrich, Haftungserstreckung bei formularmäßiger Gestellung von Sicherheiten für Darlehensverbindlichkeiten, NJW 1991, 805 ff.

Brox, Hans / *Walker, Wolf-D.*, Zwangsvollstreckungsrecht, 7. Aufl., Köln 2003

Buchholz, Stephan, Können Sicherungszession und Sicherungsübereignung akzessorisch gestaltet werden?, Jura 1990, 300 ff.

Bühling, Selmar / *Kersten, Fritz u.a.*, Formularbuch und Praxis der Freiwilligen Gerichtsbarkeit, 20. Auflage, Köln, Berlin, Bonn, München 1994

Bülow, Peter, Recht der Kreditsicherheiten, 6. Aufl., Heidelberg 2003

ders., Heidelberger Kommentar zum Verbraucherkreditrecht, 5. Aufl, Heidelberg 2002

ders., Übereignung beweglicher Sachen zur Sicherheit, Jura 1987, 509 ff.

Canaris, Claus-Wilhelm / *Larenz, Karl*, Lehrbuch des Schuldrechts, Band II/2, Besonderer Teil, 13. Aufl., München 1994

ders., Bankvertragsrecht, Sonderausgabe zu Handelsgesetzbuch-Großkommentar, begr. von Hermann Staub, 4. Auflage, Berlin 2005

ders., Zinsberechnungs- und Tilgungsverrechnungsklauseln beim Annuitätendarlehen – zugleich ein Beitrag zur Abgrenzung von § 8 und § 9 AGB-Gesetz, NJW 1987, 609 ff.

ders., Die Verdinglichung obligatorischer Rechte, Festschrift für Werner Flume zum 70. Geburtstag, Band I, Köln 1978, S. 371 ff.

Claussen, Carsten Peter, Bank- und Börsenrecht, München 1996

Clemente, Clemens / *Lenk, Ludwig*, Planmäßige Übersicherung durch Grundschuldzinsen, ZfIR 2002, 337 ff.

ders., Recht der Sicherungsgrundschuld, 3. Aufl., Köln 1999 *ders.*, Persönliche Haftungsübernahme in der Grundschuldbestellungsurkunde, ZfIR 2004, 497 ff.

De Meo, Francesco, Bankenkonsortien, München 1994

Dernburg, Heinrich, Das Pfandrecht, Leipzig 1860

Diem, Andreas, Akquisitionsfinanzierungen – Kredite für Unternehmenskäufe, München 2005

Dietlein, Max-Josef, Kreditsicherung der Banken und das neue AGBG – Erwiderung, JZ 1977, 637 ff.

Dylla-Krebs, Corinna, Schranken der Inhaltskontrolle Allgemeiner Geschäftsbedingungen: eine systematische Abgrenzung kontrollfreier von kontrollunterworfenen Klauseln, Baden-Baden 1990

Ebel, Friedrich, Berichtung, transactio und Vergleich, Tübingen 1978

Ehmann, Erik, Schuldanerkenntnis und Vergleich, Diss., München 2005

Eickmann, Dieter, Aktuelle Rechtsfragen zur Sicherungsgrundschuld, ZIP 1989, 137 ff.

Einsele, Dorothee, Inhalt, Schranken und Bedeutung des Offenkundigkeitsprinzips unter besonderer Berücksichtigung des Geschäfts für den, den es angeht, der fiduziarischen Treuhand sowie der dinglichen Surrogation, JZ 1990, 1005 ff.

Eleftheriadis, Nikolaos, Die Bürgschaft auf erstes Anfordern, Diss., München 1999

Fahr, Peter. Inhaltskontrolle, Transparenzgebot und § 8 AGBG: zur Abgrenzung kontrollfreier Preis- und Leistungsbestimmungen, Diss., München 1999

Fastrich, Lorenz, Richterliche Inhaltskontrolle im Privatrecht, München 1992

Flume, Werner, Allgemeiner Teil des Bürgerlichen Rechts / Band 2 – Das Rechtsgeschäft, 4. Aufl., Berlin, Heidelberg 1992

Freckmann, Peter, Praktische Rechtsfragen der Sicherungsgrundschuld, BKR 2005, 167

Freitag, Robert / *Riemenschneider, Markus*, Vollstreckbare Schuldanerkenntnisse in der deutschen und europäischen Klauselkontrolle – zugleich Besprechung von EuGH WM 2004, 989 (Freiburger Kommunalbauten)

Fuchs, Wilhelm, Pseudonyme Rechtsgeschäfte, AcP 115 (1917), 84 ff.

Fullenkamp, Josef, Die erweiterte Zweckerklärung bei Grundschuld und Bürgschaft: Auslegung und Wirksamkeit unter besonderer Berücksichtigung von § 9 AGBG, Diss., Frankfurt a.M., 1989

Gaberdiel, Heinz, Kreditsicherung durch Grundschulden, 6. Aufl., Stuttgart 2000

Gaul, Hans-Friedhelm, Vollstreckbare Urkunde und vollstreckbarer Anspruch in Festschrift für Gerhard Lüke zum 70. Geburtstag, München 1997, S. 81 ff.

Gernhuber, Joachim, Handbuch des Schuldrechts – Das Schuldverhältnis, Band 8, Tübingen 1989

Göbel, Jürgen, Übersicherung und Freigabeklauseln in vorformulierten Kreditsicherungsverträgen, Berlin 1993

Gröschler, Peter, Zur Frage der einvernehmlichen Fortsetzung erloschener Verbindlichkeiten: Wiederherstellung oder Neubegründung?, NJW 2000, 247 ff.

Hahn, Volker, Grundschuld und abstraktes Schuldversprechen, ZIP 1996, 1233 ff

Harpering, Guido, Die Übertragung akzessorisch besicherter Forderungen im Rahmen von syndicated loans, Diss., Münster, 2002

Hasselbach, Kai / *Sieger, Jürgen*, Praktische Probleme bei der Verpfändung von GmbH-Geschäftsanteilen, GmbHR 1999, 633 ff.

Haug, Karl H., Die Amtshaftung des Notars: Handbuch der Berufspflichten unter besonderer Berücksichtigung der gesamten Haftpflichtrechtsprechung des Bundesgerichtshofs, 2. Aufl., München 1997

Heck, Philipp, Grundriss des Sachenrechts, Neudruck der Ausgabe Tübingen 1930, 1960

Hensen, Horst-Dieter / *Ulmer, Peter* / *Brander, Hans-Erich*, AGB-Gesetz: Kommentar zum Gesetz zur Regelung des Rechts der Allgemeinen Geschäftsbedingungen, 9. Aufl., Köln 2001 (zit. U/B/H)

Heß, Jürgen, Entwickelt sich das neue AGBG zu einem „Über-BGB" bzw. zu einer „Über-ZPO"?, BWNotZ 1978, 1 f.

Hieber, Hans, Anmerkung zu BGH Urteil vom 19. Mai 1958, DNotZ 1958, 582

Hinsch, L. Christian / *Horn, Norbert*, Das Vertragsrecht der internationalen Konsortialkredite und Projektfinanzierungen, Berlin, New York 1985

Hopt, Klaus J. / Baumbach, Adolf, Handelsgesetzbuch, 32. Auflage, München 2006

Horn, Norbert / *Wolf, Manfred* / *Lindacher, Walter*, AGB-Gesetz, Kommentar, 4. Aufl., München 1999 (zit. W/H/L)

Horn, Norbert / *Hinsch, L. Christian*, Das Vertragsrecht der internationalen Konsortialkredite und Projektfinanzierungen, Berlin, New York 1985

Hornung, Anton, Vollstreckungsunterwerfung und Höchstbetragshypothek, NJW 1991, 1649 ff.

Hoyningen-Huene, Gerrick von, Die Inhaltskontrolle nach § 9 AGBG: ein Kommentar, 2. Aufl., Heidelberg 1991

Huber, Ulrich, Die Sicherungsgrundschuld, Heidelberg 1965

Jauernig, Othmar, Zur Akzessorietät bei der Sicherungsübertragung, NJW 1982, 268 ff.

Johow, Reinhold, Entwurf eines Bürgerlichen Gesetzbuches für das Deutsche Reich, Sachenrecht mit Begründung, 1880

Jonas, Martin / *Stein, Friedrich*, Kommentar zur Zivilprozessordnung

Band 3: §§ 253 – 299 a, 21. Auflage, Tübingen 1997

Band 7: §§ 704 – 827, 22. Auflage, Tübingen 2002

Joost, Detlev, Der Ausschluss der Inhaltskontrolle bei Entgeltregelungen in Allgemeinen Geschäftsbedingungen, ZIP 1996, 1685 ff.

Joswig, Dietrich, Die weite Zweckerklärung bei Übernahme der persönlichen Haftung zu einer Sicherungsgrundschuld, ZIP 2000, 593 ff.

ders., Anmerkung zu BGH, Urteil vom 18.11.2003 in EWIR 2004, 151

ders., Anmerkung zu OLG Saarbrücken vom 19.11.2002 in EWIR 2003, 163 ff.

Kersten, Fritz / *Bühling, Selmar u.a.*, Formularbuch und Praxis der Freiwilligen Gerichtsbarkeit, 20. Auflage, Köln, Berlin, Bonn, München 1994

Kiefner, Hans, Der abstrakte obligatorische Vertrag in Praxis und Theorie des 19. Jahrhunderts, in Wissenschaft und Kodifikation des Privatrechts im 19. Jahrhundert, Band II, hrsg. von Helmut Coing und Walter Wilhelm, Frankfurt a.M. 1977

Kirchner, Andreas / *Schrell, Thomas K.*, Akquisitionsfinanzierung mit Hilfe eines Vertreters ohne Vertretungsmacht, ZBB 2002, 230 ff.

Klinke, Ulrich, Causa und genetisches Synallagma – Zur Struktur der Zuwendungsgeschäfte, Berlin 1983

Koch, Eckart / Stübing, Jürgen, Allgemeine Geschäftsbedingungen, Kommentar, Neuwied, Darmstadt 1977

Kohler, J., Ueber executorische Urkunden, AcP 72 (1888), 1 ff.

Kollhosser, Helmut, Anmerkung zu OLG Stuttgart, Beschl. vom 3. Oktober 1978, JA 1979, 263 ff.

Köndgen, Johannes, Grund und Grenzen des Transparenzgebots im AGB-Recht, NJW 1989, 943 ff.

Kopp, Kerstin-Maria, Die vollstreckbare Urkunde – Aspekte der prozessualen Unterwerfung einerseits und des materiellen Anspruch andererseits, Bonn 1994

Korintenberg, Werner, Gesetz über die Kosten in Angelegenheiten der freiwilligen Gerichtsbarkeit – Kommentar, begr. von Werner Korintenberg, bearbeitet von Friedrich Lappe, Manfred Bengel, Wolfgang Reimann u.a., 15. Auflage, München 2002

Krawielicki, Robert, Grundlagen des Bereicherungsanspruchs, Neudruck der Ausgabe Breslau 1936, Aalen 1964

Krockerols, Vollstreckbare Kredithypotheken, DNotV 1901, 305

Kümpel, Siegfried, Bank- und Kapitalmarktrecht, 2. Aufl., Köln 2000

ders., Persönliche Haftung und Vollstreckungsunterwerfung bei Grundpfandrechten und das AGB-Gesetz, WM 1978, 746 ff.

Kübler, Friedrich, Feststellung und Garantie, Tübingen 1967

Lang, Volker / *Rösler, Patrick* / ***Wimmer,*** *Konrad*, Vorzeitige Beendigung von Darlehensverträgen: Begründung und Berechnung von Vorfälligkeitsentschädigung und Nichtabnahmeentschädigung aus juristischer und finanzmathematischer Sicht, München 2003

Lambsdorff, Hans Georg Graf von, Die Übersicherung des Eigentumsvorbehaltsverkäufers und die Funktion der Freigabeklausel, ZIP 1986, 1524

Larenz, Karl, Lehrbuch des Schuldrechts, Band II/ 1, Besonderer Teil, 13. Aufl., München 1986

ders., / Canaris, Claus-Wilhelm, Lehrbuch des Schuldrechts, Band II/2, Besonderer Teil, 13. Aufl., München 1994

Lenk, Ludwig / *Clemente, Clemens*, Planmäßige Übersicherung durch Grundschuldzinsen, ZfIR 2002, 337 ff.

Leonardy, Helmut, Das AGB-Gesetz – Kodifizierte Rechtsprechung oder verbesserter Verbraucherschutz?, DRiZ 1976, 108 ff.

Lichtenberger, Peter, Abschied von der Eigentümergrundschuld?, MittBayNot 1976, 109 ff.

Liebich, Dieter / *Mathews, Kurt*, Treuhand und Treuhänder in Recht und Wirtschaft, 2. Aufl., Berlin 1983

Lindacher, Walter / *Wolf, Manfred* / *Horn, Norbert*, AGB-Gesetz, Kommentar, 4. Aufl., München 1999 (zit. WH/L)

Lindemeier, Jörg, Die Unterwerfungserklärung in der vollstreckbaren notariellen Urkunde, Köln 2000

Locher, Horst, Das Recht der Allgemeinen Geschäftsbedingungen, 3. Aufl., München 1997

Lwowski, Hans-Jürgen, Das Recht der Kreditsicherung, 8. Auflage, Berlin 2000

Marburger, Christian, Grundschuldbestellung und Übernahme der persönlichen Haftung, Diss., Mainz 1998

Mathews, Kurt / *Liebich, Dieter*, Treuhand und Treuhänder in Recht und Wirtschaft, 2. Aufl., Berlin 1983

May, Andreas, Der Bankenpool: Sicherheitenpoolverträge der Kreditinstitute in der Unternehmenskrise, Diss., Freiburg 1988

Medicus, Dieter, Allgemeiner Teil des BGB, 8. Auflage, Heidelberg 2002

ders., Schuldrecht II, Besonderer Teil, 13. Aufl. München 2006

ders., Zur gerichtlichen Inhaltskontrolle notarieller Verträge, München 1989

ders., Die Akzessorietät im Zivilrecht, JuS 1971, 497 ff.

Meier, Sonja, Die Gesamtgläubigerschaft – ein unbekanntes, weil überflüssiges Wesen?, AcP 205 (2005), S. 858 ff.

Merckens, Grundsicherheit für Bankkredit, DNotV 1905, 541

Michalski, Lutz, Das Schuldanerkenntnis in der Praxis, insbesondere als Mittel der Kreditsicherung, ZBB 1995, 260 ff.

Mugdan, Benno, Die gesamten Materialien zum Bürgerlichen Gesetzbuch für das Deutsche Reich – Band III, Sachenrecht, Neudruck der Ausgabe Berlin 1899, 1979

Mülbert, Peter O., Die Auswirkungen der Schuldrechtsmodernisierung im Recht des „bürgerlichen" Darlehensvertrags, WM 2002, 465 ff.

Münch, Joachim, Vollstreckbare Urkunde und prozessualer Anspruch, Köln 1988

ders., Die Reichweite der Vollstreckungsunterwerfung, ZIP 1991, 1041 ff.

ders., Die Beweislastverteilung bei der Vollstreckungsgegenklage, NJW 1991, 795 ff

Münchener Kommentar zum Bürgerlichen Gesetzbuch, jeweils zit.: MüKo/*Bearbeiter*

Band 1: Allgemeiner Teil, §§ 1 – 240; AGB-Gesetz, 4. Aufl., 2001

Band 2: Schuldrecht – Allgemeiner Teil, §§ 241 – 432, 4. Aufl., 2001

Band 3: Schuldrecht – Besonderer Teil I, §§ 433 – 610, 4. Aufl., 2004

Band 5: Schuldrecht – Besonderer Teil III, §§ 705 – 853, 4. Aufl., 2004

Band 6: Sachenrecht, §§ 854 – 1294, 4. Aufl., 2004

Obermüller, Manfred, Insolvenzrecht in der Bankpraxis, 6. Aufl., Köln 2002

Palandt, Otto, Bürgerliches Gesetzbuch, 65. Aufl., München 2006

Peters, Klaus, Poolverträge in der Unternehmenskrise, ZIP 2000, 2238 ff.

Picherer, Martin H., Sicherungsinstrumente bei Konsortialfinanzierung von Hypothekenbanken, Frankfurt a.M. 2002

Prause, Fritz , Das Recht des Schiffskredits: unter besonderer Berücksichtigung des Schiffssachenrechts und des Schiffsregisterwesens, 3. Aufl., Berlin 1979

Puttfarken, Hans-Jürgen, Seehandelsrecht, Heidelberg 1997

Putzo, Hans / *Thomas, Heinz*, Zivilprozessordnung, mit Gerichtsverfassungsgesetz, Einführungsgesetz und europarechtlichen Vorschriften, 27. Aufl., München 2005

Radke, Wolfram, Bedingungsrecht und Typenzwang: eine Untersuchung zu Grundlagen und Grenzen privatautonomer Gestaltung, Diss., Berlin 2001

Rainer, Anno, Die Auswirkungen des AGB-Gesetzes auf die formularmäßige Sicherungszweckerklärung für Grundschulden und die dingliche und persönlichen Zwangsvollstreckungsunterwerfung, WM 1988, 1657 ff.

Rastätter, Jürgen, Grenzen der banküblichen Sicherung durch Grundpfandrechte, DNotZ 1987, 459 ff.

ders., Zur Zulässigkeit des Verzichts auf den Nachweis der die Fälligkeit begründenden Tatsachen bei notariellen Vollstreckungsunterwerfungsklauseln, NJW 1991, 392 ff.

Rehbein, Dieter, Sicherung und Sicherungszweck, in Festschrift für Theodor Heinsius zum 65. Geburtstag, Berlin, New York 1991, S. 659 ff.

ders., Anmerkung zu BGH-Urteil vom 3. Dezember 1987, JR 1989, 157 f.

Reithmann, Christoph, Grundpfandrechte heute – Rechtsentwicklung und Aufgaben des Notars, DNotZ 1982, 67 ff.

Riemenschneider, Markus / *Freitag, Robert*, Vollstreckbare Schuldanerkenntnisse in der deutschen und europäischen Klauselkontrolle – zugleich Besprechung von EuGH WM 2004, 989 (Freiburger Kommunalbauten)

Rikken, Christian, Die Globalhaftung des Kreditbürgen, Diss., Berlin 2004

Rintelen, Askan von, Probleme und Grenzen der Vollstreckungsunterwerfung in der notariellen Urkunde, RNotZ 2001, 2 ff.

Rosenberg, Leo, Die Beweislast: auf der Grundlage des Bürgerlichen Rechts und der Zivilprozessordnung, 2. Aufl., Berlin 1923

Rösler, Patrick / *Wimmer, Konrad* / *Lang, Volker*, Vorzeitige Beendigung von Darlehensverträgen: Begründung und Berechnung von Vorfälligkeitsentschädigung und Nichtabnahmeentschädigung aus juristischer und finanzmathematischer Sicht, München 2003

Schlosser, Peter, Entwicklungstendenzen im Recht der Allgemeinen Geschäftsbedingungen, ZIP 1985, 449 ff.

Schmidt, Christoph, Die sogenannte Akzessorietät der Bürgschaft: Ein Beitrag zur Lehre vom Rechtgrund beim Verpflichtungsgeschäft, Diss., Mainz 1999

Schmidt, Karsten, Offene Stellvertretung – Der „Offenkundigkeitsgrundsatz" als Teil der allgemeinen Rechtsgeschäftslehre, JuS 1987, 425 ff.

Schmitz-Valckenberg, Walter, Probleme bei der Bestellung von Grundschulden im Hinblick auf die Vorschriften der §§ 3 und 9 AGBG, DNotZ 1996, 492 ff.

Schneider, Egon, Anmerkung zu OLG Celle Urteil vom 12. Juli 1989, WuB I F. 3.-3.90

Scholze, Herbert, Das Konsortialgeschäft der deutschen Banken, Erster Halbband, Berlin 1973

Schrell, Thomas K. / *Kirchner, Andreas*, Akquisitionsfinanzierung mit Hilfe eines Vertreters ohne Vertretungsmacht, ZBB 2002, 230 ff.

Schröter, Jürgen, Anmerkung zu BGH-Urteil vom 26. Juni 1987, WuB I F. 3.-1.88

Schultheis, Ullrich R., Rechtsbehelfe bei vollstreckbaren Urkunden, Berlin 1996

Schurig, Klaus , Die Gesetzesumgehung im Privatrecht, in Festschrift für Murad Ferid zum 80. Geburtstag, S. 375 ff., Frankfurt am Main 1988

Serick, Rolf, Eigentumsvorbehalt und Sicherungsübertragung, Band II – Die einfache Sicherungsübertragung – Erster Teil, Heidelberg 1965

Sieger, Jürgen / *Hasselbach, Kai*, Praktische Probleme bei der Verpfändung von GmbH-Geschäftsanteilen, GmbhR 1999, 633 ff.

Sonnenhol, Jürgen / *Brandt, Sven*, Verträge für Konsortialkredite, WM 2001, 2329

Soergel, Otto / *Stöcker, Otmar*, EU-Osterweiterung und dogmatische Fragen des Immobiliarsachenrechts – Kausalität, Akzessorietät und Sicherungszweck, ZBB-Report 2005, 412 ff.

Stadler, Astrid, Gestaltungsfreiheit und Verkehrsschutz durch Abstraktion: eine rechtsvergleichende Studie zur abstrakten und kausalen Gestaltung rechtsgeschäftlicher Zuwendungen anhand des deutschen, schweizerischen, österreichischen und US-amerikanischen Rechts, Tübingen 1996

Staudinger, Julius von, Kommentar zum Bürgerlichen Gesetzbuch: mit Einführungsgesetz und Nebengesetzen, jeweils zit.: Staudinger/*Bearbeiter*

Buch 1: Allgemeiner Teil, §§ 90 – 133, Neubearbeitung 2004

Sonderausgabe AGBG, 13. Bearbeitung 1998

Buch 2: Recht der Schuldverhältnisse, §§ 244 – 248, 13. Bearbeitung, 1997

Buch 2: Recht der Schuldverhältnisse, §§ 397 – 432, Neubearbeitung 2005

Buch 2: Recht der Schuldverhältnisse, §§ 491 – 507, Neubearbeitung 2004

Buch 2: Recht der Schuldverhältnisse, §§ 765 – 778; 13. Bearbeitung 1997

Buch 2: Recht der Schuldverhältnisse, §§ 779 – 811, Neubearbeitung 2002

Buch 3: Sachenrecht, §§ 1113 – 1203, Neubearbeitung 2002

Buch 3: Sachenrecht, §§ 1204 – 1296; §§ 1 – 84 SchiffsRG, Neubearbeitung 2002

Stein, Friedrich / *Jonas, Martin*, Kommentar zur Zivilprozessordnung

Band 3: §§ 253 – 299 a, 21. Auflage, Tübingen 1997

Band 7: §§ 704 – 827, 22. Auflage, Tübingen 2002

Stöcker, Otmar, Die „Eurohypothek“, Berlin 1992

ders. / Otto Soergel, EU-Osterweiterung und dogmatische Fragen des Immobiliarsachenrechts – Kausalität, Akzessorietät und Sicherungszweck, ZBB-Report 2005, 412 ff.

Stoffels, Markus, AGB-Recht, München 2003

Stoll, Adolf, Friedrich Carl von Savigny, Ein Bild seines Lebens mit einer Sammlung seiner Briefe, Dritter Band: Ministerzeit und letzte Lebensjahre, Berlin 1939

Stübing, Jürgen / *Koch, Eckart*, Allgemeine Geschäftsbedingungen, Kommentar, Neuwied, Darmstadt 1977

Stürner, Rolf / *Baur, Jürgen*, Sachenrecht, begr. von Fritz Bauer, 17. Aufl., München 1999

ders., Buchbesprechung zu Hans Wolfsteiner „Die vollstreckbare Urkunde", ZZP 93 (1980), 233 ff.

ders., Das Grundpfandrecht zwischen Akzessorietät und Abstraktheit und die europäische Zukunft, in Festschrift für Rolf Serick zum 70. Geburtstag, Heidelberg 1992

ders., Anmerkung zu BGH, Urteil vom 5. März 1991, DNotZ 1992, 97 ff.

ders., Kreditsicherung der Banken und das neue AGBG, JZ 1977, 431 ff., 639 f.

Thomas, Heinz / *Putzo, Hans*, Zivilprozessordnung, mit Gerichtsverfassungsgesetz, Einführungsgesetz und europarechtlichen Vorschriften, 27. Aufl., München 2005

Tiedke, Klaus, Zur Anlassrechtsprechung des Bundesgerichtshofs im Grundschuldrecht, ZIP 1997, 1949 ff

Ulmer, Peter, Notarielle Vertragsmuster und AGB-Inhaltskontrolle, DNotZ 1981, 84

Ulmer, Peter / *Brander, Hans-Erich* / *Hensen, Horst-Dieter*, AGB-Gesetz: Kommentar zum Gesetz zur Regelung des Rechts der Allgemeinen Geschäftsbedingungen, 9. Aufl., Köln 2001 (zit. U/B/H)

Vollkommer, Gregor, Zwangsvollstreckungsunterwerfung des Verbrauchers bei Immobiliendarlehensverträgen?, NJW 2004, 818 ff.

Volmer, Michael, Die Vereinbarkeit der „weiten Grundschuldzweckerklärung" mit dem AGBG, WM 1998, 914 ff.

Wacke, Andreas, Erzwingt die Novation den Verlust bestehender Sicherheiten? Für eine Forderungsauswechslung auch beim Mobiliarpfand, DNotZ 2000, 615

Walchshöfer, Alfred, Grenzen des Anwendungsbereich des AGB-Gesetzes – Individualverträge, Ausnahmebereiche, 10 Jahre AGBG, herausgegeben von H. Heinrichs, W. Löwe, P. Ulmer, S. 155 ff., Köln 1987

Walker, Wolf-D. / *Brox, Hans*, Zwangsvollstreckung, 7. Aufl., Köln 2003

Wand, Lothar, Musterdarlehensvertrag für gewerbliche Kreditvergaben – Zinsanpassung wegen veränderter Refinanzierungsmöglichkeiten am Geld- und Kapitalmarkt, Zinsgestaltung im Hinblick auf Basel II und Ausplatzierung des Kreditrisikos – Teil I und II, WM 2005, 1932 ff.

Weber, Ralph, Formularmäßige Sicherungszweckbestimmungen bei Grundschulden, ZfIR 1999, 2 ff.

Westermann, Harm-Peter, Abgrenzung von Neben- und Hauptleistungspflichten im Hinblick auf die Inhaltskontrolle, 10 Jahre AGBG, herausgegeben von H. Heinrichs, W. Löwe, P. Ulmer, S. 135 ff, Köln 1987

Westermann, Harry, Sachenrecht, fortgeführt von Harm-Peter Westermann, Karl-Heinz Gursky, Dieter Eickmann, 7. Auflage, Heidelberg 1998

Westphalen, Friedrich Graf von, Grundschulddarlehen – Kontrollkriterien des AGBG, ZIP 1984, 1 ff.

Wiegand, Wolfgang, Die Entwicklung des Sachenrechts, AcP 190 (1990), 112 ff.

Wieling, Hans Josef, Sachenrecht, Band 1, 2. Auflage, Berlin, Heidelberg, New York, 2006

Wimmer, Konrad / *Rösler, Patrick* / *Lang, Volker*, Vorzeitige Beendigung von Darlehensverträgen: Begründung und Berechnung von Vorfälligkeitsentschädigung und Nichtabnahmeentschädigung aus juristischer und finanzmathematischer Sicht, München 2003

Windscheid, Bernhard, Lehrbuch des Pandektenrechts, bearbeitet von Theodor Kipp, Neudruck der Ausgabe Frankfurt am Main 1906, 1963

Wolf, Manfred / *Horn, Norbert* / *Lindacher, Walter*, AGB-Gesetz, Kommentar, 4. Aufl., München 1999 (zit. W/H/L)

Wolfsteiner, Hans, Die vollstreckbare Urkunde, 2. Auflage, München 2006

ders., Die Zwangsvollstreckung findet aus Urkunden statt., DNotZ 1990, 531 ff

ders., Beweislastumkehr durch Vollstreckungsunterwerfung, NJW 1982, 2851

ders., Anmerkung zu KG Beschluss vom 20. Juni 1975, MittBayNot 1976, 35 ff.

Zawar, Rolf Dieter, Die Eigentümergrundschuld im Spiegel der neueren Rechtsprechung, NJW 1976, 1823 ff.

Zeiss, Walter, Der rechtliche Grund (§ 812 BGB) für Schuldanerkenntnisses und Sicherheitsleistungen, AcP 164, 50 ff.

Peter Lang · Europäischer Verlag der Wissenschaften

Andreas Warth

Marken als Grundlage der Kreditsicherung

Frankfurt am Main, Berlin, Bern, Bruxelles, New York, Oxford, Wien, 2007.
LXV, 356 S.
Europäische Hochschulschriften: Reihe 2, Rechtswissenschaft. Bd. 4527
ISBN 978-3-631-56398-4 · br. € 68.50*

Mit dem 1995 in Kraft getretenen Markengesetz ließ der Gesetzgeber ganze Regale in Rechtsbibliotheken zur Makulatur werden. Endlich wurde, wie schon lange von Unternehmen gefordert, die Marke zu einem eigenständigen Wirtschaftsgut. Seither kann der teilweise beachtliche Wert von Marken nutzbar gemacht werden. Eine Möglichkeit ist dabei, ihn zur Besicherung von Krediten einzusetzen. Die in den letzten Jahren zunehmende Zahl an Veröffentlichungen zu diesem Thema läßt vermuten, daß dieser Gedanke in der Praxis größere Bedeutung zu gewinnen scheint. Die Arbeit zeichnet den Weg hin zur neuen Rechtslage nach und bespricht die Fragen beim Einsatz von Marken als Sicherungsmittel anhand des Lebenszyklus' eines Sicherungsrechts. Es werden die Voraussetzungen für die Bestellung dargestellt, wobei insbesondere mit dem Nutzungspfandrecht oder der Sicherungslizenz die herkömmlichen Varianten erweitert werden. Für die Sicherungsphase werden Maßnahmen zum Schutz der Marke vor Wertverlust erörtert, bevor schließlich die Möglichkeiten der Verwertung – gerade zum Pfandrecht mit überraschenden Erkenntnissen – und die Stellung in der Insolvenz des Sicherungsgebers ausgeführt werden.

Aus dem Inhalt: Entwicklung hin zur neuen Rechtslage in Deutschland und Darstellung des grundlegend neuen Verständnisses · Bestellung der unterschiedlichen Sicherungsrechte, wobei bekannte Varianten erweitert werden · Angrenzende Fragen bei Bestellung wie Übersicherung, Irreführung, unterschiedliche Rechte am selben Kennzeichen · Maßnahmen zum Werterhalt beim Sicherungsgut „Marke" während der Sicherungsphase · Verwertungsoptionen bei unterschiedlichen Sicherungsrechten, insbesondere Aufwertung des Pfandrechts

Printed by
CPI books GmbH, Leck

FSC
www.fsc.org
MIX
Papier | Fördert
gute Waldnutzung
FSC® C083411

Kolibri 360 GmbH
Ferdinand-Jühlke-Straße 7
99095 Erfurt, Deutschland
produktsicherheit@kolibri360.de